思想与见解

爱因斯坦自选集

［美］阿尔伯特·爱因斯坦　著

张卜天　译

Ideas and Opinions

Albert Einstein

云南出版集团

云南人民出版社

Albert Einstein
Ideas and Opinions
New York: Crown Publishers, 1954
根据皇冠出版社 1954 年初版译出

果麦文化 出品

目录

原著出版者声明

在《思想与见解：爱因斯坦自选集》中，我们尝试将阿尔伯特·爱因斯坦最重要的一般著述尽可能地结集成册。

迄今为止，爱因斯坦的文章、演讲、声明和信件主要有三个集子：艾伦·哈里斯英译的《我的世界观》（*The World As I See It*），出版于 1934 年；《晚年集》（*Out of My Later Years*，1950 年），包含 1934 年至 1950 年的文章；卡尔·塞利希编辑的《我的世界观》（*Mein Weltbild*），1953 年在瑞士出版，包含前两本书中未收录的新文章。

在出版者看来，本书收录了上述三本书中最重要的作品，也包含其他出版物中的少量节选，以及从未刊印成书的新文章。正因为有了卡尔·塞利希和苏黎世的欧罗巴出版社的精诚合作，以及爱因斯坦教授本人的协助，才能将爱因斯坦从早年一直到几星期之前的演讲集合成册。

特别感谢海伦·杜卡斯帮忙收集这些文章，以及索尼娅·巴格曼的全力协助：她核对和修订了之前的译文，并且重新翻译了译者不详的所有其他文章。

此外，还要感谢各出版社授权出版，它们的名称可能会随文附上。

1954 年

美国皇冠出版社

01

思想与见解

失去的天堂 [1]

直到 17 世纪，整个欧洲的学者和艺术家们还被一种共同的理想主义纽带紧密地联系在一起，其合作很少受到政治事件的影响。对拉丁语的普遍使用进一步加强了这种团结。

然而抚今追昔，我们仿佛看到了一个失去的天堂。民族主义的激情已经摧毁了这个思想共同体，曾将整个世界联合在一起的拉丁语业已死去。学者们成了最极端的民族传统的代表，并且失去了思想共同体的意识。

今天，我们正面临一个令人不安的事实：讲求实务的政治家竟然成了国际主义观念的倡导者。正是他们创立了国际联盟。

---

1. 本文写于 1919 年国际联盟成立后不久，最初以法文发表，亦收录于《我的世界观》（*Mein Weltbild*, Amsterdam: Querido Verlag, 1934）。——如无说明，本书脚注内容均为原著编者所注

我对美国的最初印象 [1]

　　我必须信守诺言，谈谈我对这个国家的印象。这对我来说并不容易，因为我在美国的时候，受到了盛情难当的友好款待，这使我很难充当一个客观公正的观察者。就让我先从这一点谈起吧。

　　在我看来，个人崇拜总是不合理的。人的天资禀赋固然分配得并不均衡，但感谢上帝，天赋异禀的人不在少数，我深信他们大都过着宁静淡泊的生活。从这些人当中挑出几个加以无止境的赞颂，认为他们具有超人的思想和品质，我觉得这很不公平，甚至品味低劣。我的命运就是如此，大众高估了我的能力和成就，与实际情况的反差简直大得荒谬。意识到这种奇特的状况令人无法忍受，聊以告慰的是，在这个通常被斥为物质主义的时代，将毕生致力于思想和道德领域的人看成英雄，算是一个可喜的迹象。这表明有不少人把知识和正义看得比财富和权力更高。我的经历告诉我，在被谴责为物欲横流的美国，这种理想主义看法特别盛行。说完这些题外话，现在让我言归正传，希望读者勿要对我这番谦卑的评论太过在意。

1.　1921 年《新鹿特丹报》（*Nieuwe Rotterdamsche Courant*）所作的采访，载于 1921 年 7 月 7 日的《柏林日报》（*Berliner Tageblatt*）。

首先使访客感到惊异的是这个国家在技术和组织上的优势。其日用品要比欧洲的坚固耐用，房屋设计也实用得多，一切东西的设计都是为了节省人力。美国自然资源丰富，相比之下地广人稀，因此劳动力昂贵。在这种激励下，技术装备和工作方法得到了惊人的发展。人口过剩的印度是另一个极端，那里廉价的劳动力阻碍了机器的发展。而欧洲则处于两者之间。机器一旦充分发展起来，最终会比最廉价的劳动力还要便宜。欧洲的法西斯主义者应当留意这一点，他们出于狭隘的政治立场，希望看到自己国家的人口更为稠密。而美国却忧心忡忡地通过禁止性关税来抵御外国商品，这无疑同过往表现大异其趣……但不能指望一个天真的访客用脑过度，每个问题也未必都能作出合理的回答。

积极愉快的人生态度同样给我留下了深刻的印象。照片上人们脸上洋溢的笑容象征着美国人的一大优点。美国人友好、自信、乐观，又不易心生忌妒。欧洲人觉得与美国人交往轻松而愉快。

与美国人相比，欧洲人更爱批评，比较在意自己，不太热心，不太乐于助人，比较孤立，在阅读和休闲上更加挑剔，一般来说多少有些悲观主义倾向。

美国人很重视物质上的舒适，为此不惜牺牲平静、闲适和安全。与欧洲人相比，美国人更为自己的目标和未来而活。对美国人来说，生活总是变动不居而不是一成不变的。在这方面，欧洲人介于美国人和俄国人、亚洲人之间。

但有一个方面，美国人比欧洲人更像亚洲人，那就是从心理层面而非经济层面来看，欧洲人比美国人更个人主义。

美国人强调"我们"甚于强调"我"。这自然会使风俗习惯极为强大，让美国人的人生观、道德观和审美观比欧洲人一致得多。这是美国经济强于欧洲的主要原因。无论在工厂、大学还是私人慈善机构，合作分工都比欧洲更容易推动。这种社会意识也许部分缘于英国传统。

与此明显矛盾的是，与欧洲相比，美国政府的作用范围受到更多限制。欧洲人惊奇地发现，在美国，电报、电话、铁路和学校主要掌握在私人手中。我刚才提到美国人拥有更强的社会意识，正是它的一个原因。这种态度的另一个结果是，虽然财产分配极度不均，却并未导致无法忍受的苦难。在美国，富人的社会良知要比欧洲的多得多。他们认为自己有义务把很大一部分财产甚至常常连同其精力、干劲交由社会支配。强大的舆论也强令他们这样做。因此，最重要的文化功能可留给私人企业去实现，政府在这个国家所起的作用相对来说就非常有限了。

政府的威信无疑因《禁酒令》而大打折扣，因为通过这种无法执行的法律最能危及政府和法律的尊严。美国犯罪率的急速增长便与此密切相关，这已是公开的秘密。

在我看来，《禁酒令》还从另一个方面损害了政府的威信。酒馆原本是一个使民众有机会就公共事务交流意见、观点的地方。然而就我所见，这个国家缺乏这样的机会，结果导致多由既得利益集团控制的报刊对舆论有过度的影响力。

美国人还是比欧洲人更看重金钱，不过我觉得程度正在减弱。人们终于开始认识到，巨额财富对于幸福如意的生活并非必要。

在艺术方面，美国的现代建筑和日常用品所显示的良好品位给我留下了深刻的印象；另一方面我也发现，与欧洲相比，视觉艺术和音乐在美国人的生活中没有什么位置。

我非常钦佩美国科研机构所取得的成就。若将美国研究工作持续增长的优势完全归功于更多的经费，那是不公平的；专注、耐心、伙伴精神以及善于合作对于这些成就的取得起着重要的作用。

最后再谈一点：美国是当今世界上技术先进的国家中最强大的，它对国际关系的塑造有着无法估量的影响。美国是一个大国，但迄今为止，美国人对于重大的国际问题尚未表现出很大兴趣，如今首要的就是裁军问题。即使只为美国自身的利益着想，这种情况也必须改变。上一次世界大战已经表明，大陆之间不再有任何壁垒，今天所有国家的命运都紧密相连。因此，美国人必须意识到自己在国际政治领域负有重大责任。袖手旁观不仅与这个国家不相称，而且终会导致全世界的灾难。

答美国妇女 [1]

我从未遇到过来自女性的如此强烈的抗议；即使有，也从未一次遇到过这么多反对者。

然而，这些心怀警惕的女性公民做得不是很对吗？谁会愿意给这样一个人敞开大门呢？他就像克里特岛的牛头怪吞食可口的希腊少女一样吞食冷酷无情的资本家，何况这个人还如此低贱，以至于除了与妻子发生不可避免的战争之外，还极力反对一切形式的战争。听从你们这些聪明的爱国妇女的建议吧，别忘了，强大的罗马城就曾被它那忠诚的鹅的嘎嘎乱叫拯救了。

---

1. 本文是爱因斯坦对抗议他访美的一个妇女组织的回应，收录于1934年《我的世界观》。

我的世界观 [1]

我们这些终有一死的人的命运是多么奇特啊！每个人都是这里短暂的过客，目的何在，他并不知晓，尽管有时自认为感觉得到。但不必深思，从日常生活就可以知道，人是为别人而存在的——首先是为这样一些人，我们自己的幸福完全依赖于他们的愉快和健康；然后是为许多素不相识的人，同情的纽带将他们的命运与我们紧密相连。我每天无数次地提醒自己：我的精神生活和物质生活都依赖于别人的劳动，无论是去世的还是健在的，我必须尽力以同等程度回报我已经领受和正在领受的东西。我强烈向往俭朴的生活，并时常为发觉自己占用了同胞们过多的劳动而心情沉重。我认为阶级的区分是不合理的，它最终以暴力为根据。我也相信，无论在身体上还是精神上，简单纯朴的生活对每个人都是有益的。

我完全不相信人会有哲学意义上的自由。每个人的行为不仅受外界强迫，还要符合内在的必然。叔本华说："人能做其所愿，

---

1. 本文最初发表于《论坛和世纪》（*Forum and Century*, Vol. 84, pp. 193-194, the thirteenth in the *Forum* series, "Living Philosophies"），亦收录于 *Living Philosophies* (pp. 3-7), New York: Simon and Schuster, 1931。

但不能愿其所愿。"[1] 从青年时代起，这句话就一直激励着我；面对自己或他人生活中的困境时，它总能带来慰藉，并且永远是宽容的源泉。幸好有这种认识，使责任的重负得以减轻，避免对自己和他人过分苛责，并且有助于培养一种幽默的人生观。

客观地讲，探究一个人自身或所有生物存在的意义或目的，我总觉得是荒唐可笑的。但每个人都有一些理想来决定他的努力方向和判断。在这个意义上，我从不把安逸和享乐看成目的本身——我把这种道德基础称为"猪群的理想"。照亮我前方道路的理想是善、美、真，它们不断使我充满生活的勇气，使我乐观面对人生。倘若没有志同道合者的心意相通，倘若不是全神贯注于那个在艺术和科学上永远也达不到的客观对象，那么在我看来，生活就是空虚的。人们努力追求的庸俗目标——财产、虚名、奢侈——我总觉得是可鄙的。

对于社会正义和社会责任，我有着强烈的感受，而对于直接接触他人和社会，我又表现出明显的淡漠，这两者之间总是形成古怪的对照。我实在是一个"孤独的过客"，我从未全心全意地属于我的国家、家庭、朋友，甚至是我的直系亲人；在所有这些关系面前，我从未失去一种距离感和保持孤独的需要，而且这种感受正与年俱增。人们会清楚地发觉，与别人的相互理解和协调一致是有限度的，但这并不足惜。这样的人无疑会失去一些天真无邪和无忧无虑，但也因此能在很大程度上不为别人的意见、习

---

1. 叔本华的德文原文是：Ein Mensch kann zwar tun, was er will, aber nicht wollen, was er will. 翻译底本英译文是：A man can do what he wants, but not want what he wants.——译者注

惯和判断所左右，避免把他的内心平衡建立在这样一些不可靠的基础之上。

我的政治理想是民主。每个人都应当作为人而受到尊重，不要把任何人当作偶像来崇拜。我一直受到别人过分的赞扬和尊敬，这并非我个人的功过使然，而实在是命运的嘲弄。这大概源于许多人无法实现的一种愿望，他们想了解我以自己的绵薄之力经过不断努力所获得的几个观念。我清楚地知道，一个组织要想实现目标，必须有人担任思考指挥之大任。但被领导的人不可受到强迫，他们必须能够选择自己的领袖。在我看来，强迫性的独裁专制很快就会腐化堕落，因为暴力总是吸引品德低劣之徒。我相信，天才的暴君总是由恶棍来继承，这是一条亘古不变的规律。因此，我向来极力反对当今在意大利和俄国出现的制度。今天，欧洲的民主形式之所以受到怀疑，不能归咎于民主原则本身，而是因为政府缺乏稳定性，以及选举制度与个人无关的特征。在这方面，我相信美国已经找到了正确的道路。他们选出的总统任期足够长，有充分的权力来真正履行职责。而另一方面，在德国的政治制度中，我看重它为救助病人或贫困的人做了全面的准备。在丰富多彩的人生中，我认为真正可贵的不是政治上的国家，而是有创造性和感情的个体与人格；只有个人才能创造出高贵和崇高的东西，而民众在思想和感觉上总是迟钝的。

接着这个话题，我要谈谈民众生活中一种最坏的表现，那就是我所憎恶的军事制度。一个人能乐于随着军乐队的旋律在队列中行进，单凭这一点就足以让我鄙视他。这种人长个大脑只是出于误会，单凭一根裸露的脊髓就足以满足他的需要。文明的这个罪恶之源应当尽快根除。听令而行的英雄主义，残忍的暴行，打着爱国主义旗号所进行的一切令人作呕的胡闹，所有这些都使我深恶痛绝。在我看来，战争是多么邪恶、卑鄙！我宁愿被千刀万剐，也不愿参与这种可憎的勾当。我对人类的评价还是很高的，我相信，若不是政治商业利益集团通过学校和报刊系统地为民众洗脑，战争这个妖魔早就销声匿迹了。

我们所能拥有的最美好的体验是神秘体验。这种基本情感是真正的艺术和真正的科学的策源地。谁要是不了解它，谁要是不再有好奇心和惊异感，就无异于行尸走肉，他的眼睛是黯淡无光的。正是这种对神秘的体验——即使夹杂着恐惧——产生了宗教。我们认识到有某种无法参透的东西存在着，感受到最深奥的理性和最灿烂的美以最原始的形式直通我们的心灵，这种认识和情感构成了真正的宗教性；在这个意义上，也仅仅是在这个意义上，我才是一个笃信宗教的人。我无法想象有一个神会对自己的造物加以赏罚，也无法想象他会有我们所体验的那样一种意志。我不能也不愿想象一个人可以超越肉体死亡而存在；让那些脆弱的灵魂，出于恐惧或荒谬的唯我论，去拿这些思想当宝贝吧！我满足于生命永恒的奥秘，满足于知晓和窥探现有世界的神奇结构，能以诚挚的努力去领悟显示于自然之中的那个理性的一部分，哪怕只是极小一部分，我也就心满意足了。

生活的意义 [1]

人生的意义是什么？或者就此而言，任何生物生活的意义是什么？要想知道这个问题的答案，就意味着要有宗教信仰。你问：那么提出这个问题是否有意义呢？我回答：认为自己和别人的生活毫无意义的人不仅不幸，而且很难适合生活。

---

1. 收录于 1934 年《我的世界观》。

人的真正价值 [1]

　　一个人的真正价值主要取决于他在什么程度和什么意义上从
·　·　·　·　·　·　·　·　·
自我解放出来。

1.　收录于 1934 年《我的世界观》。

善与恶 [1]

对人类和人类生活的提升最有贡献的人应当最受爱戴，这在原则上是正确的。但如果进一步追问这些人是谁，就会碰到不小的困难。就政治领袖甚至宗教领袖而言，他们究竟做的好事多还是坏事多，往往令人怀疑。因此我非常真诚地相信，一个人对民众最好的服务是让他们去做某种提升的工作，从而间接地提升他们自己。这尤其适用于大艺术家，在较小的程度上也适用于科学家。当然，提升一个人、丰富其本性的并非科学研究的成果，而是追求理解的冲动，是创造性或领悟性的思想活动。因此，根据《塔木德》[2]的思想成果来判断这部法典的价值肯定是不适当的。

---

1. 收录于 1934 年《我的世界观》。
2. 《塔木德》（Talmud）成书于公元 1 世纪至公元 2 世纪间，是犹太律法、思想和传统的集大成之作，也被称作"犹太教法典"。——译者注

论财富 [1]

我非常确信，世界上的财富无法帮助人类进步，哪怕掌握财富的是对进步事业最热诚的那些人。只有以伟大而纯洁的个人为榜样，才能把我们引向高尚的思想和行为。金钱只会引发自私自利，并且难以避免地导致恶习。

谁能想象摩西、耶稣或甘地竟挎着卡内基的钱包呢？

---

1. 收录于 1934 年《我的世界观》。

社会与个人 [1]

只要考察一下生活和工作，我们很快就会发现，我们几乎所有的行动和愿望都和别人的生存紧密相关。我们注意到，人类的整个本性和群居动物的本性非常相像。我们吃别人生产的食物，穿别人缝的衣服，住别人造的房子。我们的知识和信念大都是以别人创造的语言为媒介，由别人传授给我们。倘若没有语言，我们的心智能力将会贫乏得如高等动物一般；因此不得不承认，我们相对于动物的主要优势就在于生活在人类社会里。一个人如果生下来就离群索居，孤立无援，那他的思想感情中保留的原始性和兽性将会达到难以想象的程度。个人的本质和意义与其说是凭借他个人，不如说因为他是伟大人类社会的一员，从生到死，他在物质和精神上的存在都由社会指引。

一个人对社会的价值主要取决于他的感情、思想和行动对于增进人类的利益有多大贡献。我们根据一个人在这方面的态度来判断他是好是坏。初看起来，我们对人的评价仿佛完全依赖于他的社会性质。

但这种态度是错误的。很容易看到，我们从社会中获得的一

---

1. 收录于 1934 年《我的世界观》。

切有价值的成就，无论是物质的、精神的还是道德方面的，都是由世世代代有创造性的个人所取得的。有人发明了用火，有人培育了可食用的植物，还有人发明了蒸汽机。

唯有个人才能思考，从而为社会创造新的价值，甚至还能为社会生活建立起新的道德标准。如果没有能够独立思考判断的创造性个体，社会的前进就无从想象，就像如果没有社会土壤的滋养，个体人格的发展就无从想象一样。

因此，社会的健康既取决于个人之间密切的社会结合，又取决于个人的独立性。有人说得不错：希腊－欧美文化，尤其是在那个终止了中世纪欧洲停滞状态的意大利文艺复兴时期的繁荣兴旺，其真正的基础就在于个人的解放和相对孤立。

现在来看看我们生活的这个时代。社会的情况怎么样？个人的情况怎么样？与以前的时代相比，文明国家的人口稠密多了；今天欧洲的人口大约是一百年前的三倍，而第一流人物的数量却不成比例地减少了。只有少数人因其创造性的成就而为大众所知。组织已经在某种程度上取代了领导人物，这在技术领域尤为突出，在科学领域也已达到很显著的程度。

杰出人物的缺乏在艺术领域特别显著。绘画和音乐明显退化了，基本上失去了对大众的吸引力。在政治上不仅缺乏领袖，公民的独立精神和正义感也已大大衰退。建立在这种独立性基础上的民主议会制度在很多地方已经动摇；由于维护个体尊严和权利的意识已经不再强烈，导致独裁政权不断涌现，并且得到容忍。任何国家的羊群般的民众，短短两周时间就能被报纸煽动得群情激愤，准备穿上军装，为少数党派利益的肮脏目的去厮杀战斗。

今天，文明人正在遭受个人尊严的沦丧，在我看来，义务兵役制就是其最可耻的症状。难怪有不少先知预言，人类的文明很快就会衰落。我并非这样的悲观论者，我相信更美好的时代正在到来。我想简述一下这种信心的理由。

在我看来，目前之所以呈现衰败之象，乃是因为经济与技术的发展使生存竞争大大加剧，严重损害了个人的自由发展。但技术的发展意味着，为满足社会需求，个人必须做的工作越来越少。同时迫切需要计划分工，使个人的物质生活得到保障。有了这种保障，加之个人能自由支配更多的闲暇和精力，他的个性就能得到发展。这样一来，社会就可以恢复健康。希望未来的历史学家能将今日社会之病症，解释成怀有远大抱负的人类的童年疾病，一切皆因文明进展过快所致。

记者 [1]

　　被要求为自己的言行公开做出解释，哪怕只是开开玩笑、情绪过激或一时气话，也许会令人尴尬，但至少是合情合理的。但如果被要求对别人以他的名义所说的话也公开做出解释，而这人又无法辩驳，那他的下场就惨了。你也许会问："谁会碰到这种倒霉事呢？"嗯，那些被记者们穷追不舍的公众人物就是。你也许会面露狐疑，一笑了之，但我自己就有许多亲身经历可以说给你听。

　　试想某天早晨，有位记者来访，友善地请你谈谈某位朋友。起初，你无疑会对这项建议心生不快，但很快你就会发现，自己已经别无选择。你若是缄口不言，记者就会这样写："据称某人是某某的挚友，我让他谈谈朋友的情况，而他却小心翼翼地拒绝了。单凭这一点，读者们就不难从中得出结论。"你看，你真的是无路可走，只好说："某某先生开朗直率，甚得朋友喜欢。凡事他都能往好处去想，进取心强，异常勤奋，对工作全力以赴。他深爱自己的家人，对妻子关怀备至……"

　　而经过记者的润色，这段话就成了这个样子："某某先生对

1.　收录于 1934 年《我的世界观》。

一切事情都满不在乎，总有办法讨人喜欢，特别是因为他精心练就了一套阿谀逢迎和让人开心的本事。他完全是工作的奴隶，没有时间考虑个人以外的事情。他把老婆宠坏了，对她百依百顺、言听计从……"

现实生活中的记者更会添油加醋，但我想这已经足够你和你的朋友消受了。无论你的朋友平日里多么宽厚可爱，他要是在第二天一早读到这类报道，不火冒三丈才怪。他所受到的伤害会让你痛苦不已，特别在你真正喜欢他的时候。

亲爱的朋友，遇到这样的事情，你会怎么做呢？如有什么良策，请不吝赐教，我一定马上照办。

贺某评论家 [1]

用自己的眼睛去观察，在感觉和判断上不人云亦云，能以优雅的句子甚至巧妙的词语来表达自己的所见所感，这不是了不起又是什么呢？就凭这一点，我便要向您道贺了。

---

1. 收录于 1934 年《我的世界观》。

致日本学童 [1]

日本的学童们，今天向你们致以问候，是有特别理由的。我曾造访你们美丽的国家，那里的城市、房屋、群山和树林，还有你们对美丽祖国的热爱，让我记忆犹新。我的案头一直放着一本大厚书，其中都是日本小朋友的彩绘。

如果你们收到了我这份遥远的问候，请不要忘了，直到我们这个时代，不同国家的人民才开始友好交往和相互理解。而过去，国与国之间了解很少，甚至还彼此仇恨或恐惧。真希望国与国之间能够建立越来越深的兄弟般的理解。请记住我这位老人家从远方捎来的问候，希望你们这代人有朝一日的表现能让我们自叹不如。

---

1. 1922 年，爱因斯坦访问日本。这封信收录于 1934 年《我的世界观》。

时间胶囊中的信 [1]

我们这个时代有很多有创造性的人，他们的发明使我们的生活便利许多。我们正依靠动力跨越海洋，利用动力以减轻人类繁重体力劳动的负担；我们已经学会了飞行，并且能用电波将信息轻松地传到世界各地。

然而，商品的生产和分配却混乱无序。每个人都唯恐从经济体系中脱离，而遭遇物品短缺。而且，不同国家的人还不时争斗残杀，让人一想到未来就战战兢兢、惶恐不安。之所以如此，是因为与极少数对社会产生真正价值的人相比，民众的才智和品格还相差甚远。

我衷心期盼，子孙后代们读到这封信时，会带着一种自豪感和正当的优越感。

---

1. 作于 1939 年世界博览会。

评伯特兰·罗素的知识论 [1]

当编者要我就罗素写点东西时，出于对这位作者的钦佩和尊敬，我立刻答应了下来。与阅读托尔斯坦·凡勃伦（Thorstein Veblen）一样，阅读罗素的作品使我度过了无数愉快的时光，除此之外，我对当代任何其他科学作家都不能这样说。然而，我很快就发现，承诺容易履行难。我已经答应谈谈作为哲学家和认识论者的罗素。起初我满怀信心，但很快就意识到，我冒险进入的是一个多么难以处理的领域。由于缺乏经验，此前我一直小心地局限在物理学领域。物理学的当前困难迫使物理学家比前人更深入地应对哲学问题。主要是出于对这些困难的关注，我采取了本文中概述的立场，不过这里我并不打算讨论这些困难。

数个世纪以来，在哲学思想的演进过程中，下面这个问题起了重要作用：纯粹思维不依靠感知能够提供什么知识？是否存在这样的知识？如果不存在，我们的知识与感觉印象所提供的材料之间究竟是什么关系？对于这些问题以及与之密切相关的一些问题，哲学上可谓聚讼纷纭。不过，在这个相对徒劳却奋勇向前的

---

1. 选自《罗素的哲学》（ *The Philosophy of Bertrand Russell*, Vol. V of "The Library of Living Philosophers," edited by Paul Arthur Schilpp, 1944），由保罗·阿瑟·希尔普（Paul Arthur Schilpp）自德文译为底本英文，都铎出版社。

努力过程中，可以看到一种系统性的发展趋势，那就是：对于用纯粹思维去认识"客观世界"，认识那个与纯粹"概念和观念"世界相对的"事物"世界的一切尝试，人们越来越心存疑虑。顺便说一句，我像真正的哲学家一样，这里用引号来引入一种不合法的概念。虽然在哲学督察眼里这种概念是可疑的，但还是请读者暂时容忍一下。

在哲学的童年时代，人们普遍相信，通过纯粹的反思就可以发现一切可知的东西。任何人只要暂时不去考虑他从后来的哲学和自然科学中所学到的东西，就不难理解这是一种幻想；他不会感到惊讶，柏拉图把更高的实在性归于"理念"，而不是归于可经验的东西。甚至在斯宾诺莎乃至后来的黑格尔那里，这种偏见仍然是一种活跃的力量，似乎起着重要作用。诚然，有人可能会提出一个问题：若是缺乏这类幻想，哲学思想领域是否可能取得真正伟大的成就？不过，我们并不想问这个问题。

这种关于思维的无限洞察力的幻想比较贵族化，与之相对，素朴实在论的幻想则比较平民化。按照素朴实在论的看法，事物"就是"我们经由感官所知觉的那个样子。这种幻想支配着人和动物的日常生活，它也是一切科学尤其是自然科学的出发点。

这两种幻想无法独立地克服。克服素朴实在论向来比较简单。罗素在其《意义与真理的探究》(*An Inquiry into Meaning and Truth*)的导言中非常简洁地阐明了这个过程。

我们都是从"素朴实在论"出发的，这一学说认为，事物就是它们看起来的那个样子。我们以为草是绿的，石头是硬的，雪是冷的。但物理学使我们确信，草的绿、石头的硬和雪的冷并不是我们从自身经验中知道的绿、硬和冷，而是某种非常不同的东西。一位观察者自以为在观察一块石头，但如果相信物理学，那么他实际上是在观察石头对他本人的作用。于是，科学似乎自相矛盾：当它最希望客观的时候，却发现不由自主陷入了主观。素朴实在论引出了物理学，而若物理学正确，却表明素朴实在论是错误的。因此，如果素朴实在论是正确的，它就应该是错误的；所以它是错误的。（第14—15页）

　　且不说这些表述如何精妙，它们说出了我从未想过的一些东西。从表面上看，贝克莱和休谟的思维方式似乎与自然科学的思维方式相对立。然而，刚才引用的罗素这段话却揭示了一种联系：如果贝克莱相信，我们凭借感官并不能直接把握外在世界的"事物"，只有与"事物"的存在有因果关系的事件才能到达我们的感官，那么正是由于我们信任物理的思维方式，这种想法才有说服力。如果对物理思维方式最一般的特征也表示怀疑，那么就没有必要在客体与视觉行为之间插入任何东西把客体与主体分开，而使"客体的存在"成了问题。

　　然而，正是这种物理思维方式及其实际的成功，让我们动摇了那种以为通过纯粹思辨就能理解事物及其关系的信心。人们逐渐认为，对事物的一切认识都完全是对感官所提供原材料的加工。今天，以这种笼统的（而且故意表述得有些含混）形式表达出来的这句话也许已被广泛接受。但这种信念并非基于一个假定，即有人已经实际证明不可能通过纯粹思辨来认识实在，而是基于这样一个事实，即经验（上述意义上的经验）程序表明，它自身已足以成为知识的来源。伽利略和休谟率先明确支持了这一原则。

休谟看到，我们必须认为必不可少的那些概念，比如因果关系，无法从感官提供的材料中获取。这种洞见使他对无论哪种知识都持怀疑态度。如果读过休谟的著作，你一定会感到惊讶，在他之后居然还有很多而且往往是备受尊敬的哲学家写出这么多晦涩难解的东西，甚至还有读者为此而心怀感激。休谟对他之后最优秀哲学家的发展产生了持久的影响。阅读罗素的哲学分析会让人感到休谟的存在，罗素敏锐而简洁的表达常常让我想起休谟。

对于可靠的知识，人们有着强烈的渴望。正因如此，休谟的明确主张才让人感到沮丧：感觉材料作为我们唯一的知识来源，经由习惯也许能给我们带来信念和期望，但那不是知识，更不是对定律关系的理解。接着，康德带着这样一种观念登上了舞台，虽然他所给出的形式肯定是站不住脚的，但这种观念仍然标志着向解决休谟难题迈进了一步（这个难题是：凡起源于经验的知识都是不确定的）。因此，康德认为，如果有确实可靠的知识，那它必定基于理性本身。例如，几何命题和因果原理就被认为是这种情况。可以说，这种类型的知识是思维工具的一部分，因此不需要事先从感觉材料中获得（也就是说，它们都是先验知识）。今天当然大家都知道，上述概念并不包含康德赋予它们的那种确定性和内在必然性。不过在我看来，在康德对该问题的表述中，有一点是正确的：从逻辑的观点看，我们在思考时有"权"使用一些无法从感觉经验材料中获得的概念。

事实上，我确信甚至可以断言更多的东西：在我们的思维和语言表达中出现的概念，从逻辑上看都是思维的自由创造，无法从感觉经验中归纳出来。我们之所以不容易觉察到这一点，仅仅是因为我们习惯于将某些概念和概念关系（命题）同某些感觉经验明确结合起来，以致没有意识到，感觉经验的世界与概念和命题的世界之间存在着一条逻辑上无法逾越的鸿沟。

例如，整数序列显然就是人类心灵的一种发明，这种自创的工具简化了对某些感觉经验的整理。但这个概念无法直接从感觉经验中产生。这里我特意选择数的概念，是因为它属于前科学思维，还因为其构造性特征仍然清晰易辨。不过，越是日常生活中最原始的概念，就越难从大量根深蒂固的习惯中认识到，这种概念乃是思维的独立创造。于是就有了一种致命的看法——所谓致命是指了解这里的情况而言——认为概念是通过"抽象"（忽略它的一部分内容）而从经验中产生的。现在我想说明，为什么这种看法是如此致命。

一旦熟悉休谟的批判，就很容易相信，所有不能从感觉材料中导出的概念和命题，因其具有"形而上学"特征，都要从思维中清除。因为一切思维只有通过与感觉材料的关系才能得到物质内容。我认为后一命题是完全正确的，但以此命题为基础的思维准则却是错误的。因为只要彻底贯彻这种主张，就会把任何思想都当作"形而上学的"而绝对排除掉。

为使思考不致退化为"形而上学"或空谈，只要概念体系中有足够多的命题与感觉经验有足够可靠的关联即可。同时，鉴于需要对感觉经验加以整理和考察，概念体系应尽可能统一和简洁。不过除此之外，这种"体系"（就逻辑而言）不过是按照（逻辑上）任意给定的游戏规则对符号进行自由操弄罢了。这既适用于日常生活中的思考，也适用于更加自觉和系统的科学思考。

现在，我下面所说的意思就很清楚了：休谟用清晰的批判不仅决定性地推进了哲学，而且也为哲学造成了一种危险。虽然这并非他之过，但在他批判之后，产生了一种致命的"对形而上学的恐惧"，它已成为当代经验主义哲学的疾病；与这种疾病相对立的是早期虚无缥缈的哲学推理，认为可以忽视和摆脱感官所给予的东西。

无论罗素在其新著《意义与真理的探究》中给出的敏锐分析多么令人钦佩，我仍然认为，即使在那本书中，形而上学恐惧的幽灵也造成了某种伤害。比如在我看来，这种恐惧似乎导致人们把"事物"设想成"一捆性质"，而这些"性质"必须从感觉材料中获得。如果两个事物所有性质都一致，就说它们是同一个事物，这就迫使我们把事物之间的几何关系也看成它们的性质。（否则就不得不把巴黎的埃菲尔铁塔和纽约的摩天大楼［如果建成一模一样的］看成"同一个事物"了。）[1] 然而，如果把事物（物理学意义上的客体）当成一个独立的概念，连同固有的时空结构一起放入这个体系，我看不出有什么"形而上学的"危险。

鉴于这些努力，我特别高兴地注意到，罗素在该书的最后一章终于指出，没有"形而上学"毕竟是不行的。那里我反对的仅仅是其字里行间流露出一种理智上的内疚。

---

1. 试比较罗素的《意义与真理的探究》第119—120页讨论"专名"的一章。——作者注

数学家的心灵 [1]

　　法国数学家雅克·阿达玛做了一项关于数学家的心理学研究，欲了解他们工作中的心理过程。以下是两个问题，然后是爱因斯坦的回答。

[问题：]

　　知道以下两个问题的答案，对于心理学研究将是非常有益的：数学家利用了什么内在意象或心灵意象，或者哪种"内在语词"？根据他们的研究主题，这些意象是动觉的、听觉的、视觉的，还是混合的？

　　特别是在研究思维中，这些心灵图像或内在语词是以完全意识呈现出来，还是以边缘意识呈现出来……

我亲爱的同事：

　　接下来，我将尽我所能简要回答您的问题。我本人对这些回

---

1. 为雅克·阿达玛的《论数学领域的发明心理学》（*An Essay on the Psychology of Invention in the Mathematical Field*, Princeton University Press, 1945）所作的证言。

答并不满意，如果您认为对您这项非常有趣的困难工作有所帮助，我愿回答更多的问题。

1. 在我的思维机制中，写下来或说出来的语词或语言似乎不起任何作用。充当思想要素的心理实体似乎是一些符号和更为清晰的意象，能够"随意"再现和组合。

当然，这些要素与相关的逻辑概念之间存在着某种联系。而且很清楚，渴望最终获得有逻辑关联的概念，这是用上述要素进行这种相当模糊的活动的情感基础。不过从心理学的观点来看，在用可以与他人交流的语词或其他类型的符号所作的逻辑构造与之有任何联系之前，这种组合活动似乎就是创造性思维的本质特征。

2. 就我而言，上述要素是视觉型的，也有一些是肌肉型的。只有在第二阶段，当上述联想活动已经充分建立并且能够随意再现时，才需要努力寻找惯用的语词或其他符号。

3. 根据前面所说，用上述要素所做的活动是为了同正在寻求的逻辑联系做类比。

4. 视觉的和运动的。就我而言，在词语介入的阶段，这些词语纯粹是听觉的，但如前所述，它们只是在上述第二阶段才会涉及。

5. 在我看来，您所谓的"完全意识"乃是一种永远无法完全实现的极限情形。在我看来，这与所谓"意识的狭隘性"有关。

附注：马克斯·韦特海默教授曾试图研究可再现要素的单纯联想或组合与理解力之间的区分；我无法判断他的心理分析在多大程度上把握了关键点。

国家与个人良心 [1]

亲爱的科学家同仁：

如果一个人的良心认为，政府规定他去做的事情或者社会期望他采取的态度是错误的，他该怎么办呢？这其实是一个老问题。我们很容易说，个人完全依赖于他所生活的社会，自然必须接受它的规则，因此对于在不可抗拒的强迫下所做的事情，个人不应负责。但对这种想法的表述本身就清楚地说明，这样一个概念同我们的正义感有多么大的反差。

外界的强迫可以在一定程度上减轻个人的责任，但永远无法将它完全消除。在纽伦堡审判中，这种想法被视为自明的。我们的制度、法律和习俗中一切有道德意义的东西，都可以追溯到对无数个人正义感的诠释。制度要是得不到个体责任感的支持，在道德的意义上就是无能的。努力唤起和加强这种个体责任感乃是对人类的重要贡献。

在我们这个时代，科学家和工程师担负着特殊的道德责任，因为发展大规模破坏性武器属于他们的活动领域。因此我觉得，

---

1. 致美国"科学的社会责任协会"的公开信，1950 年 12 月 22 日发表于《科学》（*Science*, Vol. 112, p. 760）。

成立"科学的社会责任协会"满足了一种实际需要。通过讨论固有的问题，该协会将使个人更容易澄清自己的想法，对于自己的立场有明确的定位。此外，对于那些因为遵照自己的良心而面临困境的人，相互帮助是必不可少的。

致利奥·拜克 [1] 的献词 [2]

·

我要向此人表示敬意，他一生乐于助人、无所畏惧，从不肆意妄为、愤恨不平。伟大的道德领袖都有这种素质，使人类在自作自受的苦难中得到慰藉。

企图智慧与权力兼得，鲜有成功者。即便能够成功，也是昙花一现。

人通常不愿认为别人很聪明——除非对方是敌人。

很少有人能够镇定自若地表达与其社会环境意见相左的看法。大多数人甚至无法形成这样的看法。

愚蠢的大众永远所向无敌，而且总能稳操胜券。然而，他们的专制恐怖因其缺少一致性而有所缓和。

要成为羊群中一个纯洁无瑕的成员，必须首先是一只羊。

一个人脑袋里永远和平共存的对立和矛盾，使得乐观者和悲观者的一切政治体系皆虚妄。谁要是自封为真理和知识领域的裁判官，就会在诸神的笑声中覆灭。

观察和理解的乐趣，是大自然最美的恩赐。

---

1. 利奥·拜克（Leo Baeck，1873—1956），德国宗教思想家、犹太教改革派领袖。第二次世界大战后，任德国犹太移居委员会领袖和世界进步犹太教运动联盟主席。
2. 收录于庆祝利奥·拜克八十寿辰的两卷本纪念文集，1953 年 5 月 23 日。

论学术自由 [1]

　　学术职位有很多，睿智高尚的教师却很少。宽敞的报告厅有很多，真正渴望真理和正义的年轻人却很少。大自然的制造品有很多，但其中意的产物却很少。

　　这一点我们都知道，那为何还要抱怨呢？难道不是向来如此，将来也将一直如此吗？诚然，我们必须接受自然的安排，但还有一种类似于时代精神的东西，即一代人所特有的心灵态度，彼此传递而给社会打下了独特的印记。我们每个人都应当为改造这种时代精神而尽自己的力量。

　　试把一百年前大学里的年轻人朝气蓬勃的精神与今天流行的精神做对比。那时，他们相信人类社会能够得到改良，尊重任何诚恳的意见，并保有伟大人物曾为之献身奋斗的那种宽容。在那些日子里，人们为一个更大的政治统一体（时人称之为"德意志"）而奋斗。热衷于这些理想的正是大学里的学生和教师。

　　如今，也有人在渴望社会进步，渴望宽容和思想自由，渴望有一个更大的政治统一体，即我们今天所说的欧洲。但大学里的

---

1. 事涉 1931 年的"贡贝尔事件"。贡贝尔（E. J. Gumbel）是德国海德堡大学教授，他勇敢揭露德国纳粹和其他极右翼分子的政治暗杀行动，因此遭到右翼学生等人的暴力袭击。收录于 1934 年《我的世界观》。

学生和教师已经不再体现人民的希望和理想了。任何人只要清醒而冷静地打量一下时代，就必定会承认这一点。

我们今天聚在一起就是要省视自身，做出判断。本次聚会的外因是"贡贝尔事件"。这个宣扬正义的人以满腔的热情和极大的勇气，光明正大地揭露了许多未受惩处的政治罪行，通过写书为社会做出了巨大贡献。但就是这样一个人，却成为他所在大学师生的排挤对象。

绝不能允许政治激情发展到这样的地步。我深信，任何不带偏见地读过贡贝尔著作的人都与我有同感。若想建立一个健康的政治社会，像他这样的人是不可或缺的。

希望每个人都能根据自己所读的东西来判断，而不是任凭道听途说。

果真如此，贡贝尔事件纵使有不光彩的开端，也可能变成好事。

法西斯主义与科学 [1]

亲爱的部长先生：

出于良知，意大利最著名和最受尊敬的两位科学家在危难之时请我给您写信，希望可能防止当今的意大利学者遭到残酷折磨。我指的是要求向法西斯主义制度宣誓效忠。我想请您劝告墨索里尼先生，莫让意大利的知识精英受这种羞辱。

不论我们的政治信仰有多么不同，我知道我们在一个基本点上是一致的：我们都钦佩欧洲知识分子的卓越成就，并且从中看出了我们的最高价值。这些成就的基础在于思想自由和教学自由，在于追求真理的渴望必须优先于其他一切渴望。正是在这一基础上，我们的文明才能在希腊产生，才能在文艺复兴时期的意大利重获新生。我们这份最宝贵的财富是用纯洁而伟大的殉道者的鲜血换来的，正因为有了他们，意大利至今仍受到爱慕和尊敬。

我无意同你争论以什么样的国家名义对人的自由的侵犯才算合法。但任何一个政府都应认为，追求与日常生活实际利益无涉

---

1. 致1925年至1932年担任意大利墨索里尼政府司法和教育部长的罗科（Rocco）的一封信，收录于1934年《我的世界观》。

的科学真理是神圣的。让那些诚挚地侍奉真理的人不受打扰，这符合所有人的最高利益，无疑也符合意大利国家的利益及其在世人眼中的威望。

论自由 [1]

我知道，对基本的价值判断进行争论是一件没有希望的事情。例如，倘若有人赞成把人类从地球上消灭掉当作目标，我们就无法基于理性来反驳这种观点。但如果有些目标和价值是大家一致同意的，我们就可以从理性上探讨达到这些目标的手段。现在，让我们指出读者们大概都会同意的两个目标：

1. 用来维持人类生活和健康的物资应以尽可能少的劳动来生产。

2. 满足物质需求固然是美满生活不可或缺的前提，但仅有这一点还不够。为了得到满足，人还必须能够根据自己的特点和能力来发展思想和艺术上的才能。

第一个目标要求促进一切与自然规律和社会过程规律有关的知识，也就是促进一切科学事业。因为科学事业是一个自然的整体，各个部分以一种无法预料的方式相互支持着。但科学进步的前提是，所有结果和判断都可以不受限制地交流，也就是一切思想领域里的言论自由和教学自由。我认为自由是这样一种社会条

---

1. 选自《自由的意义》（*Freedom, Its Meaning*, edited by Ruth Nanda Anshen, New York: Harcourt, Brace and Company, 1940），詹姆斯·古特曼（James Gutmann）译。

件：一个人可以就知识的一般和特殊问题发表意见和主张，而不会因此遭遇危险或严重损害。这种交流的自由对于科学知识的发展和拓展是不可或缺的，而且有很大的实际意义。首先，它必须有法律保障。但单凭法律还不能保证言论自由。为使每个人都能不受处罚地表达自己的观点，所有人都必须有一种宽容精神。这种外在自由的理想永远不可能完全达到，但若想尽可能地推进科学思想、哲学思想和一般的创造性思想，就必须坚持不懈地争取这种理想。

若想落实第二个目标，也就是让所有人的精神发展成为可能，就需要有第二种外在自由。人不应为了获得生活必需品而工作到没有时间或精力做自己的事情。没有这第二种外在自由，言论自由对他就毫无用处。如果合理分工的问题得到解决，技术进步会提供这种自由的可能性。

科学以及一般精神创造活动的发展还需要另一种自由，或可称为内在自由。这种精神自由在于，思想独立于违背哲理的常规和一般习惯，也不受权威和社会偏见的束缚。这种内在自由是大自然的罕见馈赠，也是值得个人追求的一个崇高目标。但社会也能做很多事情来促其实现，至少不要干涉它的发展。例如，学校既可以通过权威的影响，给年轻人施加过度的精神负担来干涉内心自由的发展，也可以通过鼓励独立思考来支持这种自由。只有坚持不懈地自觉争取外在自由和内在自由，精神才能得到发展和完善，人的外在生活和内在生活才能得到改进。

获罗德－泰勒奖感言 [1]

我欣然接受这个奖项，以表达友谊之情。看到一个不可救药、顽固不化的异己分子受到热情赞扬，我真的很高兴。而且，这里我们关心的是一个冷僻领域中的异己分子，参议院委员会至今尚未感到有必要采取重要行动，以防该领域出现危险，威胁到那些无批判力或感到恐惧的公民的内心安全。

至于对我的溢美之词，我得小心谨慎地不提出异议。现在谁还相信有真正的谦虚这样一种东西呢？我弄不好会被看成一个老伪君子。你们肯定知道，我没有勇气冒这个险。

最后所要表达的，唯有我的感激之情。

---

1. 1953 年 5 月 4 日广播播出（录音）。

现代审问制度 [1]

1953 年 5 月 16 日

亲爱的弗劳恩格拉斯先生：

感谢你的来信。所谓"冷僻领域"，我指的是物理学的理论基础。

这个国家的知识分子面临的问题非常严峻。反动政客在公众眼前虚晃着一种外来的危险，成功地使他们对一切知识上的努力都表示怀疑。到目前为止，这伙人已经得逞，现在又开始压制教学自由，凡不顺从者就剥夺其职位，也就是要把他们饿死。

作为少数，知识分子应当如何来抵抗这种罪恶呢？坦率地讲，我认为只有走甘地那种不合作的革命道路。每一个受到委员会传讯的知识分子都应拒绝做证，也就是说必须准备坐牢和经济破产，简而言之，准备为其祖国的文化福祉牺牲个人幸福。

但这种拒绝做证绝不能基于众所周知的那种遁词，即援引

---

1. 致纽约布鲁克林一位拒绝在美国国会委员会做证的教师威廉·弗劳恩格拉斯（William Frauenglass）的信，发表于 1953 年 6 月 12 日的《纽约时报》。

《第五修正案》以免受到牵连，而应依据这样的主张：清白的公民屈服于这种审问是可耻的，这种审问违反了宪法精神。

如果有足够多的人愿意迈出这严正的一步，他们将取得胜利。否则，这个国家的知识分子接受为其量身定造的奴役是咎由自取。

又及：此信不必视为"机密"。

人权 [1]

女士们、先生们：

今天你们举行集会，专门关注人权问题。你们已经决定值此之际授予我一个奖项。我得知这个决定时是有些沮丧的。因为一个团体找不出更合适的人来接受这一殊荣，那是多么不幸啊！

长期以来，我一直致力于更加深入地认识物理实在的结构。我从未倾力改善人类的命运，同不义和压迫作斗争，或者改进人际关系的传统形式。我做的仅仅是：长期以来，只要在我看来是极为恶劣和不幸的事件，我就会对公众议题发表意见，缄口不言会让我觉得在犯同谋罪。

人权的存在和有效性并不是与生俱来的。历史上的有识之士构想出与为人处世和良好社会结构有关的理想，并且传授给人们。这些理想和信念得自历史经验和对美与和谐的渴望，理论上很容易被人接受，但在人的动物本能的驱策下，又总是遭到践踏。因此，历史上充满了争取人权的斗争，在这场永恒的斗争中，最终的胜利永远无法获得。但若厌倦这场斗争，则意味着社

---

1. 致芝加哥十诫学会的信，1954 年 2 月 20 日宣读。

会的毁灭。

今天我们谈论人权，首先是指以下要求：保护个人免受他人或政府的肆意侵犯；工作和从工作中获得适当酬劳的权利；讨论和教学的自由；个人恰当参与组建政府的权利。这些人权如今已得到理论上的承认，但由于过度使用形式化的法律手段，它们遭到的侵犯甚至比上一代还严重。

但还有一种人权，虽然不常提到，却似乎注定会变得非常重要，那就是个人有权利或义务不参与他认为错误或有害的活动。在这方面，首先就是拒绝服兵役。我知道一些很有骨气的正直的人，就是因为这个缘故而与国家机构发生了冲突。针对德国战犯的纽伦堡审判默认了一条原则：犯罪活动不能以执行政府命令为由而免受惩罚，应以良心来取代国家法律的权威。

今天，我们主要是为了争取政治信仰和讨论的自由，以及教学研究的自由。因恐惧共产主义而采取的种种做法已经变得无法让其他文明人理解，并使我们的国家遭到嘲笑。对于那些竭力以这种方式捞取政治利益的贪求权力的政客们，我们还能容忍多久呢？今人的幽默感有时似乎已经丧失殆尽，以至于法国谚语"嘲笑致死"已经不再奏效。

宗教与科学 [1]

　　人类所思所做的一切，都与满足内心深处的需要和减轻苦痛有关。若想理解精神活动及其发展，就务必要牢记这一点。情感与渴望是人类一切努力与创造背后的动力，无论这些努力和创造看起来有多么高贵。那么，是什么情感和需要将人们引到了最广义的宗教思想和信仰呢？稍做思考便不难明白，是各种各样的情感产生了宗教的思想和经验。在原始人那里，唤起宗教观念的主要是恐惧——对饥饿、野兽、疾病和死亡的恐惧。因为在人类生存的这一阶段，对因果关系的认识通常还不够深入，人们就在头脑中创造出一些与自己多少有些相像的虚幻之物，各种令人恐惧的事物便来自它们的意志和行为。于是人们便试图取悦那些虚幻之物，按照代代相传的传统，用一些行动和祭献来讨好它们，或者使之对凡人有好感。在这个意义上，我称之为恐惧式宗教。这种宗教虽然不是被创造出来的，却因为形成了一个特殊的祭司阶层而获得了相当程度的稳定性。祭司阶层把自己确立为民众与他们所害怕的鬼神之间的中间人，并借此建立起一种霸权。在许多情况下，靠别的因素而获得地位的首领、统治者或特权阶层为了

---

1. 为《纽约时报》周末增刊版（*New York Times Magazine*）所作，发表于1930年11月9日（pp. 1-4），德文版发表于1930年11月11日《柏林日报》。

巩固世俗权力，会把这种权力同祭司的职能结合起来；或者，统治者与祭司阶层会为了各自的利益而进行合作。

社会情感是形成宗教的另一个源泉。无论是父母还是更大人类共同体的领袖都不免会死亡和犯错误。渴望得到引导、关爱和支持，使人们形成了社会或道德意义上的上帝观念。这是一个司掌天意的上帝，拥有保护、处置和奖惩等权力。他以信徒所愿的方式爱护部族或人类的生命，甚至是生命本身；他是生者悲伤难过或愿望得不到满足时的安慰者，也是死者灵魂的保护者。这便是社会或道德意义上的上帝观念。

犹太教经典很好地说明了从恐惧式宗教到道德式宗教的发展，这种发展在《新约》中得以持续。所有文明民族尤其是东方民族的宗教，主要都是道德式宗教。从恐惧式宗教发展到道德式宗教是人类生活的一大进步。但我们必须防止一种偏见，以为原始宗教完全以恐惧为基础，而文明人的宗教纯粹以道德为基础。事实上，一切宗教都是以上两种宗教的混合，区别在于：社会生活水平越高，道德宗教就越占主导。

所有这些类型的宗教都有一个共同点，那就是它们的上帝观念都有拟人化特征。一般来说，只有具有非凡天才的个人和特别高尚的集体才能大大超越这一层次。但还有第三个阶段的宗教经验，它属于所有这些宗教，尽管很少能见到它的纯粹形式，我称之为"宇宙宗教感情"。要向完全没有这种经验的人讲清楚它是什么，那是非常困难的，特别是因为没有什么拟人化的上帝观念同它对应。

这类人感觉到人的欲望和目标皆属徒然，而大自然和思维世界却显示出令人惊异的崇高秩序。他觉得个人的生活犹如监狱，想把宇宙当作一个有意义的整体来体验。宇宙宗教感情在人类发展的早期阶段就已初现端倪，比如在大卫的《诗篇》和一些犹太先知那里。佛教中这种情感要素还要强烈得多，这尤其可以从叔本华的美妙著作中读到。

历代的宗教天才皆因这种宗教感情而卓著，它没有教条，也没有以人的形象而构想的上帝，因此不会有哪个教会把核心教义建立在它的基础上。因此，恰恰在每个时代的离经叛道者当中，我们可以找到充满这种最高宗教感情的人。在很多情况下，他们都被其同时代人视为无神论者，有时也被看作圣人。由是观之，像德谟克利特、亚西西的方济各和斯宾诺莎这样的人彼此都很相近。

既然没有明确的上帝观念，也提不出什么神学，宇宙宗教感情又如何能得到传承呢？在我看来，唤醒人心中的这种感情并使之保持活力，正是艺术与科学最重要的功能。

由此可见，我们对科学与宗教关系的看法与通常的理解很不相同。从历史角度来看，人们总是倾向于认为科学与宗教势不两立、无法调和，其理由显而易见。凡彻底相信因果律发挥着普遍作用的人，对于神干预事件进程的那种想法是一刻也不能容忍的——当然前提是，他对因果假说是非常认真的。他用不着恐惧式宗教，也用不着社会式或道德式宗教。一个有赏罚的上帝对他来说是匪夷所思的，理由很简单：一个人的行为是由外在和内在的必然性决定的，因此在上帝看来，人不必为自己的行为负责，正如无生命物体不必为自己的运动负责一样。有人因此指责科学损害了道德，但这种指责是不公正的。一个人的道德行为应有效地建立在同情心、教育、社会联系和社会需求上，并不需要任何宗教基础。如果一个人仅仅因为害怕死后受罚和希望死后得到奖赏才去约束自己，那就太可悲了。

由此不难理解为何教会总是与科学作对，并且迫害献身科学的人。另一方面，我坚信宇宙宗教感情是科学研究最强烈和最高尚的动机。只有认识到理论科学的开创需要付出巨大的努力尤其是献身时，才能领会这样一种感情的力量，只有凭借这种力量才能从事那种远离现实生活的工作。为了揭示天体力学的原理，开普勒和牛顿不知默默工作了多少个年头，他们对宇宙合理性的信念该是多么真挚，理解宇宙的愿望又该是多么热切啊！而宇宙合理性仅仅是在这个世界中揭示的理性的微弱反映罢了。主要从实际结果来认识科学研究的人很难正确理解下面一些人的心态：他们遭到世人质疑，却为世界各地和各个时代的志同道合者指明了道路。只有终生致力于类似目标的人才能深切体会到，究竟是什么东西在激励这些人并且赋予他们以力量，使之无论经历多少挫折都能矢志不渝。给人以这种力量的正是宇宙宗教感情。有一个当代人说的不错，在我们这个唯物主义的时代，只有严肃的科学工作者才是笃信宗教的人。

科学的宗教精神 [1]

在思想深刻的科学家当中，很难找到一个没有宗教感情的人。但这种宗教感情与常人的宗教信仰有所不同。对常人而言，上帝是这样一个存在，人们希望得到他的庇佑，害怕受到他的惩罚。这种感情类似于孩子对父亲那种感情的升华，可以说常人与这个上帝建立起一种个人关系，无论他被渲染成多么令人敬畏。

但科学家却一心相信普遍的因果关系。在科学家看来，未来和过去一样，任何细节都是必然和确定的。道德并不是什么神圣的东西，它纯粹是人的事情。其宗教感情表现为对自然法则的和谐感到狂喜和惊奇。这种和谐揭示出一种高超的智慧，与之相比，人类一切系统性的思想和行动都只是它微不足道的反映罢了。这种感情是科学家生活和工作的指导原则，只要他能成功摆脱私欲的束缚。这种感情与历代宗教天才所怀有的感情无疑非常相似。

---

1. 收录于 1934 年《我的世界观》。

科学与宗教 [1]

一

从 18 世纪末到 19 世纪，人们广泛认为知识与信仰之间存在着无法调和的冲突。大多数先进之士认为，信仰应当日益被知识所取代；不以知识为基础的信仰是迷信，必须加以反对。根据这种看法，教育的唯一功能就是为思考和知识开辟道路，学校作为教育民众的主要机构必须完全服务于这一目标。

以这种粗糙形式表达的理性主义观点或许并不容易找到，因为任何明智的人都会立刻发觉，这样一种对立场的陈述极为片面。但如果想厘清思想，把握观点的本质，也不妨毫无遮掩地做这种直截了当的表述。

诚然，信念最好能得到经验和清晰思考的支持。在这一点上，我们必须毫无保留地同意极端理性主义者的看法。但其缺点在于，对人的行为和判断必不可少且起着决定性作用的那些信

1. 第一部分是爱因斯坦 1939 年 5 月 19 日在普林斯顿神学院的发言，收录于《晚年集》（ *Out of My Later Years*, New York: Philosophical Library, 1950）。第二部分是爱因斯坦在"科学、哲学和宗教与民主生活方式的关系会议"上所作的发言，收录于《科学、哲学和宗教研讨会》（ *Science, Philosophy and Religion, A Symposium*, New York, 1941）。

念，并非只能以这种纯粹的科学方法找到。

因为科学方法只能告诉我们事实之间的关系和影响。渴望获得这种客观知识属于人类最高层次的能力，大家肯定不会以为我想贬低人类在这个领域的成就和英勇努力。但同样清楚的是，了解事物是什么并不能直接导向事物应当是什么。对于事物是什么，我们可以有最清晰完整的了解，但依然无法从中导出人类应当追求什么目标。客观知识为我们实现某些目标提供了强有力的工具，但最终目标本身以及实现它的渴望必须有另外的源泉。毫无疑问，只有确立了这样的目标和相应的价值，我们的生存和行动才能获得意义。认识真理本身是美妙的，但这种认识几乎无法充当向导，甚至证明不了对真理本身的渴望的正当性和价值。因此，这里出现了关于我们存在的纯理性观念的界限。

但绝不能认为，理智思考对于形成目标和道德判断不起任何作用。当人意识到某种手段对实现一个目的有用时，手段本身也因此而成为目的。理智向我们清楚地揭示了手段与目的之间的关系。但仅凭思考无法让我们弄清楚最终的根本目的。在我看来，弄清楚这些根本的目的和评价，使之牢固地确立在个人的感情生活中，正是宗教在人类社会生活中发挥的最重要功能。如果有人问，既然这些根本目的不能单凭理性来陈述和辩护，那它们的权威来自何处呢？我们只能回答：它们作为强大的传统存在于健康的社会中，这些传统作用于个人的行为、志向和判断；它们活生生地存在着，其存在无须辩护。它们不是通过证明，而是经由启示、借由强大的人格而产生的。我们不应尝试证明其正当性，而应简单明确地感受其本性。

犹太教－基督教传统为我们提供了志向和判断的最高原则。这是一个很高的目标，以我们的微薄之力远不足以达到，但它为我们的志向和评价提供了可靠的基础。若将这个目标从其宗教形式中抽取出来，仅看它纯粹人性的一面，或许可以这样来表达它：个人自由而负责地发展，从而能自由而快乐地倾力为全人类服务。

这里没有给国家、阶级的神化留下任何余地，更不要说个人的神化了。用宗教语言来说，我们难道不都是同一位父亲的孩子吗？事实上，甚至将人类当成一个抽象的整体来神化，都不合乎这种理想的精神。只有个人才有灵魂。个人的崇高使命是服务而非统治，也不是以其他任何方式强迫别人接纳自己。

如果取其实质而非形式，我们也可以认为这些话表达了基本的民主立场。真正的民主人士就像我们所谓笃信宗教的人士一样，可以不怎么崇拜他的国家。

那么在这方面，教育和学校的功能何在呢？它们应该帮助年轻人在这样一种精神下成长，让这些基本原则对他来说就如同呼吸的空气。单凭教导并不能做到这一点。

若是认真查看这些崇高的原则，并把它们与我们这个时代的生活和精神相比较，就会清楚地看到，文明的人类目前正处于严重的危险之中。在极权主义国家，实际力图摧毁这种人性精神的乃是统治者本人。在受威胁较轻的地方，民族主义、不宽容和用经济手段来压迫个人，导致这些最宝贵的传统有可能遭到扼杀。

然而，有识之士逐渐意识到巨大的危险正在蔓延，并努力在国内与国际政治、立法或一般组织的领域内寻求这种危险的应对之道。这些努力无疑很有必要。但我们似乎忘了古人知道的一件事：如果背后没有一种活生生的精神，一切手段都只是迟钝的工具罢了。但如果心中充满着实现目标的渴望，我们就会有足够的力量找到实现目标的手段，并把它转化为行动。

二

　　关于什么是我们所理解的科学，其实不难达成一致的看法。科学是一种长久以来的努力，试图通过系统性的思想将这个世界上可感知的现象尽可能彻底地联系在一起。或者说得简略一些，它试图通过概念化过程对存在进行后验重建。但如果自问宗教是什么，我就无法轻易作答了。即使当下找到了一个让我满意的回答，我也确信它永远都不可能涵盖所有认真思考过这个问题的人的想法。

　　于是，在问宗教是什么之前，我想先问，那些让我觉得有宗教信仰的人的志向有哪些特征：在我看来，受到宗教感化的人，已经尽其所能从私欲的羁绊中解放了出来，而专注于那些因超越个人价值而为他所秉持的思想、感情和抱负。我认为，重要的是这种超个人内容的力量，以及对它深刻意义的坚定信念，而不在于是否尝试将这种内容与某个神联系起来，否则佛陀和斯宾诺莎就不算宗教人物了。因此，说一个信仰宗教的人是虔诚的，是说他毫不怀疑那些超个人目标的意义和崇高，这些目标既不需要也不可能有理性基础，它们的存在和他自己的存在是同样必然和同样实实在在的。在这个意义上，宗教是人类长久以来的努力，想要清楚完整地意识到这些价值和目标，并且不断加强和扩展它们的影响。如果根据这些定义来设想宗教和科学，它们之间似乎就不会有冲突了。因为科学只能确定是什么，而不能确定应当是什么，在科学的领域之外仍然需要各种价值判断。另一方面，宗教只涉及对人类思想行为的评价，而不能言明事实以及事实之间的关系。按照这种解释，过去宗教与科学之间那些众所周知的冲突，应当完全归咎于对上述情况的误解。

例如，当宗教团体坚称《圣经》上记载的一切说法都是绝对真理时，就会发生冲突。这意味着宗教一方介入了科学领域，教会反对伽利略和达尔文的学说就属于这一类。另一方面，科学的代表人物也常常基于科学方法对价值和目的做出根本的判断，从而与宗教对立起来。这些冲突全都源自致命的错误。

然而，即使宗教领域与科学领域本身是泾渭分明的，两者之间仍然存在着牢固的依存关系。虽然决定目标的也许是宗教，但宗教是从最广义的科学那里学到了用何种手段才能达到它所确立的目标。科学只能由那些一心致力于追求真理和理解事物的人来创造，而这种感情的源泉却来自宗教领域。相信对世间有效的规律是理性的，也就是可以由理性来理解，这种信仰同样属于这个源泉。我无法设想真正的科学家会没有这种深挚的信仰。这种情况可以用一则比喻来形容：没有宗教的科学是跛足的，没有科学的宗教是盲目的。

虽然我已断言，宗教与科学之间实际上不可能存在正当的冲突，但我必须在一个关键点上再次对它做出限定，这涉及历史上宗教的实际内容。此处的限定与上帝观念有关。在人类精神演化的幼年时期，人以自己的形象创造出诸神，认为其意志决定着或影响着现象世界。人们试图通过巫术和祈祷来改变诸神的意向，以使其对自己有利。目前宗教教导的上帝观念乃是古老诸神概念的一种升华。例如，人们祈求上帝满足自己的愿望，就是其拟人化特征的表现。

当然，认为存在着一个全能、公正和仁慈的人格上帝，无疑能给人带来安慰、帮助和指引；而且，这个观念因为简单，即使最不开化的人也容易接受。但另一方面，这种观念本身也有其致命弱点，自古以来就让人痛苦不安。那就是，如果这个神是全能的，那么每件事情，包括每个人的行动、想法乃至感觉和抱负都是神的作品，那么在这样一个全能的神面前，如何能指望人为自己的行为和思想负责呢？做出赏罚时，神也必定要对自己做出某种评判。这如何能与神的善和正义结合在一起呢？

今天，宗教领域与科学领域之间冲突的主要来源正是这个人格上帝的概念。科学旨在确立一般规则，以决定物体和事件在时间和空间中的相互关联。这些规则或自然定律需要有绝对的普遍有效性，尽管这得不到证明。它主要是一种纲领，相信它原则上可以实现，只是基于部分的成功。不过，大概没有人会否认这些部分的成功，而将其归于人的自我欺骗。基于这些定律，我们能在某些领域极为精确和确定地预言现象随时间的变化，这一事实已经深植于现代人的意识之中，即使他对这些定律的内容可能知之甚少。只需想到，基于少数几条简单的定律，就可以预先非常准确地计算出太阳系中行星的运行轨迹。同样，虽然精度有所不同，但可以预先计算出电动机、传输系统或者无线电装置的操作方式，甚至在处理新发明时也是如此。

诚然，如果一个复杂的现象涉及过多的因素，科学方法在多数情况下是无法奏效的。只需想想天气就可以知道，我们甚至无法预测几天以后的天气。但没有人会怀疑，我们面对的是这样一种因果联系，其原因要素大体已知。该领域中的事件之所以无法精确预测，是因为有各种因素在起作用，而不是因为自然之中缺少秩序。

对于生物领域的规律性，我们认识得还不够深入，但至少足以使人感觉到确定必然性的支配。只要想想遗传的系统性秩序，以及酒精等毒物对有机体行为的影响就可以明白。这里缺少的仍然是对具有深刻一般性的联系的掌握，而不是对秩序本身的认识。

一个人越是深切地感受到一切事件都规律有序，就越是坚信，除此之外不存在不同性质的原因。在他看来，无论是人的支配还是神的支配，都不能作为自然事件的独立原因而存在。诚然，认为有一个人格上帝在干预自然事件，这种教义永远无法被科学真正驳倒，因为它总能躲进科学认识尚未涉足的一些领域。

但我相信，宗教人士的这种行为不仅不值得，而且很致命。因为一种不能光明正大而只能在黑暗中保全自己的教义，对人类的进步有着不可估量的害处，必然会失去对人类的影响力。在追求道德上的善的过程中，宗教导师们必须有气量放弃人格上帝的教义，也就是放弃曾把极大的权力置于教士手中的那个恐惧和希望的源泉。他们应当努力培养人性中真、善、美的力量。这项任务虽然更为艰巨，但绝对更加值得。[1]待完成上述净化过程之后，宗教导师们肯定会高兴地认识到，科学知识已经使真正的宗教变得更加高贵和深刻了。

如果说宗教的目标之一是使人类从自我中心的渴望、欲求和恐惧的束缚中尽可能地解放出来，那么科学推理还可以在另一种意义上帮助宗教。虽然科学旨在发现能把各种事实联系起来并加以预测的规则，但这并非唯一的目标。它还试图把发现的联系归结成尽可能少的几个彼此独立的概念要素。正是在努力把杂多合理地统一起来的过程中，科学取得了巨大的成功，但也正是这种努力使科学面临最大的危险，有可能沦为幻想的牺牲品。然而，只要对科学领域的胜利进展有过深切的体验，就会对存在之中显示出来的合理性至为崇敬和感动。通过理解，他从个人愿望和欲求的束缚中完全解放出来，从而对存在之中的庄严理性心生谦卑，这种庄严理性极为深奥，非凡人所能及。但我认为，这种态度正是最高意义上的宗教态度。科学不仅涤净了宗教感情的拟人论糟粕，而且有助于使我们对生活的理解达到宗教的精神境界。

在我看来，人类的精神越是进化，就越可以确定，真正的宗教不是通过对生与死的恐惧，也不是通过盲目信仰，而是通过追求理性知识而达到的。在这个意义上，我认为一个教士若想对得起自己崇高的教育使命，就必须成为一位导师。

---

1. 赫伯特·塞缪尔（Herbert Samuel）的著作《信仰与行动》（*Belief and Action*）已经令人信服地阐述了这种思想。——作者注

宗教与科学无法调和吗？ [1]

　　宗教与科学之间真有无法调和的矛盾吗？宗教能被科学取代吗？长期以来，对这些问题的回答引起了大量争议，甚至导致了残酷的斗争。不过依我之见，若对这两个问题做冷静的思考，无疑只会得出否定的回答。然而使答案复杂化的是，虽然大多数人容易就"科学"的含义达成一致，但是对"宗教"的含义却可能有不同的看法。

　　对于科学，我们不妨把它定义成"寻求我们感觉经验之间规律性联系的条理性思考"。科学直接产生知识，间接产生行动的手段。如果事先确立了明确的目标，科学便导向有条理的行动。至于确立目标和陈述价值，则超出了它的职能范围。诚然，就科学能在一定程度上把握因果联系而言，科学可以就目标与价值是否相容得出重要结论，但独立而根本地界定目标和价值仍然超出了科学的范围。

　　而对于宗教，人们普遍认为它涉及目标和价值，而且通常涉及人类思想和行动的感情基础，只要这些东西不是由人类经久不变的遗传倾向预先决定的。宗教涉及人对整个自然的态度，涉及

---

1. 给纽约自由牧师俱乐部的回信，刊登于 1948 年 6 月的《基督教纪事报》（The Christian Register）。

为个人生活和集体生活确立理想，涉及人与人之间的关系。为了达成这些理想，宗教试图对传统施加教育影响，发展和宣扬易于接受的思想和叙事（史诗和神话），从而按照既定的理想来影响价值和行动。

正是宗教传统的这种神秘的或者说象征的内容可能与科学发生冲突。只要这套宗教观念包含着对属于科学领域的主题所作的一成不变的教条，这种冲突就会发生。因此，要想保存真正的宗教，就要避免在对于实现宗教目的并非真正必要的那些主题上引起冲突，这一点是至关重要的。

当我们就其基本实质、撇开其神话来考察现存的各种宗教时，我觉得它们并不像"相对主义"理论或传统理论的倡导者所主张的那样有根本区别。这丝毫不让人惊讶。因为一个以宗教诉求来维系的民族，其道德态度总是旨在维护和促进集体与个人的心智健康和活力，否则这个集体必定会灭亡。事实上，一个以谎言、诽谤、欺诈和谋杀为荣的民族是不可能长久的。

然而在面对具体情况时，清晰地确定什么可取、什么应当避开，并不是一件容易的事情，正如很难判定究竟是什么东西使一幅画或一首曲子成为好作品。这种东西用直觉去感受也许要比用理性去认识更容易。同样，人类伟大的道德导师在某种意义上也是生活艺术中的天才。有一些最基本的训诫直接出自保护生命和免除不必要痛苦的动机，除此之外还有一些训诫，虽然表面上看与那些基本训诫并不很相称，但我们还是认为非常重要。例如，倘若为了让所有人获得和接近真理，就必须在工作和幸福上做出很大牺牲，那么是否还应毫无保留地追求真理呢？有许多这样的问题从理性来看并不容易回答，或者根本无法回答。但我并不认为所谓"相对主义"观点是正确的，即使在涉及更微妙的道德决定时也是如此。

即使从最基本的宗教诫命来考察今天文明人类的实际生活状况，我们也必定会对现状深感痛苦和失望。虽然宗教规定个人群体间应如兄弟般友爱，但实际景象却更像战场而非管弦乐队。无论在政治生活还是在经济生活中，到处都以牺牲自己的同胞、冷酷地追求成功为指导原则。这种竞争精神甚至在学校里也非常盛行，它破坏了人与人之间的合作友爱之情，认为成功不是源自对创造性思想工作的热爱，而是源自个人野心和害怕被排挤。

有些悲观主义者认为，这种状况乃是人的本性所固有。真正宗教的敌人正是主张这些观点的人，因为他们暗示，宗教教义都是乌托邦式的理想，不适合为人类事务提供指导。然而，对某些所谓原始文化的社会模式的研究似乎已经清楚地表明，这种失败主义的观点是完全没有根据的。这个问题在宗教研究中至关重要。关心这个问题的人可以读一读鲁思·本尼迪克特[1]的《文化模式》（*Patterns of Culture*）。书中提到，普韦布洛印第安人在极为艰苦的生活条件下完成了一项艰巨的任务，把大家从竞争精神的苦难中拯救了出来，在部落中培养出一种和睦相处的合作生活方式，不受外界压力且不减损任何幸福。

这里提出的宗教解释，暗示科学对宗教态度有一种依赖。在我们这个物欲横流的时代，这种关系很容易遭到忽视。科学成果

---

1. 鲁思·本尼迪克特（Ruth Benedict, 1887—1948），美国人类学家。《文化模式》（1934）和《菊与刀》（1946）是她最负盛名的著作。——译者注

固然完全不依赖于宗教或道德方面的考虑，但那些在科学上做出过伟大创造性成就的人，全都怀有真正的宗教信念。他们相信我们这个宇宙是完美的，并可通过理性来认识它。这种信念若非带有强烈的感情，这些求知之人若非受到斯宾诺莎那种"对上帝的理智之爱"的激励，他们就很难有那种不屈不挠的献身精神，只有这种精神才能使人取得至高的成就。

道德文化的必要 [1]

　　值此道德文化协会庆祝周年纪念之际，我特向你们致以祝贺和良好的祝愿。诚然，对于这 75 年来在道德方面的诚挚追求所取得的成果，我们尚不能感到满意。因为我们很难断言，今天人类生活的道德风貌总体上要比 1876 年更加令人满意。

　　当时有一种观点认为，只要在可确知的科学事实领域获得启发，并且克服了偏见和迷信，就有望得到一切。当然，所有这些都很重要，值得最优秀的人付出最大的努力。在这方面，这 75 年成绩斐然，并通过文学和舞台传播了出去。但清除障碍本身并不会使社会生活和个人生活高尚起来。因为除了这个消极的结果，更需要一种积极的抱负和努力，以使我们的共同生活具有一种伦理道德结构。在这方面，科学救不了我们。我甚至认为，在我们的教育中过分强调纯粹知识的、往往只讲求事实和实用的态度，已经直接危害到道德价值观。我所想到的与其说是技术进步使人类直接面临的危险，不如说是一种"务实的"思维习惯对人类互信互谅的压抑，这种思维习惯已经给人类的关系蒙上一层致命的严霜。

---

1. 1951 年 1 月在纽约道德文化协会成立 75 周年纪念会上宣读的贺信，收录于 1953 年《我的世界观》（*Mein Weltbild*, Zurich: Europa Verlag, 1953）。

专注于艺术要比专注于科学更容易在道德和审美方面得到满足。当然，理解我们的同胞是重要的，但只有在忧乐与共的同情心的维持下，这种理解才能有好结果。清除了迷信成分之后，留给宗教的正是培养道德行为的这个最重要的源泉。在这个意义上，宗教构成了教育的一个重要部分，但教育对宗教考虑太少，就连那一点考虑也很不系统。

当前世界政治形势的可怕困境，与我们文明的这种忽视之罪有很大关系。没有"道德文化"，人类就不会得救。

达沃斯的大学课程 [1]

"元老院的议员是好人，元老院却是野兽。"我的一个朋友在瑞士当教授，有一次系里得罪了他，他便回了这样一句幽默的话。良心和责任感对个人的引导相对容易，对集体的引导却更加困难。这一事实给人类造成了多大不幸啊！战争和各种压迫皆源于此，让人世间充满了悲痛、叹息和苦难。

然而，只有通过众人的无私合作，才能成就真正有价值的事业。因此，每当看到人们为了促进生活和文化，经过奉献牺牲开创了某种公共事业，那些有善良意愿的人就会欣喜非常。

得知达沃斯拟开设的大学课程时，我就感受到这种单纯的喜悦。这里正以聪敏和智慧开展一项救助工作，这实在是一场及时雨，虽然并非每个人此时都有这种需求。许多年轻人来到这个山谷，希望这里充足的阳光能使自己的身体恢复健康。但如果这样长时间脱离正常工作，失去磨炼意志的机会，整日焦虑其身体状况，人就容易丧失精神的恢复力，或者说在生存斗争中保持力量的意识。他成了某种温室植物，即便身体得到恢复，也很难回到

---

1. 1928 年，爱因斯坦参加了在瑞士结核病疗养胜地达沃斯举办的国际大学课程，本文是其演讲《物理学的基本概念及其发展》的开场白，收录于 1934 年《我的世界观》。

正常生活。正在学习的年轻人尤其如此。在重要的成长时期中断精神训练，很容易留下日后难以弥合的缺口。

一般而言，适度的脑力活动非但不会妨碍治疗，还会像适度的体力活动一样间接促进健康。出于这种认识，设置大学课程不仅可以为这些年轻人谋职做准备，还能激励他们从事脑力活动。为此，有关课程不仅要考虑学生的工作和锻炼，还要关注他们的心灵健康。

别忘了，这项事业非常适合在各国人士之间建立联系，进而加强欧洲共同体这一观念。在这方面，新机构若能从一开始就将一切政治意图排除在外，效果可能会更好。为国际主义事业服务的最佳方式就是合作推动某种利生的工作。

基于这些理由，我很高兴地看到，创建者凭借其能力和智慧已经使达沃斯的大学课程获得了很大成功，初创时期的困难已经克服。祝愿该校欣欣向荣，将很多宝贵的人从贫乏的疗养院生活中解救出来，丰富他们的精神生活。

教师和学生 [1]

亲爱的孩子们:

今天很高兴见到你们,在这个充满阳光的幸福国度,你们是幸福的青少年。

请记住,你们在学校里学到的那些美妙的东西无不凝结着世界各国一代代人的极大付出和辛勤努力。这些遗产传到你们手中,希望你们能够受用、尊重并发扬光大,有朝一日再忠实地传给你们的后代。这样一来,我们这些终会逝去的凡夫俗子就能在我们共同创造的不朽事物中得到永生。

若能铭记这一点,你们就会在生活和工作中找到意义,对于别的国家和时代也会获得正确的态度。

---

1. 对一群孩子的讲话,收录于 1934 年《我的世界观》。

教育和教育者[1]

读了你大约 16 页稿件，不觉莞尔。从内容上看，你聪慧机智、观察敏锐，为文也诚实，有一定的独立思考能力，但也有典型的女人气。所谓女人气，我指的是不够自主，而且夹杂着个人怨恨。我以前读书时，老师也是这样对我的，他们不喜欢我的特立独行，需要助手时总是对我视而不见（不过我得承认，我做学生时不如你规矩）。不过在我看来，我当年的学校生活实在不值得付诸笔墨，更没有责任让人印出它或实际读到它。此外，一些人以自己的方式拼死拼活争取自己的地位，我们也没有什么好抱怨的。

因此，建议你别再闹情绪，把稿件留给你的孩子吧，他们兴许还能从中得到安慰。还有就是，不要在乎老师对他们的说法或看法。

顺便说一句，我来普林斯顿只是做研究，不是来教书。总的说来，教育已经太多了，尤其是在美国学校。唯一合理的教育方式就是做出榜样——如果没有办法，就做一个以儆效尤的榜样。

---

1. 给一位年轻女孩的回信，收录于 1934 年《我的世界观》。

教育与世界和平 [1]

由于地理位置的缘故，美国很幸运能在学校里教导明智的和平主义。美国没有外来侵犯的严重危险，因此无须给年轻人灌输一种尚武精神。但有一种危险是，人们可能只从感情的角度而不是从现实主义的角度来处理和平教育的问题。若不能透彻了解这个问题背后的困难，就会一无所获。

首先，美国青年应当明白，即使美国领土不大可能遭到实际侵犯，但美国随时可能卷入国际纠纷。只要想想美国对世界大战的参与，就能证明这种理解是必要的。

和其他国家一样，对美国而言，安全仅仅在于令人满意地解决世界和平问题。年轻人绝不能以为，通过政治孤立能获得安全。恰恰相反，应当唤起大家对普遍和平问题的严肃关注。尤其应当让年轻人清楚地认识到，美国政客们在世界大战结束时未支持威尔逊总统的自由计划，从而妨碍了国际联盟对这个问题的解决，对此他们应负多大的责任。

应当指出，只要还有强权国家愿意采取军国主义手段来获得更高的世界地位，仅仅要求裁军是不会有结果的。此外还要说

---

1. 1934 年 11 月 23 日致美国进步教育协会的信。

明，像法国提议的那样建立国际组织来保卫各个国家是合理的。为获这种保障，须签订国际条约来共同抵抗侵略者。这些条约是必要的，但仅有条约本身还不够，还要采取进一步措施。军事防御手段应当国际化，要进行大规模的军队合并和驻防轮换，以免使驻扎在任何一国的军事力量单为该国留用。在为这些步骤做准备时，年轻人须懂得这个问题的重要性。

国际之间的团结精神也应当加强，应同阻碍世界和平的沙文主义作斗争。学校里的历史教育应被用来阐述文明的进步，而不应灌输帝国主义势力和军事胜利的理想。在我看来，可将 H. G. 威尔斯的《世界史纲》（*World History*）推荐给学生。最后，地理和历史一样，至少具有间接的重要性，可以激励学生对不同民族的特性做出一种同情式的理解，包括通常被称为"原始"或"落后"的那些民族。

论教育 [1]

一般来说，在纪念日里首先要回顾过去，尤其是回忆那些为了文化生活的发展而获得殊荣的人。对先辈的这种缅怀的确不应忽视，尤其是因为回忆往昔最美好的事物有助于激励今天善良的人们勇敢地奋斗。不过，这应由自幼便与本州有联系且对它的过去如数家珍的人来做，而不是由我这个如吉卜赛人一般四处流浪、游历过各个国家的人来发表意见。

于是，我只能谈谈那些不受时空限制、始终与教育事业密不可分的问题。即使在这个方面，我也不敢以权威自居，尤其是因为各个时代的有识之士都在探讨教育问题，而且已经多次清楚地表达过对这些问题的看法。我在教育领域只能算是个门外汉，除了一些个人经验和信念，我从哪里来的勇气敢去阐述我的看法呢？倘若这真是一个科学问题，我还是缄口不言为好。

然而就积极的事务而言，情况却有所不同。这里，仅仅认识真理是不够的；恰恰相反，要想不失去这种知识，必须不懈地加以更新。好比沙漠中的一尊石像，随时都可能被流沙掩埋。必须不断用手拂拭，才能使它在阳光下继续闪耀。我也应出一

---

1. 1936 年 10 月 15 日在纽约州奥尔巴尼举行的"美国高等教育三百周年纪念会"上的讲话，收录于《晚年集》。

臂之力。

学校向来是将传统财富一代代传承下去的最重要手段。与过去相比，这更适用于今天，因为随着现代经济生活的发展，家庭作为传统和教育的载体已经弱化。因此，人类社会的延续和健康比以前更依赖于学校。

有时候，人们只把学校当成把最多的知识传授给成长一代的工具。但这是不对的。知识是死的，而学校却服务于活人。它应当培养年轻人那些有益于民众幸福的品质和才能。但这并不意味着应当消灭个性，让个人像蜜蜂或蚂蚁一样仅仅成为社会的工具。因为如果一个社会由没有个人独创性和目标的标准化个体所组成，那将是一个不幸的社会，不可能有进一步的发展。恰恰相反，学校必须以培养独立行动和独立思考的个人为目标，而个人要把为社会服务看成最高的人生理想。依我之见，英国的学校体制最接近于实现这种理想。

但如何努力达到这种理想呢？是不是要用道德说教来实现呢？绝对不是。言语永远是空洞的声音，沉沦之路总是伴随着对理想的空谈。但人格的形成不能靠耳闻口说，而要靠行动和付出。

因此，最重要的教育方法总是鼓励学生实际做事情。儿童初学写字是如此，大学毕业写博士论文也是如此，哪怕只是背一首诗、写一篇作文、解释和翻译一个文本、解一道数学题或练习体育运动，也都是如此。

但每一项成就背后都有动机做基础，而任务的完成又会强化和培养这种动机。这些动机极不相同，其差别对于学校的教育标准极为重要。做同样一件事情，既可能出于恐惧和强迫，或者对权威和荣誉的追求，也可能出于对事物的兴趣爱好和对真理与理解的渴望，亦出于每个健康孩子都拥有的神圣好奇心，只是往往很早就消泯了。同一件事情的完成对学生的教育影响可能大不相同，全看这件事情的动机是害怕受到伤害、个人私欲，还是对快乐和满足的渴望。大家都认为，学校管理和教师态度肯定会对学生心理基础的塑造有影响。

在我看来，最糟糕的做法莫过于学校主要用恐吓、强制和制造权威等方式进行教育。这样做会毁掉学生们健康的情感、真诚和自信，它所造就的是百依百顺的人。难怪这样的学校在德国和俄国已经司空见惯。我知道美国的学校没有这种最坏的邪恶，在瑞士以及大多数民主国家也都是如此。让学校避免这种最坏的邪恶并不困难。只要让教师掌握的强制手段尽可能少，让学生只因为教师的才智人品而尊师重道。

第二种动机是好胜心，或者说得婉转些，是期望得到认可和尊重。这种动机深植于人的本性之中。倘若没有这种精神激励，人与人的合作是完全不可能的。希望得到同仁的赞许肯定是人类社会最重要的凝聚力之一。在这种复杂的情感中，建设与破坏的力量比肩而立。期望得到认同和肯定是一种健康的动机，但希望别人认为自己比同事更好、更强或更聪明，则容易导致唯我独尊的心态，这对个人和集体都是有害的。因此，学校和教师都应避免使用那种导致争强好胜的简单方法诱导学生勤奋学习。

达尔文的生存竞争理论以及与之相关的选择理论曾被许多人用来鼓励竞争精神。一些人甚至试图以伪科学的方式证明，个体之间这种破坏性的经济竞争是必然的。但这是错误的，因为人在生存竞争中之所以有力量，正因为他是过着社会生活的动物。蚁丘中单个蚂蚁之间的交战对于生存没有什么意义，人类社会的个体成员之间也是如此。

因此，应当防止把惯常的成功当作人生目标向年轻人灌输。成功人士从同伴那里获得的东西，通常要远远多于他为同伴所做的贡献。然而，一个人的价值应当看他贡献了什么，而不是获得了什么。

在学校和人生中，最重要的工作动机是工作中的乐趣、获得成果的快乐，以及认识到成果对社会有价值。我认为学校最重要的任务就是唤醒和强化年轻人的这些心理力量。只有这种心理基础才能让人愉快地追求知识、艺术等人类最高财富。

与使用强制或者唤起个人的好胜心相比，唤醒这些创造性的心理能力确实要更难，但却因此而更有价值。关键在于培养孩子天真爱玩的倾向和对获得认可的愿望，然后引导孩子进入一些重要的社会领域。这种教育主要建立在希望取得成功和得到认可的基础上。如果学校从这种观点出发能够成功运作，新一代的学生就会予以高度肯定，并把学校布置的任务像礼物一样来接受。我就认识爱上学甚于放假的孩子。

这种学校要求教师在他的本职工作中有如一位艺术家。如何在学校培育这种精神呢？这就像一个人要保持健康一样，并没有包治百病的灵丹妙药。但还是有某些必要条件可以达成。首先，教师应当在这样的学校里成长；其次，教师应当有充分的自由来选择教学材料和教学方法，因为强迫和外部压力同样会扼杀教师在工作中的乐趣。

如果各位用心听到这里，也许会对一件事感到奇怪。我已经详细阐述了应当用何种精神来教育年轻人。但我既没有谈教学科目的选择，也没有谈教学方法。应以语言文字为主，还是以科学专业教育为主呢？

我的回答是，在我看来这些都是次要的。如果年轻人以体操和步行锻炼了自己的肌肉和耐力，他以后就什么体力活都能干。思想的训练和练习动手动脑也是如此。因此，有位机智幽默的人对教育定义得不错："一个人若是忘掉他在学校的一切所学，剩下的便是教育。"因此，对于更注重古典文史教育的人与更注重自然科学教育的人之间的争论，我并不急于偏袒任何一方。

但我反对这样一种想法，认为学校应直接教给学生那些日后可直接用于生活的专门知识和技能。生活的要求太过多样，学校的专门化训练是不可能满足的。除此之外，我还反对把个人当作没有生命的工具来对待。学生在离开学校时应当是一个和谐的人，而不是一个专家，这应是学校始终不渝的目标。在我看来，即使是对专业技术学校来说，这在某种意义上也是对的，尽管那里的学生会从事非常明确的职业。永远要把培养独立思考和独立判断的一般能力，而不是获得专门的知识放在首位。如果一个人掌握了他那门学科的基础，又学会了独立思考和行动，他自然会找到自己的道路。与那些主要以获得细节知识为培训目标的人相比，他也会更好地适应发展变化。

最后我想重申，这些听起来毅然决然的话仅仅是我的个人见解，所根据的不过是我做学生和老师的个人经验罢了。

论古典文学 [1]

 有的人只看看报纸，最多再读一些当代作家的书，在我看来，这种人就像严重近视而又不屑戴眼镜的人。他完全受制于他那个时代的偏见和时尚，因为他从不去看也从不去听任何别的东西。一个人若只是自己思考，而不受别人思想和经验的启发，那他的想法无论如何也是无甚价值和单调乏味的。

 一个世纪里，头脑清楚、文体明畅且具有良好品位的人只有寥寥几位。他们留传下来的作品当属人类最宝贵的财富。多亏了几位古代作家，中世纪的人们才从五百多年迷信无知的黑暗生活里渐渐摆脱出来。

 没有什么能比克服现代派的自命不凡更要紧的了。

---

1. 1952年2月29日为"瑞士商人协会青年商人分会"主办的月刊《青年商人》所作。

确保人类的未来 [1]

如同火柴的发明，原子核链式反应的发现并不一定导致人类的毁灭，但我们必须竭力防止对它的滥用。技术发展到现在这个阶段，只有一个执行力足够强大的超国家组织才能保护我们。认识到这一点，我们才有力量做出必要的牺牲，以确保人类的未来。如果未能及时达成这个目标，我们每个人都要负责任。一种可能的危险是，每个人都袖手旁观，坐等别人行动。

对于我们这个世纪的科学成就，每一位有识之士都会给予高度评价。哪怕随便看一下科学的技术应用，也会有此感觉。但如果铭记科学的基本问题，就不会过高估计近来的成就。就像坐火车时，如果只看近处的东西，我们似乎就在急速地奔驰，但如果注视远处的山脉，景色似乎就变化很慢了。科学的基本问题正是如此。

在我看来，甚至谈论"我们的生活方式"或俄国的生活方式也是不合理的。在这两种情况下，我们谈的都是一堆传统和习俗，这些东西并不构成一个有机整体。更有意义的是追问：哪些制度和传统对人有害，哪些对人有利？哪些让生活更幸福，哪些

---

1. 致 1952 年加拿大"教育周"（3 月 2 日至 8 日），收录于 1953 年《我的世界观》。

让生活更痛苦？之后我们应当努力取其精华，无论目前认为它能否在我们这里实行。

现在谈谈教师的工资。在一个健康社会里，任何有益的活动都应得到报酬，以使人过上像样的生活。从事任何对社会有价值的活动，都会带来内心的满足，但这不能当作工资的一部分。教师无法用内心的满足来填饱家人的肚子。

培养独立思考的教育 [1]

教给人专业知识是不够的。专业知识可能使人成为一种有用的机器，却无法使人格得到和谐发展。务必让学生对价值观有所了解并产生热烈的感情，对于美和善也必须有强烈的感受，否则拥有专业知识的人更像是一条训练有素的狗，而不像一个和谐发展的人。为与同伴和集体达成适当关系，他必须学会理解人们的动机、幻想和痛苦。

这些宝贵的东西是通过教师的言传身教，而不是（或至少主要不是）通过教科书传授给年轻一代的。文化基本上就是这样形成和保存的。当我把"人文学科"当作重要的东西推荐给大家时，心里想的正是这个，而不仅仅是历史和哲学领域中那些枯燥的专业知识。

过分强调竞争制度，以及基于实用过早地划分专业，将会扼杀包括专业知识在内的一切文化生活所依赖的那种精神。

还有一点很重要，有价值的教育要培养年轻人独立的批判思考能力。数量众多、种类繁杂的科目（学分制）使年轻人负担过重，这大大危及了年轻人的发展。负担过重必然导致肤浅。要让学生觉得教育是一件珍贵的礼物，而不是沉重的义务。

---

1. 载于 1952 年 10 月 5 日《纽约时报》。

约瑟夫·波普尔－林凯乌斯 [1]

　　波普尔－林凯乌斯不仅是才华横溢的工程师和作家，也是少数秉持时代良心的杰出人物之一。他反复提醒世人，社会要对每个人的命运负责，而且还向我们表明，如何让社会落实应尽的义务。他不迷信社会或国家，认为社会必须先给个人提供和谐发展的机会，才有权要求个人为社会做出牺牲。

---

1. 约瑟夫·波普尔－林凯乌斯（Joseph Popper-Lynkaeus，1838—1921）是奥地利工程师，以尖锐批评国家和社会以及勇于推动消除社会罪恶而著称，他的一些著作在奥地利帝国遭到查禁。收录于 1934 年《我的世界观》。

向萧伯纳致敬 [1]

今天，看到同时代人的弱点和愚蠢，很少有人能够保持足够的独立性，不受其影响。而在这寥寥无几的人当中，面对众人的顽固执拗仍能积极处理好事情者更是少之又少。只有极少数人能以幽默风雅吸引住同时代的人，并通过不受个人情感影响的艺术向其真实地反映生活。今天，我要向这位最精通此法的大师致以真诚的敬意，感谢他对我们所有人的寓教于乐。

---

1. 1930 年访问英国时所作，收录于 1934 年《我的世界观》。

贺阿诺德·柏林内尔七十寿辰 [1]

借此机会，我想告诉我的朋友柏林内尔和本刊读者，为何我对他的为人和工作评价如此之高。之所以要做这件事情，是因为现在不讲便没机会了；平日里接受的客观训练导致我们把任何有关个人之事都视为禁忌，只有碰到今天这样的特殊场合，我等凡人才能有所僭越。

随意唠叨几句之后，现在让我们回到客观性。科学研究领域已经大为扩展，各门科学的理论知识也日益深奥。但人类理智的融通能力还非常有限，因此个人的研究活动不可避免会局限在越来越小的知识领域。更糟糕的是，由于这种专业化，现在即使要对科学的全貌做出整体的了解也越来越困难了。若缺乏这种了解，真正的研究精神势必会受到损害。这种情况很像《圣经》中记载的巴别塔的故事[2]。每一位严肃的科学工作者都痛苦地意识

---

1. 载《自然科学》（ *Die Naturwissenschaften*, Vol. 20, p. 913, 1932 ）。阿诺德·柏林内尔（Arnold Berliner）是德国犹太物理学家，1913 年至 1935 年任该周刊主编，1935 年因犹太人身份而遭纳粹政权解职。7 年后，80 岁的柏林内尔在即将被驱逐出境前自杀。
2. 《旧约》中，《创世记》第 11 章 1—9 节所载，巴比伦人想在巴比伦尼亚的示拿建造一座"塔顶通天"的高塔。神对他们的放肆感到不快，变乱了工人的语言，使他们互不相通，破坏了此工事。塔未能建成，而人们却分散到世界各地。——译者注

到，自己被迫流放到一个日益狭窄的知识领域，原本视野广阔的研究者有可能沦为匠人的层次。

我们都曾深受其害，却未努力减轻它。但柏林内尔却在德语世界挺身而出，以极可钦佩的方式做了补救。他知道，现有的科普杂志足以教导和鼓励外行，但他也意识到，为了让科学家了解科学的问题、方法和成果有什么发展，以形成自己的判断，需要一份专为科学家提供信息的内容均衡的刊物。经过多年辛苦努力，他以极大的才智和决心致力于这个目标，为我们大家和科学奉献着，对此我们怎样感激都不为过。

他需要争取卓有成就的科学家共同合作，提醒他们注意表达方式，让非专业读者也能看懂。他时常告诉我，为了实现这个目标，他可没少费工夫。他用一个谜语来形容遇到的困难——"问：什么是科学作者？答：是含羞草与豪猪的混合体。"柏林内尔之所以能够做出今天的成就，是因为他始终强烈渴望清晰、全面地了解尽可能广大的科学研究领域。在这种感情的驱使下，他也写了一本物理教科书，这是他多年辛劳的成果。有一位学医的学生曾跟我谈起这本书，他说："倘若没有这本书而任凭自己摸索，我真不知道如何才能弄清楚现代物理学的原理。"

柏林内尔力求清晰、全面地看待科学，使科学的问题、方法和成果在很多人的头脑中焕发了生机。在当今时代，若是没有他的刊物，科学生活简直无法想象。使知识活起来并且保持生气，其重要性绝不亚于解决具体的问题。

洛伦兹对国际合作事业的贡献 [1]

19世纪以来，科学研究日益专业化。在此背景下，很少有某一门科学的顶尖学者同时还能在国际组织与国家政治方面为社会做出可贵的贡献。做出这些贡献不仅要有能力、眼光以及杰出成就所带来的名声，还要摆脱民族偏见，致力于人类的共同事业，这在当今的时代已不多见。据我所知，只有洛伦兹能将所有这些品质完美地集于一身。洛伦兹的人格颇有一些魅力：独立和倔强是学者的共同天性，学者们不愿屈从于他人的意志，往往只是勉强接受他人的领导。然而在洛伦兹担任主席期间，他所营造的氛围总能让人愉快地合作，无论与会人员的目标和思维习惯有多么不同。其成功秘诀不仅在于洛伦兹对人和事敏于洞察，对语言有高超的驾驭能力，更重要的是大家都能感觉到，他全身心扑在事业上，一旦进入工作状态，就把其他一切抛到脑后。能让倔强者消除敌意的莫过于此。

---

1. 1927年作。洛伦兹（H. A. Lorentz）是荷兰理论物理学家，当时最伟大的科学家之一。他的工作涵盖了物理学的诸多领域，但最突出的贡献是电磁学理论的各个分支。其发现为物理学的许多现代发展特别是相对论奠定了基础。第一次世界大战之后，洛伦兹为重建国际合作尤其是科学家之间的国际合作付出了巨大努力。他享有崇高威望，备受各国学者尊敬，其努力获得了成功。晚年的洛伦兹曾任国际联盟知识合作委员会主席。本文收录于1934年《我的世界观》。

战争爆发之前，洛伦兹的国际关系活动仅限于主持物理学家的一些会议，其中最著名的是索尔维会议，前两届于 1909 年和 1911 年在布鲁塞尔召开。接着，欧洲战争的爆发使所有心系人类关系改善的人遭遇重大打击。无论是战争结束之前还是之后，洛伦兹都投身于国际和解工作，尤其致力于在学者和科学团体之间重新建立富有成果的合作。外人很难想象这项工作多么艰难。战争期间的积怨尚未消除，许多有影响力的人物迫于形势压力又拒不和解。洛伦兹就像一位医生，在与执意不肯吃药的顽固病人打交道。

　　不过，一旦认识到某条道路是正确的，洛伦兹就会勇往直前，绝不退却。战争刚一结束，他便参与领导了研究委员会。该组织由战胜国的学者所创立，同盟国的学者和学术机构则被拒之门外。洛伦兹此举得罪了同盟国学术界，但其目的在于对该机构施加影响，使之真正具有国际性。经过不懈努力，他和其他一些正义之士终于将冒犯性的排除条款从研究委员会的章程中拿掉。然而，恢复学术团体之间富有成果的正常合作的目标尚未实现，因为在近十年的时间里，几乎所有国际科学会议都把同盟国学术界拒之门外，被触怒的同盟国学术界已经养成了不与人来往的习惯。不过，凭借着为美好事业奋斗的一腔热情，洛伦兹巧妙地开展了工作，现在看来可望很快破冰。

　　洛伦兹还以另一种方式为国际文化事业做出了贡献，他同意为国际联盟知识合作委员会效力。这一机构成立于大约五年前，时任主席是柏格森，去年则由洛伦兹担任主席。在其附属机构巴黎研究院的鼎力支持下，该委员会成为不同文化圈知识与艺术活动领域的桥梁。在这里，洛伦兹那智慧、谦逊而又富于同情心的人格也将把人们引上正确的道路，他那未曾明言但忠实履行的原则是："不求统治，但求服务。"

愿洛伦兹的榜样能使这种精神发扬光大！

在洛伦兹墓前的讲话 [1]

洛伦兹是这个时代最伟大、最高尚的科学家，我谨代表德语学术界尤其是普鲁士科学院，但首先是作为学生和深挚的仰慕者站在他墓前。他的天才思想照亮了从麦克斯韦的理论通往当代物理学成就的道路，并为今天的物理学奠定了重要的基石和方法。

洛伦兹的人生直到每一个细节都像一件精致优雅的艺术品。他一向乐善好施，极富正义，对人世敏于洞察，这使他在涉足的任何领域都成为领导者。人人都乐意跟随他，因为感觉他不求统治，只求服务。其工作和榜样将会激励世世代代继续前行。

---

1. 洛伦兹生于 1853 年，卒于 1928 年。本文收录于 1934 年《我的世界观》。

创造者洛伦兹及其人格 [1]

世纪之交的时候，各国的理论物理学家都把洛伦兹看成他们当中的领导者，这是理所当然的。然而，当今的物理学家大都没有充分意识到，洛伦兹对于理论物理学基本概念的塑造起了决定性的作用。之所以出现这种怪事，是因为洛伦兹的基本观念已经在相当程度上成为大家观念的一部分，以致很难意识到这些观念是多么大胆，以及如何简化了物理学的基础。

当洛伦兹开始其创造性的科学工作时，麦克斯韦的电磁学理论已经取得最终的胜利。但该理论的基本原理包含着一种独特的复杂性，导致理论的关键特征无法清晰地呈现出来。虽然场的概念的确已经取代了超距作用概念，但电场和磁场尚未被看成原初的东西，而是被看成后来被当作连续体来处理的有重物质的状态。结果，电场被分解为电场强度矢量和电介质位移矢量。在最简单的情况下，这两种场以介电常数联系在一起，但原则上被当作独立的东西来处理。对磁场的处理也是类似。与这种基本观念相一致，真空被当作有重物质的一种特殊情况来处理，此时场强和位移之间的关系碰巧特别简单。特别是，根据这种解释，我们

---

1. 1953 年在荷兰莱顿举行的"洛伦兹诞辰一百周年纪念会"上的致辞，收录于 1953 年《我的世界观》。

不能设想电场和磁场与被视为场的载体的物质的运动状态无关。

对麦克斯韦电动力学的这种当时流行的解释，可见于赫兹对运动物体电动力学的研究。

洛伦兹对该理论做了决定性的简化。他始终一致地将其研究建立在如下假说之上：

电磁场存在于真空中，只包含一个电场矢量和一个磁场矢量。这种场是由原子式的电荷产生的，而场又反过来将有质动力施加于电荷。电磁场与有重物质之间唯一的关联产生于这样一个事实，即基本电荷牢固地附着在原子式的物质粒子上。对于这种物质粒子，牛顿运动定律是成立的。

在这个简化的基础上，洛伦兹建立起一种完备的理论，解释了当时已知的所有电磁现象，包括运动物体的电动力学现象。经验科学中极少有这种一致、明晰和美妙的工作。在此基础上不做额外假定就不能完全解释的现象只有著名的迈克尔孙－莫雷实验。若不是把电磁场定位于真空中，就不能设想这个实验会引出狭义相对论。事实上，关键步骤正是把电磁学归结为真空或（当时所说的）以太中的麦克斯韦方程。

洛伦兹甚至还发现了后来以他的名字命名的"洛伦兹变换"，尽管没有认识到它的群特征。在他看来，真空中的麦克斯韦方程只适用于一个特殊的坐标系，该坐标系因其静止状态而区别于其他一切坐标系。这种状况实在悖谬，因为该理论对惯性系的限制似乎比经典力学更强。从经验的观点看，这似乎完全没有道理，它必定会引出狭义相对论。

感谢莱顿大学的慷慨，我经常到那里同我的挚友保尔·埃伦菲斯特小聚，因此常有机会聆听洛伦兹讲课，这些课程是他退休后定期给少数年轻同事开的。从他卓越的心灵中流出的东西总是如艺术杰作一般清澈美妙，那种平易流畅的表述是我在任何人那里都没有感受过的。

我们年轻人即使只认识到洛伦兹心灵的崇高，就已经非常钦佩和尊敬他了。然而当我想起洛伦兹时，所感受到的还远不止于此。在我的人生中，他对我个人的意义超过了所有其他人。

和对物理学和数学形式的驾驭一样，他对自己的驾驭也是轻松自如的。他完全没有平常人的那些弱点，但从不会让人有压迫感。大家都觉得他很卓越，但谁都不会因此而感到压力。对于人世，他虽然并未心存幻想，但对每个人和每件事都充满善意。他从未给人专横的印象，而总是服务和助人。他勤勤恳恳，认真尽责，但又不过分看重任何东西；一种微妙的幽默守护着他，这从眼神和微笑中可以流露出来。与此相应，他尽管完全投身于科学，但深信我们的理解力无法洞彻事物的本质。直到晚年，我才能完全理解这种怀疑与谦卑参半的态度。

尽管做了诚恳的尝试，但我发现语言——至少是我的语言——无法道尽这篇短文的主题。因此，我想引用洛伦兹让我印象特别深的两句话作为结语：

"我幸而属于这个国家，它太小了，干不出什么大蠢事。"

在第一次世界大战期间，有人想说服他相信，人类的命运取决于强权和武力，对此他答道：

"或许您说得对，但我不想生活在这样的世界里。"

悼念玛丽·居里[1]

　　像居里夫人这样受人景仰的人物走到生命的尽头时，我们不要仅仅满足于回顾她给世人带来的研究成果。对一个时代和整个历史进程而言，一流人物的道德品质也许比纯粹理智上的成就更有意义。即使是纯粹理智上的成就，也远比通常认为的更依赖于高尚的品质。

　　我有幸能与居里夫人有二十年崇高而真挚的友谊。她伟大的人格让我越发感到敬佩。她内心坚毅、意志纯洁、严于律己、公正无私、不偏不倚，所有这些难得的品质都集于一身。她任何时候都自视为社会的仆人，谦虚恭谨、永不自满。她因社会的严酷和不平等而心情压抑，遂有了那副严肃的外表，不了解她的人很容易因此产生误解——这是一种无法用任何艺术气质来缓解的不同寻常的严肃性。一旦认定是正确的道路，她就会毫不妥协、坚韧不拔地走下去。

　　她一生最伟大的科学成就是证明放射性元素的存在并把它们分离出来。这种成就不仅要归功于大胆的直觉，更有赖于她全身心的投入，在难以想象的极端艰苦条件下顽强地工作，这在实验

---

1. 1935 年 11 月 23 日在纽约罗里奇博物馆举行的居里夫人追思会上的悼词，收录于《晚年集》。

科学史上并不多见。

　　居里夫人的风骨和热忱哪怕有一小部分活在欧洲知识分子心中，欧洲的未来就会更加光明。

圣雄甘地 [1]

甘地是民族的领袖，从不倚靠任何外在权威；他是一位政治家，其成功不是依赖于阴谋诡计或技术手腕，而是纯粹依靠其令人折服的人格魅力；他是一个胜利的斗士，向来鄙视使用武力；他智慧而谦卑，果敢而坚韧，毕生致力于振兴民族精神，改善民族命运，用质朴的人性尊严对抗欧洲的残暴，永远卓异出众。

后人也许很难相信，这样一个有血有肉的人曾经来过世间。

---

1. 1939 年为甘地七十寿辰而作，收录于《晚年集》。

悼念马克斯·普朗克 [1]

一个注定以伟大创见造福世界的人无须后世赞扬，其成就本身已经给了他更高的回报。

然而，今天所有追求真理和知识的人的代表从世界各地赶来，这是一件好事，而且很有必要。大家来到这里就已经证明，即使在我们这个时代，政治狂热和残酷武力如利剑一般悬在痛苦不堪、惊恐万状的人们头上，我们追求真理的理想旗帜也依然高高飘扬、光芒不减。这种理想是一条纽带，将各个时代、各个地方的科学家永远联系在一起。马克斯·普朗克就罕见地完美体现了这种理想。

希腊人早已构想出物质的原子性，19 世纪的科学家则使这个概念变得更加可信。但最先不依赖于其他假设而精确地定出原子绝对尺寸的却是普朗克的辐射定律。不仅如此，他还令人信服地表明，除了物质的原子结构，能量也具有原子结构，而且受普朗克所引入的普适常数 h 的支配。

这一发现成为 20 世纪整个物理学研究的基础，自那以后几乎完全决定了物理学的发展。若是没有这一发现，就不可能建立

---

1. 1948 年在普朗克追思会上的悼词，收录于《晚年集》。

一种关于分子、原子的可行理论，并且确定支配其转变的能量过程。不仅如此，它还打破了经典力学和电动力学的整个框架，并且为科学规定了一项新的任务：为整个物理学找到一个新的概念基础。虽然这个问题已经有了一些显著进展，但还远未得到令人满意的解决。

在向这位伟人致敬的同时，美国科学院表示，希望为纯粹知识而进行的自由研究能始终不受妨碍和损害。

纪念莫里斯·拉斐尔·柯恩 [1]

女士们、先生们：

得知在这个纷乱的大都市里还有人未被当下五光十色的景象完全吸引，我真是高兴。这个研讨会表明，无论是当下的自命不凡，还是死亡的分界线，都没有威胁到思想者之间的关系。与我们特别亲近的人大都已经故去，莫里斯·柯恩最近也加入了他们的行列。

我知道，他是一个热心助人、特立独行的人，我常常有幸与他讨论共同感兴趣的问题。不过，偶尔尝试谈论他的精神人格，我便痛苦地发觉，我对他的心路历程还不够熟悉。

为了稍微填补这个空白，我拿起他与欧内斯特·内格尔共同出版的《逻辑与科学方法》（*Logic and Scientific Method*）一书来读。可以想见，此时的我并未感到轻松惬意，而是因为时间太少而感到不安。然而，我一开始读便沉迷其中，以至于读书的外因已被抛到脑后。

---

1. 1949 年 11 月 15 日在莫里斯·拉斐尔·柯恩学生纪念基金（Morris Raphael Cohen Student Memorial Fund）成立仪式上的致辞。（莫里斯·拉斐尔·柯恩［1880—1947］，美国哲学家、法学家，他将逻辑实证主义和语言分析结合在一起。——译者注）

几个小时以后，我回过神来，自问是什么使我如此着迷。答案很简单。作者并未给出现成的结论，而是先通过构想事物的不同可能性来唤起科学好奇心，然后再尝试以彻底的论证来澄清问题。作者理智上的诚实使我们和他一样经历了内心的挣扎，这正是天生教师的标志。知识以两种形式存在——储存在书本中的死知识，以及人们意识中的活知识。第二种存在形式终究是最重要的；第一种虽然不可或缺，但只占次要地位。

02

论政治、政府与和平主义

科学的国际性 [1]

正当民族主义和政治狂热达到顶点时，埃米尔·费舍尔在战时科学院的一次会议上说了这样一句掷地有声的话："没用的，先生们，科学现在是而且永远是国际的。"对此，真正伟大的科学家不仅心知肚明，而且感同身受，即便在政治纷争的年代，他们被气量狭窄的同事孤立时，也会这样坚持。战争期间，每一个阵营中都会有不少选民背叛自己神圣的职责。国际科学院协会已经解散。从当时到现在，学术会议都把敌国的同事们拒之门外。政治方面的考量被一本正经地提出来，导致纯粹客观的思维方式无法起主导作用，我们伟大的目标必定受挫。

在情感上不为一时所惑的正义之士如何才能进行补救呢？当前大多数学人仍然群情激愤，真正国际性的大会是无法召开的。至于恢复国际科学工作者协会，大家的心理障碍还太强，尚不能被少数更为开明之士克服。为使国际协会恢复健康，这部分人其实大有用武之地，他们可以同全世界志同道合的人保持密切接触，在各自的领域坚定支持国际事业。大获成功尚需时日，但无疑会有这一天。我要借此机会向我们的各位英国同事致敬，在那

---

1. 写于第一次世界大战之后不久，收录于 1934 年《我的世界观》。

些艰苦的岁月，他们始终怀有维护知识共同体的强烈愿望。

无论在什么地方，个人的态度都比官方声明要好。正义之士要记住，"元老院的议员是好人，元老院却是野兽"，不要让自己被激怒或误导。

如果说我对国际组织的进展充满信心，那么这种感受与其说是因为我对同事们的聪明才智和高尚情操有信心，不如说是源于经济发展的迫切压力。既然经济发展在很大程度上甚至依赖于立场保守的科学家的工作，所以就连他们也会违心地帮助创建国际组织了。

辞职信 [1]

尊敬的杜富尔－福隆斯先生：

对于您的友好来信，我绝不能置之不理，否则您可能会对我的态度产生误解。我决定不再去日内瓦参会，仅仅是因为：很遗憾，经验告诉我，整个委员会并未真正下决心要在改善国际关系方面取得实质性的进展。在我看来，它更像是体现了"做表面文章"的原则。在这方面，委员会甚至比整个国际联盟还要糟糕。

努力建立一个高于国家的国际仲裁调解机构，是我始终挂怀的一个目标，因此我才感到不得不离开委员会。

该委员会在各国设立的"国家委员会"成了各国知识分子与委员会沟通的唯一渠道，这等于认可了对各国文化少数族群的压迫。因此，就给予国家少数族群以道义支持、反对文化压迫而言，委员会是有意失职。

在反对各国教育的沙文主义和军事化倾向方面，委员会的态

---

1. 1923 年爱因斯坦写给国际联盟知识合作委员会的辞职信。阿尔伯特·杜富尔－福隆斯（Albert Dufour-Feronce）时任德国外交部高官，后来成为国际联盟首任德国籍副秘书长。1924 年，为了抵制德国沙文主义者利用其较早的决定来反对国际合作，爱因斯坦重新加入了知识合作委员会。本文收录于 1934 年《我的世界观》。

度也是不冷不热。因此，在这个至关重要的领域，不能指望它能有什么真正作为。

对于那些义无反顾地致力于维护国际秩序和反对军事制度的个人和组织，委员会也未能给予道义上的支持。

在成员任命上，明知有人倒行逆施，不去履行相关义务，委员会也允许其加入。

无须再有更多论证，由以上几点您肯定已经看出我去意已决。写起诉书不是我的事情，我只是在解释我的立场。您若是觉得本人还有留下的希望，放心吧，那肯定是错觉。

知识合作研究所 [1]

　　今年，欧洲的政治领袖们第一次认识到，传统政治团体只有停止彼此之间的钩心斗角，欧洲大陆才能重获繁荣。因此，必须巩固欧洲的政治组织，并逐渐尝试取消关税壁垒。这一伟大目标不能只靠协定来实现，而是必须先有思想上的准备。必须努力逐渐唤起人们的团结意识，迄今为止，这种意识并非止于前线。正是怀着这种想法，国际联盟创建了知识合作委员会。该委员会是一个与政治无关的纯国际组织，其任务是在因战争而遭到孤立的各国知识分子之间建立起联系。事实证明，这是一项艰巨的任务，因为不得不承认，至少在我最熟悉的国家，艺术家和学者远比担任重要职务的人更受制于狭隘的民族主义倾向。

　　迄今为止，知识合作委员会每年召开两次会议。为使工作更有成效，法国政府决定出资创建一个永久的知识合作研究所，该所近期就会开放。对于法国的这一慷慨之举，所有人都应心存感激。

　　聚在一起谈笑风生、互相恭维，对感到遗憾或不认同的事情一概不谈，这固然轻松愉快，但唯有诚实才有助于推进我们的工

---

1. 可能写于 1926 年，收录于 1934 年《我的世界观》。

作。因此，在祝贺其新生的同时，我也要提一些批评。

据我平日观察，委员会面临的最大障碍是对自己在政治上的客观公正缺乏信心。今后，凡有助于增强这种信心的事情我们就做，凡可能削弱这种信心的事情就不做。

因此，法国政府在巴黎出资创建一个研究所，把它当作知识合作委员会的一个永久机构，并由一个法国人出任所长，这难免让外界产生一种印象，以为委员会由法国主导。加之目前委员会的主席也是法国人，则更是加深了这种印象。虽然相关人士都享有极高声誉，处处受到尊敬爱戴，但这种印象依然存在。

"我已经说完，并且拯救了自己的灵魂。"衷心希望新成立的研究所能够通过与委员会的持续互动，成功推进其共同目标，并赢得全世界知识分子的信任和认可。

对世界经济危机的看法 [1]

如果说有什么东西能让一个经济学领域的门外汉敢于对当前令人忧虑的经济困难的性质发表意见，那定是专家之间没有一致的看法，让人无所适从。我讲的东西并不新鲜，只是表达了一个独立而诚实的人的看法。我既无阶级偏见，也无民族偏见，只是希望人类幸福，人的生存能够尽可能地和谐。如果以下内容让读者觉得我好像言之凿凿，那只是为了表达的方便，而绝非出于无端的自信，或者自认为对一些问题的浅见绝对无误，那些问题其实是异常复杂的。

在我看来，这次危机本质上不同于以往，因为它所处的经济形势是全新的，而这乃是生产方式突飞猛进的结果。今天，只需现有劳动力的一部分，即可生产出生活所需的全部消费品。在完全自由放任的经济体制下，这必然会导致失业。

出于一些我不打算在这里分析的原因，大多数人不得不为维持生计的最低工资而工作。如果两家工厂生产同样的商品，若其他情况相同，并让工人的工作时间和强度达到人体所能承受的极限，则雇用工人较少的工厂生产出的商品会更便宜。因

---

1. 本篇与接下来两篇文章写于 20 世纪 30 年代世界经济危机期间。收录于 1934 年《我的世界观》。

此，凭借当今的生产方法，无可避免只会用到现有劳动力的一部分。虽然对这部分人有不合理的要求，但其余的人却被生产过程自动淘汰。这终将导致商品销售和利润下降，企业走向破产，由此又会引发新的失业和对企业信心的不足，公众对银行参与减少。最后，银行会因遭到挤兑而无力偿还债务，工业齿轮也随之完全停滞。

关于这次危机的原因还有另一些说法，我们现在就来考察一下：

生产过剩：这里我们应当区分两种东西，即真正的生产过剩和表面的生产过剩。所谓真正的生产过剩，我指的是生产超出了需求。当前美国汽车和小麦的生产也许就是这种情况，虽然这也是可疑的。而另一种所谓的"生产过剩"，通常是指某种商品的产量超出了现有情况下所能卖出的量，尽管此消费品在消费者中仍然短缺。我称这种状况为表面的生产过剩。在这种情况下，缺少的不是需求，而是消费者的购买力。这种表面的生产过剩只不过是危机的代名词，所以不能用来解释危机；因此，试图用生产过剩来解释当前的危机，不过是在玩文字游戏罢了。

赔款：支付赔款对于债务国及其经济来说是沉重的义务，为此这些国家不得不参与倾销，结果也损害了债权国。这是不争的事实。然而危机却出现在有很高关税壁垒的美国，可见这不可能是世界危机的主要原因。因赔偿而导致的债务国黄金短缺，最多只能说明应当停止这种支付，而不能用来解释世界危机。

新关税壁垒的设置，非生产性军备负担的加重，潜在的战争威胁所导致的政治不安：所有这些都使欧洲的局势更加严峻，对美国却没有实质性的影响。危机在美国的出现表明，这些不可能是危机的主要原因。

中国和苏联两个大国的退出：这对世界贸易的打击在美国同样表现不明显，因此不可能是危机的主要原因。

战后下层阶级的经济崛起：这即使是事实，也只会导致商品短缺，而不是供给过剩。

我不再列举其他论点来烦扰读者了。在我看来，这些论点都没有触及问题的实质。我确信，技术进步本身虽然可以在很大程度上减轻人类生存所需的劳动负担，但却是目前这种苦难困境的主要原因。于是，一些人便一本正经地要禁止引入技术革新。这显然是荒谬的。但如何才能以更为合理的方式为我们的困境找到出路呢？

若是能防止群众的购买力（以商品价值来衡量）降到某个最小的程度以下，像我们今天经历的这种产业循环的停滞就不可能发生。

要做到这一点，逻辑上最简单但也是最冒险的办法是完全的计划经济，由社会来生产和分配消费品。今天苏联正在尝试的做法本质上就是如此。情况究竟如何，主要要看这种强迫性的试验会产生什么样的结果。在这里做出预言会有傲慢放肆之嫌。在这种体制下生产商品，能否比私人企业享有更多自由的体制更加经济呢？与这种体制相伴随的恐怖，我们"西方"人任谁也不愿去碰，倘若没有了这种恐怖，它是否还能维持下去？这种僵化集中的经济体制难道不会走向贸易保护和阻碍有益的创新吗？但我们必须注意，切不可让这些想法变成偏见，妨碍我们形成客观判断。

我个人认为，只要能与着眼的目标相容，尊重现有传统和习惯的那些做法一般要更为可取。我也不相信突然将经济交由政府去管理会有利于生产；应当给私人企业留出活动范围，只要它还没有通过卡特尔化被产业本身所淘汰。

不过，这种经济自由应受两方面的限制：每一个生产部门都应通过法律规定来缩短每周工作时间，以便系统性地消除失业。同时还应制定最低工资标准，以使工人的购买力跟得上生产。

此外，在通过生产者组织而形成垄断的那些行业，价格应由国家来控制，以使资本收益保持在合理限度，并防止人为地抑制生产和消费。

这样一来，或许能够建立起生产与消费的平衡，既不用对企业自由限制太多，亦可制止生产资料（土地、机器）所有者对最广义的工薪阶层的压榨。

生产和购买力 [1]

我不相信解决当前困难的方法在于认识生产能力和消费，因为这种认识一般而言都来得太晚。而且在我看来，德国的问题并不在于生产设备过剩，而在于一大部分人口购买力不足，这些人因为产业的改进而被排除在生产过程之外。

我认为，金本位制有一个严重的弊端，即黄金供应的短缺会自动导致信贷紧缩和通货减少，而价格和工资却无法迅速调整到位。

依我之见，摆脱我们的困境有如下天然药方：

1. 对各个产业部门进行分级，依照法令减少工作时间以消除失业，固定最低工资，以使大众购买力适应商品的供给。

2. 控制流通货币总量和信贷规模，使物价水平保持稳定，取消一切形式的货币本位。

3. 对因垄断或形成卡特尔而没有实际参与自由竞争的商品实行法定限价。

---

1. 收录于 1934 年《我的世界观》。

生产和劳动 [1]

　　在我看来，根本的麻烦在于劳动力市场几乎无限的自由，以及生产方法的突飞猛进。要想满足今日世界之所需，早已不需要现有的全部劳动力。由此导致的失业和工人之间的恶性竞争都会降低购买力，从而使整个经济体系难以承受，陷入瘫痪。

　　我知道，自由派经济学家坚持认为，劳动力的任何节省都会被需求的增长所平衡。但首先我并不相信这一点，即使它是对的，上述因素也总会导致大部分人的生活标准下降到很低的水平。

　　和您一样，我也认为必须采取措施使年轻人能够参与生产过程。此外，不应让上了年纪的人从事某些类型的工作（我称之为"不能胜任的"工作），而应直接发给他们一定数量的养老金作为补偿，因为他们以前为社会所作的生产性劳动已经够多的了。

　　我也支持取消大城市，但不赞成将某种类型的人如老年人安置在特定的城镇。坦率地讲，这种想法让我感到厌恶。

　　我也认为必须避免货币价值波动，根据消费状况选出某些类型的商品作为标准来取代金本位制。如果我没有记错，凯恩斯早

---

1. 一封回信，收录于 1934 年《我的世界观》。

就提过这样的建议。如果引入这套制度，只要相信国家会合理利用这样一笔额外收入，那么根据目前货币的购买力，人们或许愿意忍受某种程度的"通货膨胀"。

因此在我看来，您这份计划的弱点在于心理方面，或者说忽视了这个方面。资本主义不仅带来了生产的进步，而且也带来了知识的进步，这绝非偶然。遗憾的是，利己主义和竞争是比集体精神和责任感更强大的力量。在俄国，据说得到一块像样的面包都很困难……对于国家和其他形式的集体事业，我的看法也许过于悲观了，但我确实对此不抱什么希望。官僚体制会葬送一切成就。我见过和经历过太多可怕的警告，即使连堪称楷模的瑞士也是如此。

我倾向于认为，国家仅仅作为限制和调节的因素才对劳动过程真正有用。国家务必把劳动力之间的竞争保持在健康的限度内，确保所有孩子都能茁壮成长，还要确保收入足够高，以使产品能被消费掉。不过，如果有关措施由一些独立的专家本着客观的精神制定出来，那么国家是能够通过调节功能来施加决定性影响的。

在学生裁军集会上的讲话[1]

前几代人赠予了我们一份极为宝贵的礼物，那就是高度发达的科学技术。我们的生活因此可能比以往任何一代都要自由和美好。但这份礼物也给我们的生存带来了前所未有的危险。

文明人类的命运比以往任何时候都更依赖于我们的道德力量。因此，我们这个时代面临的任务一点不比前几代人完成的任务更轻松。

如今，生产食品和消费品所需的劳动时间比过去少得多。但劳动和产品的分配问题却比过去困难得多。我们都感到，经济力量的自由运作，个人对财富权力不加控制和约束的追求，无法使这些问题自动得到妥善的解决。必须将商品生产、劳动力使用和产品分配以明确的计划组织起来，才能不浪费宝贵的生产性劳动力，大部分民众才不致陷入贫困和道德败坏。

不加限制的"神圣利己主义"会给经济生活带来可怕的后果，用它来指导国际关系就更糟糕了。随着军事技术的发展，如果不能及时找到防止战争的办法，人类的生活将变得无法忍受。这个目标非常重要，而迄今为止所做的努力还远远不够。

---

1. 1930 年前后对一群爱好和平的德国学生发表的讲话，收录于 1934 年《我的世界观》。

人们试图通过限制军备和对战争做出限制性规定来减轻危险。但战争不是室内游戏，参与者不会老老实实地遵守规则。在生死攸关之际，规则和义务不起任何作用。只有无条件地拒绝战争，才能有用。仅仅创立一个国际仲裁法庭是不够的，还必须有条约来确保该法庭的裁决能够得到所有国家的切实执行。倘若没有这种保证，各国绝不敢真的裁军。

例如，假定美、英、德、法政府以经济抵制相威胁，要求日本政府立即停止在中国的战争行动，大家认为日本政府会无视命令，让自己的国家陷入危险境地吗？那么，为何不这样做呢？为什么每个人和每个国家都要为了生存而担惊受怕呢？因为大家都在追求自己可怜的眼前利益，而不是首先致力于整个社会的幸福与繁荣。

因此我一开始就说，今天人类的命运比以往任何时候都更依赖于道德力量。要想生活得幸福快乐，就必须通过克己和自我约束。

这种发展的力量从何而来呢？只能来自这样一些人，他们年少时便有机会以学习来磨炼心志和开阔视野。因此，我们老一辈人正寄望于你们，努力完成我们未竟之事。

1932 年裁军会议 [1]

一

　　请允许我以一则政治信条开篇，那就是：国家为人而设，人非为国家而生。对于科学，也可以说出同样的话。这样古谚只可能出自那些将人格视为最高人类价值的人。若不是这些话有可能彻底遭到遗忘，特别是在我们这个讲求制度、墨守成规的时代，我本不应重复提及。我认为国家最重要的任务是保护个人，使其有机会发展个人创造性。

　　也就是说，国家应当是我们的仆人，我们不应是国家的奴隶。一旦国家用暴力逼迫我们服兵役或上战场，国家便违反了这项准则，何况这种奴性兵役的目标和结果都是杀戮他国人民或干涉其自由发展。只有能够促进个人的自由发展，我们才会为国家做这种牺牲。这种看法对于每一个美国人来说也许是自明的，但对于欧洲人来说却并非如此。因此也许可以希望，反战斗争能在美国人那里得到强有力的支持。

　　现在让我们谈谈裁军会议。想到裁军会议，我们是该笑、该

1.　载《民族》（ *The Nation*, Vol. 133, p. 300, 1931 ），德文原文收录于 1934 年《我的世界观》。

哭还是该心存希望呢？假定有一座城市，那里的居民性情暴躁、言不由衷、争吵不休，严重的障碍使一切健康发展都变得不可能。市政府希望改善这种糟糕的状况，而所有政府顾问和市民都坚持继续随身携带刀具。经过数年准备，市政府终于决定妥协，但提出一个问题：出门时随身携带的刀具应该多长和多锋利？当然，只要那些狡猾的市民拒绝通过立法、法庭和警方来禁止使用刀具，一切都会是老样子。无论对刀具的长短、利钝做何种规定，得利的都只是好勇斗狠之人，弱者只能任其摆布。大家都明白这则比喻的意思。不错，我们是有国际联盟和仲裁法庭，但国际联盟不过是个开会的地方，仲裁法庭也无法强制执行自己的决议。倘若某个国家受到攻击，这些机构并不能为其提供安全保障。记住这一点，你对法国拒绝在没有安全保障的情况下进行裁军的态度便不会像通常那样严厉了。

除非让所有国家都同意限制自己的主权，并且联合起来抵制那些公然或暗中对抗仲裁法庭决议的国家，否则将永远无法摆脱那种恐怖的普遍无政府状态。没有任何办法可以让各国既拥有不受限制的主权，又拥有防止攻击的安全保障。还需要新的灾难发生，才能迫使各国履行被认可的国际法庭的每项决议吗？目前的事态发展让我们对不远的将来很难有什么奢望。但每一个心系文明与正义的人都应尽力向自己的同胞说明，所有国家都需要履行这种国际义务。

对于这种观点，有人会不无道理地反驳说，它高估了制度方面的因素，却忽视了心理方面尤其是道德方面的因素。他们宣称，精神上的裁军必须先于物质上的裁军，并进而正确地指出，国际秩序面临的最大障碍就是被过分渲染的民族主义，民族主义有一个冠冕堂皇但被误用的名字——"爱国主义"。在过去的一个半世纪里，这个偶像在世界各地获得了异乎寻常的有害力量。

要想恰如其分地评价这种反驳，就必须意识到，外在的制度因素与内在的心理因素是相互决定的。不仅制度因素的产生和存续都依赖于传统的感情态度，现有的制度因素也会反过来对民众的感情态度产生强大的影响。

可悲的是，当前各地民族主义情绪高涨，在我看来，这与义务兵役制（比较好听的名字是"人民军队"）的设立密不可分。一个国家若是要求其国民服兵役，就必定会培养他们的民族主义精神，为从军报国打下心理基础。在学校里，除了宗教，国家还必须让年轻人将这种暴力工具奉为神圣。

因此我确信，推行义务兵役制是白人道德沦丧的首要原因。它不仅威胁着文明的存续，还威胁到人类的生存。法国大革命不仅给社会带来了恩惠，也产生了这种诅咒，很快便席卷了所有其他国家。

因此，凡是渴望培养国际主义精神、反抗沙文主义的人，必须坚决反对义务兵役制。与前几个世纪的宗教殉道者所受的迫害相比，那些怀着道德动机反对服兵役的人受到的严重迫害难道不是更让人感到羞耻吗？我们能像《凯洛格公约》[1]那样，一边谴责

---

1. 《凯洛格公约》（*Kellogg Pact*），又称《凯洛格－白里安公约》（*Kellogg-Briand Pact*）、《非战公约》或《巴黎非战公约》，全称《关于废弃战争作为国家政策工具的普遍公约》，是 1928 年 8 月 27 日在巴黎签署的一项国际公约。该公约规定，放弃以战争作为国家政策的手段，只能以和平方法解决国际争端或冲突。由于该公约本身建立在理想主义的国际关系理论下，所以没有发挥实际作用，但该公约是人类第一次放弃战争作为国家的外交政策的尝试。——译者注

战争，一边又把个人置于各国战争机器的魔爪之下吗？

从裁军会议的观点看，如果不只限于制度上的技术问题，而是也从教育动机的角度更为直接地处理心理问题，我们就必须尝试创造一些国际的法律手段，使个人能够拒绝服兵役。这种规定无疑会产生强大的道德作用。

总结一下我的观点：仅仅用协议来限制军备保证不了安全。强制性的仲裁必须具有执行力，由所有成员国来保证，对于和平的破坏者可以动用经济或军事制裁。义务兵役制是滋生有害的民族主义的主要温床，必须坚决打击。最重要的是，反对服兵役的人必须在国际基础上得到保护。

二

如果制度的发展能够跟得上技术的步伐，那么上个世纪的发明天才创造出来的成果早已能让我们的生活幸福无忧了。然而，这些辛苦所得在我们这代人手中，就如同三岁小孩挥舞的一把剃刀。奇妙的生产手段带来的不是自由，而是忧虑和饥饿。

技术进步最大的危害是为毁灭人类的生命和勤劳果实提供了工具。在世界大战期间，我们这些上年纪的人都有过不寒而栗的体验。不过在我看来，比这种毁灭更可怕的是，战争使个人沦为了屈辱的奴隶。在社会的逼迫下去做每个人都认为十恶不赦的事情，难道不恐怖吗？只有少数人拥有伟大的道德力量而做出反抗。我认为他们才是世界大战的真正英雄。

不过还有一线希望。我认为，今天各国负责任的领袖们大都真心希望消除战争。这个绝对必要的步骤的阻力来自各个国家的不幸传统，通过教育体制的运作如遗传病一般代代相传。不过，承载这些传统的主要是军事训练以及对它的赞美，受重工业和军队控制的媒体也一同推波助澜。没有裁军就没有持久和平。反过来，以目前的规模继续发展军备则势必导致新的灾难。

这就是为什么1932年的裁军会议会决定这代人和下代人的命运。鉴于此前的会议总体上收效甚微，有识之士应尽力向民众反复宣讲这次会议的重大意义。只有当大多数民众都有和平意愿时，政治家才能实现其伟大目标。而要形成这种舆论，每个人都应对自己的一言一行负起责任。

如果与会代表都是带着既定的政策命令而来，那么围绕着这些命令的执行，会议马上就会变成实力的角逐，于是会议的失败是注定了的。大家似乎都已经认识到这一点。最近，政治家们频繁举行双边会面，就裁军问题进行商谈，试图为裁军会议打下基础。我认为这种办法很可取，因为如果没有第三方在场，两个人或双方就能比较理性、诚恳和冷静地交换意见，否则说话时必定会顾虑重重。唯有做出充分准备，排除各种意外，真心诚意营造出信任的气氛，大会才有望取得成功。

在这种重大事情上取得成功，依靠的不是机灵或狡诈，而是诚恳和信任。我想说，谢天谢地，理智终究代替不了道德。

我们每个人不能只是等待和批评，而应尽其所能为这项事业服务。世界将会得到它应得的命运。

美国与 1932 年裁军会议 [1]

今天的美国人对国内的经济状况忧心忡忡，其负责任的领导人主要致力于解决本国严重的失业问题。美国与世界其他地方特别是欧洲发源地之间休戚与共的感觉还不如平日。

但自由经济本身并不能自动克服这些困难。为使劳动和消费品得到合理分配，还要有社会的调节措施；否则，即便是最富裕国家的人也难以为继。随着技术方法的改进，满足人们的需求已不再需要那么多劳动，因此，经济力量的自由运作无法保证一切劳动力都能得到运用。为使技术进步惠及所有人，需要有意进行调节和组织。

如果说没有计划性的调节，经济就无法恢复秩序，那么对于国际政治问题来说，这种调节就更是不可或缺。今天已经很少有人认为，暴力战争有利于解决或值得用来解决国际问题。不过，对于积极采取措施来防止战争这种早该淘汰的来自蒙昧时代的野蛮遗迹，我们的态度还不够一致。我们需要做些反思才能看清这个问题，也需要勇气才能坚定有效地服务于这项伟大事业。

倘若真想消灭战争，必须明确赞成他的国家为支持国际组织

---

1. 收录于 1934 年《我的世界观》。

120

而放弃一部分主权；如果遇到冲突，也必须愿意让自己的国家服从国际法庭的仲裁。他还必须毫不妥协地支持全面裁军，就像不幸的《凡尔赛条约》所实际设想的那样。若不废除激进的爱国军事教育，进步便无希望。

过去几年，最让当今世界的主要文明国家丢脸的事情莫过于，迄今为止的所有裁军会议均以失败而告终。这种失败不仅是因为那些野心勃勃的无良政客耍弄阴谋，各国民众的漠然和懈怠也难辞其咎。这种情况若不改变，前人取得的宝贵成果将会毁于一旦。

我相信，美国民众并不完全清楚自己肩负的责任。

他们肯定会想："欧洲若是被其民众的争吵不休和作恶多端毁灭了，那就让它见鬼去吧！威尔逊总统播撒的良种，在欧洲贫瘠的土地上几乎绝收。强大而安全的美国不要急于掺和别人的事务。"

这种想法显然可鄙且短视。对于欧洲的困难，美国难辞其咎。它不计后果地竭力推行自己的主张，从而加剧了欧洲经济和道德的滑坡；它促进了欧洲的分裂割据，因此对于政治道德的衰败以及因绝望而产生的复仇精神，美国也负有责任。这种复仇精神将不会止步于美国国门，也不会说停就停。请大家环顾四周，务必小心啊！

简而言之，要想保存人类最宝贵的文明成果，裁军会议对于你我都是最后一次机会。你们是我们当中最强大的，相对来说也最健全，所有目光和希望都聚焦在你们身上。

裁军问题 [1]

裁军计划之所以得不到实现，最大障碍在于人们普遍不了解这个问题的主要困难。大多数目标的达成都是渐进式的，民主制对君主专制的取代便是如此。但这里所讲的目标却无法渐进地达成。

只要战争的可能性依然存在，各国便会尽一切可能做好军事准备，以期赢得下一场战争的胜利。只要认为需要用好战精神让民众为战争做准备，就不免会用尚武传统来教育年轻人，培育其狭隘的民族虚荣心，让他们以好战精神为荣。武装意味着同意为战争而非和平做准备。因此，裁军不能逐步进行；要么一步到位，要么一事无成。

裁军对民众的生活影响深远，为实现这样一种深刻的转变，需要道德上的巨大努力，使人们有意抛弃那些根深蒂固的传统。冲突发生时，谁要是无意于让其国家的命运无条件地服从国际仲裁法庭的裁决，并以条约的形式将这一点毫无保留地规定下来，谁便没有真正下决心避免战争。这是一个要么全有、要么全无的问题。

---

1. 收录于 1934 年《我的世界观》。

不可否认，迄今为止确保和平的努力都因为寻求不充分的妥协而失败了。

裁军和安全只有结合在一起才能实现。要使安全得到保障，所有国家都必须承担起执行国际裁定的义务。

因此，我们正站在历史的岔路口。是寻找和平之路，还是继续走那条与文明完全不相称的残忍暴力之路，决定权就在我们手上。一方面，个人自由和社会安全在召唤我们；另一方面，对个人的奴役和文明毁灭在威胁着我们。今后的命运如何，全看我们的取舍了。

仲裁法庭 [1]

只有基于一个独立于各国政府的永久仲裁法庭，保障每个国家的安全，短时间内有计划的裁军才是可能的。

所有国家应无条件服从该法庭所做的判决，还要无条件地加以落实。

欧非两洲、美洲和亚洲这三区可各设一个仲裁法庭，澳大利亚可归入其中一区。在这三个区的权限之内无法解决的问题，宜再设一个联合仲裁法庭。

---

1. 收录于 1934 年《我的世界观》。

致西格蒙德·弗洛伊德 [1]

尊敬的弗洛伊德教授：

您探求真理的热情已经超越了其他一切渴望，这真是让人敬佩。您以无可辩驳的清晰性表明，在人的心灵中，好斗和破坏的本能与爱和生的本能密不可分地结合在一起。但与此同时，那些令人信服的论证也表明，您对一项伟大的目标怀有深切的渴望，那就是使人类的身心都从战争中解放出来。一切超越自己的时代和国家而被尊为道德精神领袖的人，都曾怀有这种深切的渴望，从耶稣到歌德和康德皆是如此。他们对人类事务进程的改变固然成效有限，但却被公认为领袖，这难道不是意味深长的吗？

我深信，那些成就过人的伟人，即使是在较小的领域脱颖而出，也基本上会认同这一理想。但他们对政治的发展几乎没有什么影响力。看起来，这个决定各国命运的领域几乎不可避免会掌握在那些毫无顾忌、不负责任的政治统治者手中。

政治领袖或政府的地位部分来自武力，部分来自民众选举。不能认为他们就是各自国家道德境界或智力水平最高的人的代

---

1. 写于 1931 年或 1932 年初的一封私人信件，收录于 1934 年《我的世界观》。

表。今天，知识精英对于各国的历史没有任何直接影响；他们缺乏凝聚力，因此无法直接参与当前问题的解决。您难道不认为，如果一些成绩斐然、卓有才干而又真诚正直的人自由联合起来，或许会改变这种状况吗？这是一个国际性的团体，其成员需要经常交换意见以保持联系。通过将其态度亮明报端（在任何情况下，签名者都要负起责任来），这个团体或许会对政治问题的解决产生重要而有益的道德影响。当然，这样的团体可能染上常常导致学术社团退化的各种弊病，这种危险与人性的缺陷密不可分地联系在一起。但尽管如此，这种努力难道就不应冒险一试吗？我认为这种尝试恰恰是一种不可推卸的义务。

这样一个永久性的知识团体若能成立，定会努力动员宗教组织参加反战斗争。今天，许多人的善良意愿已经因为心灰意冷而消泯，对于这些人，该团体将会给予道义上的支持。最后我相信，由在各自领域德高望重的人组成的这样一个团体，对于国际联盟中那些同样致力于这一伟大目标的成员也会给予宝贵的道义支持。

我之所以要把这些建议向您而不是世上其他人提出，是因为您最不容易被自己的欲望所蒙骗，也因为您的批判性判断总是带有一种非常诚挚的责任感。

和平 [1]

以前的有识之士都知道维护世界和平的重要性。然而随着技术的进步，对于今天的人类文明而言，这个道德假定已经成了一个生死攸关的问题。积极推动解决和平问题，成为每一个有良知的人都无法推卸的道德责任。

必须清楚地认识到，那些参与武器制造的工业列强，正在各国极力阻挠以和平方式解决国际争端；此外，只有赢得大多数民众的有力支持，统治者们才能实现和平这一重要目标。在这个民主政治的时代，国家的命运掌握在民众自己手中，每个人都要永远牢记这一点。

---

1. 这篇文章表达了盛行于 20 世纪 30 年代的看法，虽以后世的眼光看来，该文对原因的解释过于狭隘，但结论仍然成立。收录于 1934 年《我的世界观》。

和平主义问题 [1]

女士们、先生们：

很高兴能有机会就和平主义问题谈谈自己的看法。近年来的事件发展再次表明，将反对军备和武力的斗争交给政府是多么失策。另一方面，虽然成立了一些有众多成员的大型机构，但仅凭这一点对于我们目标的实现帮助甚微。在这种情况下，我认为最好的办法是强行拒绝服兵役，并让有关机构在物质和道义方面给予各国反战勇士以支持。这样一来，我们便有可能让和平主义问题变得尖锐，使之成为一场可以感召强大精神的真正斗争。这场斗争并不合法，但却是一场反对政府、争取真正权力的斗争，正是政府迫使民众采取了这种不合法的行动。

许多自认为优秀的反战人士，打着爱国主义的旗号，对这种彻底的和平主义嗤之以鼻。在危急时刻，这些人是指望不上的，世界大战已经充分证明了这一点。

衷心感谢大家给我这个机会，让我能够发表自己的看法。

---

1. 收录于 1934 年《我的世界观》。

义务兵役制 [1]

与其允许德国也实行义务兵役制，不如让所有国家将这一制度废止。今后只允许雇佣军存在，其规模和装备也应提交日内瓦大会讨论。对法国来说，与其眼睁睁看着德国实行义务兵役制，这个办法反而更好，因为这样一来便可避免军事教育对人心理的致命影响，以及与之相关的对个人权利的侵犯。

若两国同意以强制仲裁的方式来解决与双边关系有关的一切争端，则将双方的雇佣军机构合并成一个由混合兵团组成的机构就要容易得多。对于双方来说，这意味着减轻财政负担和获得安全保障。这种合并过程可以逐渐扩大，最后形成一个"国际警察"组织，而随着国际安全的增加，该组织必定会逐渐式微。

您是否愿意与我们的朋友一起讨论这项建议？当然，我绝不会强求大家都同意它。但我认为的确需要提出一个积极主动的方案，单纯防御性的建议不大可能产生实际效果。

---

1. 收录于 1934 年《我的世界观》。

妇女和战争 [1]

依我之见，下次战争爆发时，应当把爱国妇女而不是男人送到前线。对于战场这个无限混乱、苦不堪言的地方，这至少也算新鲜事——何不让妇女同胞的这种大无畏情感得到更加生动的使用，而非要攻击一个手无寸铁的平头百姓呢？

---

1. 本文是对美国妇女的反驳，那个"手无寸铁的平头百姓"就是爱因斯坦。收录于 1934 年《我的世界观》。

致和平之友的三封信 [1]

一

据他人讲，出于对人类及其命运的关心，拥有伟大灵魂的您正在默默地做一件了不起的事情。亲眼观察和亲自用心感受的人为数不多，但正是这些人的力量决定了人类是否会再次陷入浑浑噩噩的状态，而今天许多受蛊惑的人竟然还把这种状态当作理想去追求。

有些国家也许很快就会看到，它们得牺牲多少自决权才能避免人与人的相互厮杀！事实证明，仅凭良知与国际精神的力量是不够的。目前，这种力量已经弱到得忍气吞声与文明最邪恶的敌人进行谈判。有种妥协看似是政治智慧，实则是对人类的犯罪。

我们不能对人类不抱希望，因为我们自己也是人。如今还有像您这样充满活力、处变不惊的人存在，实在是一种安慰。

---

1. 收录于 1934 年《我的世界观》。

二

坦率地说，和平时期还要征兵的国家发出这样的宣言，我认为是毫无价值的。你们的斗争必须以摆脱普遍兵役制为目标。毫无疑问，法兰西民族不得不为1918年的胜利付出沉重的代价，那场胜利在很大程度上导致法兰西民族陷入了这种最可耻的奴役。

愿你们在这场斗争中不懈努力。德国反动分子和军国主义者有一个强大的同盟。如果法国坚持普遍兵役制，将来就无法阻止它向德国蔓延。因为德国人终会得到平等权利；到那时，法国每有一个军事奴隶，德国就有两个军事奴隶，这肯定对法国不利。

只有彻底消灭义务兵役制，才可能在年轻人心中培养和解宽容、幸福人生和博爱众生等精神。

我相信，若同时有五万人出于良心的动机而拒绝服兵役，那种力量将势不可挡。在这方面个人很难起什么作用，我们也不希望看到，我们当中最优秀的人被那种背后潜藏着愚昧、恐惧和贪婪这三大力量的机器所绞杀。

三

您在信中所讲的观点非常重要。军火工业的确是人类面临的最大危险之一。那种四处泛滥的民族主义背后所潜藏的正是这股邪恶势力……

国有化固然可能有所帮助，但很难界定应当把哪些工业包括进来。航空工业是否应该包括？金属工业、化学工业又该包括多少呢？

关于军火工业和战争原料的出口，多年来国际联盟一直想控制这种可憎的贸易，但收效甚微，这是众所周知的。去年我曾请教一位知名的美国外交家："为何不通过商业制裁，迫使日本终止其武力政策呢？"他的回答是："我们的商业利益过于巨大。"若是满足于这种说辞，就根本没救了。

您以为我的一句话就能解决这方面的问题吗？纯粹是幻想！只要我不妨碍别人，别人便会奉承我。而一旦我努力的目标让他们感到不舒服，他们就会立刻翻脸，对我进行辱骂和诽谤，以维护自己的利益。对此，旁观者大都作壁上观、默不作声，真是懦夫啊！您有没有试验过自己同胞的政治勇气？大家默认的座右铭是"闲事莫管，闲话莫说"。请放心，我会按照您的意思尽力而为，但结果可能不会如您所愿。

积极的和平主义 [1]

能够亲眼见证佛兰德斯人组织的盛大的和平示威，真是幸运。我谨代表所有关心未来和有良好意愿的人士，向所有参加游行的人呼吁："值此反思和唤醒良知之际，我们感到与你们最深地联结在一起。"

毋庸讳言，不经过艰苦斗争，目前令人绝望的局势便不可能好转；因为真正下决心设法补救的人屈指可数，更多的人要么还在观望，要么误入歧途。此外，有意维持战争机器运转的势力还很强大，为了让舆论服从其杀戮目的，他们将无所不用其极。

今天的当权者似乎真想谋求永久和平的目标，但军备的持续扩充已经非常清楚地表明，他们无力对抗正在积极备战的敌对势力。在我看来，人民只能自己救自己。必须坚定支持全面裁军，才不致沦为兵役的奴隶。只要军队存在，任何严重的冲突都会导致战争。无论现在还是将来，不能积极反对国家武装的和平主义都是软弱无力的。

但愿民众的良知和健康感受能被唤醒，让生活再上一个新台阶。届时人们会把战争看成祖先的精神失常，让人无法理解。

---

1. 收录于 1934 年《我的世界观》。

对欧洲时局的观察 [1]

　　在我看来，当今世界特别是欧洲的政治局势似乎有一个显著特征：无论在物质方面还是思想方面，政治发展都要落后于在短时间内发生质变的经济需求；每一个国家的利益都应服从于更大集体的利益。要迈向这种新的政治思想和感情，斗争将会非常激烈，因为需要对抗的是数百年的传统。然而，欧洲的存续必须仰赖这份成功。我坚信，一旦克服心理障碍，实际问题就不难解决了。要想营造适宜的氛围，关键在于志同道合者之间的团结合作。愿我们共同努力，在各国之间架设起一座信任之桥！

---

1. 收录于 1934 年《我的世界观》。

德国和法国 [1]

　　法国免于军事进攻的安全诉求只有得到了满足，法德两国才可能有互信和合作。但如果法国提出这种要求，德国肯定会加以敌视。

　　不过，以下步骤也许行得通：让德国政府自愿向法国提议，两国共同向国际联盟提交提案，建议所有成员国履行以下义务：

　　1. 服从国际仲裁法庭所作的各项裁定；

　　2. 与国家联盟其他成员国一道，采取一切经济和军事力量，抵抗任何破坏和平或拒不履行国际和平决议的国家。

----

1. 收录于 1934 年《我的世界观》。

文化与繁荣 [1]

　　要想估计政治灾难给人类文化的发展造成了多大伤害，就必须记住，高等文化是一株娇嫩的植物，其成长依赖于复杂的条件，任何时候只有在少数地方才能枝繁叶茂。文化要想开花结果，首先要达到某种程度的繁荣，这样才能使一部分人从事与生计没有直接关系的事情。此外，还要有尊重文化价值和成果的道德传统，使提供生活直接必需品的其他阶层能为这些人提供生活所需。

　　在上个世纪，德国是同时满足上述两个条件的国家之一。总体而言，德国虽然说不上特别繁荣，但也已经足够；它也有着尊重文化的强大传统。在此基础上，德意志民族创造的文化成果为现代世界的发展做出了重大贡献。而在今天的德国，传统大体上还保留着，但繁荣却已不再。德国工业的原料供应几乎完全被切断，产业工人因此失去了生存之本。维持知识分子生活所需的盈余也已经不复存在。在这种情况下，尊重文化的传统也势必瓦解，使枝繁叶茂的文化苗圃成为一片荒芜。

　　只要人类还重视精神财富，就必须避免这种贫瘠。面对当前

1.　收录于 1934 年《我的世界观》。

的困境，人们将尽可能地做出补救，并且重新唤醒那种被民族自大主义遮蔽的更高的团结互助精神。有了这种精神，人类价值才能独立于政治和国家边界而存在。然后，人们将为各国创造工作条件，让国家得以存续，进而创造文化价值。

少数族群 [1]

　　少数族群，尤其是由身体特征能够识别时，会被一起生活的多数族群视为低人一等，这似乎很普遍。但命运悲剧不仅在于，少数族群在社会经济方面会自动受到不公平的对待，而且在多数族群的影响下，受此对待的人多会不知不觉地屈从于这种价值偏见，认为自己就是要低人一等。要想克服这第二种更糟糕的恶，可以让少数族群加强联系，并且有意识地进行教育，这样他们的精神就能获得解放。

　　美国黑人朝这个方向做出的坚定努力，理应得到大家的赞许和帮助。

---

1. 收录于 1934 年《我的世界观》。

时代的继承者 [1]

以前的人可能认为，知识文化的进步不过是继承自先人的劳动果实罢了，这些果实让他们的生活变得更舒适也更幸福。但我们这个时代的灾难表明，这是一种致命的错觉。

现在我们看到，要想证明人类的这笔遗产带来的是福而不是祸，还要付出巨大的努力。以前一个人只要能在一定程度上摆脱人格上的自我中心主义，即可成为社会中有价值的一员，而今，他还必须克服在民族和阶级上以自我为中心。只有达到这样的高度，他才能为改善人类社会的命运贡献自己的力量。

小国居民比大国居民更能响应这项最重要的时代要求，因为无论在政治还是经济上，大国都忍不住要通过武力达成目标。过去几年，欧洲发展的唯一亮点是荷兰与比利时之间签署了协议。有理由希望，小国在未来可以担任领导角色，让各国放弃不加限制的自决权，从而使世界摆脱导致退化的军事主义枷锁。

---

1. 收录于 1934 年《我的世界观》。

赢了战争，却输掉和平 [1]

　　物理学家的处境与阿尔弗雷德·诺贝尔并没有什么两样。诺贝尔发明了一种当时最猛烈的炸药，破坏力惊人。为了对此赎罪，以及减轻良心上的不安，他设立奖项来促进与实现和平。今天，参与研制有史以来最可怕和最危险武器的物理学家，即使不说深有愧疚，也是备受责任感的折磨。我们必须一再发出警告，不能也不应当有片刻松懈，要让世界各国尤其是政府明白，除非改变对待彼此和塑造未来的态度，否则肯定会酿成不可言喻的灾难。我们之所以帮助研制这种新武器，是为了防止人类公敌抢先得手。若以纳粹的思维，那将意味着难以想象的破坏和对全世界的奴役。我们将这种武器交给英美两国，是因为把他们看成全人类的依托与和平自由的战士。但是到目前为止，我们既没有看到和平的保证，也没有看到《大西洋宪章》向各国许诺的自由保证。我们赢了战争，却输掉和平。曾经团结奋战的大国，如今却在和平协议上四分五裂。世界曾被许诺有免于恐惧的自由，但事实上，自战争结束以来，恐惧却大大增加。世界曾被许诺有免于匮乏的自由，然而现在，世界上大多数人正面临饥饿，另一部分

---

1. 1945 年 12 月 10 日在纽约阿斯特酒店举行的第五届诺贝尔奖晚宴上的讲话，收录于《晚年集》。

人却养尊处优。各国曾被许诺自由和正义，而我们却一再目睹悲惨的景象：所谓的"解放"部队朝着追求独立和社会平等的民众开火，用武力来支持那些国家中最能为既得利益服务的政党和个人。领土问题和权力之争虽然已经过时，但仍然压过了对共同幸福和正义的根本要求。请允许我特别以犹太同胞为例来谈谈这个问题，它不过是普遍症状的反映罢了。

只要纳粹的暴行只针对或主要针对犹太人，世界上的其他国家就会袖手旁观，甚至与公然犯罪的第三帝国政府签订条约和协议。后来，当希特勒快要占领罗马尼亚和匈牙利时，麦达内克和奥斯维辛两处集中营已经落到同盟国手中，毒气室的杀人方法已为世人所知，解救罗马尼亚和匈牙利两国犹太人的所有努力却落空了，因为英国政府拒绝犹太移民去巴勒斯坦，也没有国家愿意收容那些被遗弃的人，让他们就像被占领国的兄弟姐妹一样遭到杀戮。

我们永远不能忘记斯堪的纳维亚各国、荷兰、瑞士等小国的英勇努力，不能忘记欧洲被占领地区竭尽全力保护犹太人的人们。我们也忘不了苏联的人道主义态度，当纳粹军队挺进波兰时，苏联是唯一为数十万犹太人敞开大门的欧洲大国。然而在所有这一切未受阻止地发生之后，今天的情况又如何呢？欧洲领土正在被瓜分，当事人的意愿丝毫没有被顾及，而仅有战前人口五分之一的残存的欧洲犹太人，仍被拒绝进入巴勒斯坦的避难所，听任他们饥寒交迫并继续受到敌视。即使是今天，也没有国家愿意或能够为其提供一个地方，让他们和平安全地生活。事实上，他们中有很多人仍然被盟军留在条件恶劣的集中营里，这足以证明形势的可耻与绝望。这些人被禁止进入巴勒斯坦是以民主原则为由，但实际上，西方列强支持"白皮书"禁令，只不过是屈从于五个地广人稀的阿拉伯国家的威胁和外部压力罢了。英国外交大臣对总数少得可怜的欧洲犹太人说，他们应当留在欧洲，因为那里需要他们的才智，另一方面又建议他们不要抢在队伍前头，以免招致新的仇恨和迫害。这真是十足的讽刺！唉，恐怕他们也很无奈。想想 600 万死难同胞，他们也不愿被推到队伍前头，推到纳粹受害者的队伍前头啊。

战后的世界景象并不光明。我们物理学家不是政客，也从没想过要干预政治，但我们知道一些不为政客所知的事情。我们觉得有义务大声说出来，并提醒那些有负责的人：不存在轻松安逸的退路，时间已经不允许我们磨磨蹭蹭，将必要的改变推到遥遥无期的未来，也没有时间锱铢必较。形势要求我们做出勇敢的努力，彻底改变我们的整个态度，改变整个政治概念。但愿那种促使诺贝尔设立伟大奖项的精神，人与人之间相互信任、宽容友好的精神，能在那些决定我们命运的人心中绽放，否则人类文明将在劫难逃。

要原子战争还是要和平 [1]

一

释放原子能并没有产生新的问题，而只是一个现有问题的解决变得更加迫切。可以说，它对我们的影响在量上而不是质上。只要有主权国家拥有强大的力量，战争就不可避免。这并不是说战争何时来，而只是说战争肯定会来。原子弹制造出来之前就是如此，所改变的只是战争的毁灭性。

我不相信战争中使用原子弹会毁掉整个文明。也许地球上的人会死去三分之二，但还会留下足够多有思想的人和书籍，使文明可以重建。

我并不认为应当把原子弹的秘密交给联合国组织，也不认为应当交给苏联。这两种做法就像一个有资金的人想同别人合伙办企业，一开始就把一半的钱交给了对方。那人拿到钱之后可能会开办一个竞争的企业，而原本需要的却是他的合作。原子弹的秘密应当交给一个世界政府，而美国应当立刻宣布愿意这样做。这个政府应由美国、苏联和英国来建立，因为只有这三个大国才拥

---

1. 与美国新闻记者雷蒙德·斯温（Raymond Swing）的谈话记录，载《大西洋月刊》（*Atlantic Monthly*, Boston, November, 1945 and November, 1947）。

有强大的军事力量。这三个国家应把它们全部的军事力量交给这个世界政府。事实上，只有这三个国家才拥有强大的军事力量，应当使建立世界政府变得更容易，而不是更困难。

既然美国和英国保有原子弹的秘密，而苏联没有，那就应该邀请苏联筹备和草拟世界政府宪章，这将有助于消除俄国人的不信任。他们之所以有这种感觉，是因为原子弹被视为机密，主要是为了防止他们获得。显然，初稿不会是最后的定稿，但应该让俄国人感觉到，世界政府会确保他们的安全。

明智的做法是，美国、英国和苏联各派一位代表就此宪章进行商议。他们必须有顾问，但这些顾问只有征询时才能提出建议。我相信三个人就能写出一份各方都能接受的可行的宪章。要是由六七个或更多的人来做，反倒可能失败。三个大国草拟并采用了宪章之后，就应邀请较小的国家来加入世界政府。它们应当有不加入的自由，虽然不加入也会感到安全，但我相信，它们会希望加入的。它们当然有权对三个大国草拟的宪章提出修改。但无论小国是否加入，三个大国应当继续前进，把世界政府组织起来。

这个世界政府应当有权裁决一切军事议题。此外还需要一项权力，那就是有权对这样一些国家进行干预，在这些国家，少数人压迫多数人，从而造成一种可能导致战争的不稳定状况。今天阿根廷和西班牙的情况就是如此，应当加以处理。所谓不干预的概念必须终止，因为终止它是维护和平的一部分。

世界政府不应等到这三个大国都达到同样的自由状况时才去建立。苏联固然由少数人统治，但我并不认为其国内局势会对世界和平构成威胁。必须记住，俄国人没有悠久的政治教育，改进俄国的状况必须由少数人来实现，因为多数人还没有能力做到。如果生为俄国人，我相信自己能够适应这种形势。

建立一个垄断军事权力的世界政府时，没有必要改变这三个大国的结构。起草宪章的三个人应当就其不同结构进行设计，使之能够共同合作。

我是否担心世界政府会沦为一种专制呢？当然担心。但我更担心再来一次战争。任何政府在某种程度上都必然是恶的，但与战争更大的恶相比，尤其是破坏性越来越大的战争，世界政府要更好。如果这个世界政府不是通过协议过程建立起来的，我相信它最终还是会出现，不过是以危险得多的形式，因为经过一次或多次战争，总会有一个强权胜出，以压倒性的军事力量统治世界的其余地方。

现在我们有了原子弹的秘密，绝不能失去它。如果把它交给联合国组织或苏联，便是在冒险。但我们必须尽快向大家说清楚，我们保守原子弹的秘密并非为了自己的权力，而是希望通过一个世界政府来确立和平，我们将竭尽全力把这个世界政府建立起来。

我知道，有些人虽然赞成把世界政府当作最终目标，但主张以渐进的方式来建立它。然而，逐步达到最终目标的麻烦在于，我们一直持有原子弹，但又无法说服那些没有原子弹的国家。这本身会导致恐惧和猜疑，从而使敌对国家的关系危险和恶化。因此，主张渐进的人也许自认为是走向世界和平，但实际上却在缓步走向战争。我们没有时间可以这样浪费。要想避免战争，就必须迅速行动。

何况，我们也无法保住原子弹的秘密太久。我知道，有人认为没别的国家能把足够多的钱花在研究原子弹上，因此美国可以长期保有这个秘密。美国人常犯的一个错误就是用花钱的多少来衡量事物，但其他国家只要把原料、人力和心思用于发展原子能，就能做到这一点，因为所需的一切不是钱，而是人力和材料以及使用它们的决心。

我不认为自己是原子能释放之父。在这方面，我所起的作用非常间接。事实上，我并未预见到原子能会在我有生之年得到释放，而只在理论上认为它是可能的。正是链式反应的偶然发现才使它成为现实，而这是我所无法预料的。链式反应是哈恩在柏林发现的，起初他对自己的发现给出了错误的解释。提出正确解释的是莉泽·迈特纳，她从德国逃了出来，将这些信息资料交给了尼尔斯·玻尔。

我并不认为，只要像组织大公司一样把科学组织起来，就能确保原子科学的伟大时代。人们可以组织起来运用一项已有的发现，但无法做出发现。只有自由的个人才能做出发现。不过，可以通过一种组织方式来确保科学家享有自由和适宜的工作条件。例如，美国大学里的科学教授就应当减少教学，从而有更多的时间做研究。你能想象一个科学家组织做出了查尔斯·达尔文的发现吗？

我也不认为，美国庞大的私人公司符合时代的需求。如果有位外星访客来到地球，看到这个国家竟然允许私人公司掌握那么大的权力，却不要求承担相应的责任，他难道不会觉得奇怪吗？我这样说是想强调，美国政府必须继续控制原子能，这并非因为社会主义一定是可取的，而是因为原子能由政府所发展，将人民的这份财产转交给任何个人或团体是不可想象的。至于社会主义，除非其国际性已经足以产生一个控制所有军事力量的世界政府，否则它可能比资本主义更容易导致战争，因为它代表着更大的权力集中。

对于原子能何时能被用于建设性的目的，还做不出任何估计。我们现在只知道如何使用大量的铀。至于使用少量的铀，比如说用来开汽车或开飞机，目前还不可能，也无法预测何时能做到。虽然未来必定可以做到，但无人能给出确切的时间。也没有人能够预测，何时能用比铀更常见的材料来产生原子能。适合这个目的的材料也许都是原子量较大的重元素。由于不够稳定，这些元素相对稀少。经过放射性衰变，这些材料或许已经消失大半。因此，虽然原子能的释放在未来无疑会有益于人类，但短时间内恐怕无法实现。

我本人缺乏解说的天赋，无法让大家相信人类目前面临问题的紧迫性。因此，我想推荐一个有此天赋的人，那就是埃默里·雷韦斯，他的《对和平的剖析》（ The Anatomy of the Peace ）一书睿智、清晰、简洁、有力地（如果我能使用这个被滥用的字眼的话）讨论了战争话题和对世界政府的需要。

既然我认为原子能在很长时间里都不会有很大益处，因此我不得不说，目前它是个威胁。这也许是好事。它可以迫使人类给国际事务带来秩序，若是没有恐惧的压力，这种秩序无疑是不会出现的。

二

自第一颗原子弹制成之后，世界并没有远离战争，而战争的破坏性却大为增加。我无法从任何一手知识来谈论原子弹的发展，因为我不在这个领域工作。但专业人士已经明确指出，原子弹的威力变得愈发强大。当然，可以设想制造出尺寸更大的原子弹，能够造成更大范围的破坏。还可能广泛使用放射性气体，将它散布于广大区域，能在不损坏建筑物的情况下造成严重伤亡。

我不认为有必要超出这些可能性去思考更广泛的细菌战，我怀疑细菌战所造成的危险是否能与原子战争相提并论。我也不认为有可能启动一种足以摧毁整个或部分地球的链式反应，因为假若人造的原子弹爆炸能够引发这样的链式反应，那么持续射到地球表面的宇宙射线的作用早就使之发生了。

然而，不必设想地球会像新星一样因爆炸而毁灭，就可以清楚地看到原子战争的规模正与日俱增。应当认识到，除非防止另一场战争，否则它所造成的破坏很可能是空前的甚至是现在无法想象的，人类文明将因此而荡然无存。

在原子时代的头两年，还有一个现象需要注意。虽然公众对原子战争的恐怖已经有所警惕，但却未有行动，而且基本上已将这种警惕抛诸脑后。危险若是无法避免，或者一切可能的防范措施都已用尽，也许还是忘掉为好。这么说来，要是美国把它的产业和城市分散开，民众或许有理由忘掉自己所面临的危险。

顺便说一句，美国并没有采取这样的防范措施，这也许是好事，因为果真这样做了，反倒会让别的国家相信，美国对原子战争听之任之，而且在做着准备，从而增加了原子战争的可能性。但政府对于避免战争没有任何作为，反倒使原子战争变得更加恐怖。因此，对于眼前的危险不能视而不见。

我认为，自原子弹制成以来，在避免战争方面没有做过什么事情，尽管美国曾向联合国提议对原子能进行超国家控制。美国只是提出了一个带有附加条件的建议，而苏联现在肯定不会接受这些条件。这样便可以把失败归咎于俄国人。

但在责备俄国人时，美国人不应忽视一个事实：他们自己并未承诺，在达到超国家控制之前，或者如果无法实现超国家控制，会自愿放弃将原子弹用作常规武器。这样便加深了别国的恐惧，认为只要不接受美国提出的超国家控制的条件，美国人就会把原子弹当成军火库里的一种合法武器。

美国人也许自信绝不会发动侵略性或预防性的战争，因此可能认为没有必要公开宣布不会再次首先使用原子弹。但国际上已经郑重促邀美国宣布放弃使用原子弹（也就是禁用原子弹），而美国却拒绝这样做，除非它所提出的超国家控制的条件得到接受。

我认为这项政策是错误的。我知道，不放弃使用原子弹的确可以获得一些军事上的好处，因为这可以阻止别的国家发动战争，否则美国会在战争中使用原子弹。但有得必有失，这恐怕会让别的国家更难理解为何要对原子能进行超国家控制。倘若只有美国拥有原子弹，或许没有什么军事上的坏处，然而一旦别的国家也能大量制造原子弹，美国就会因为没有国际协议而损失巨大，因为产业集中和城市生活高度发展都是它的弱点。

既垄断原子弹又拒绝禁用，这使美国遭遇到另一个问题，即无法回到战前公认的战争道德标准。别忘了，美国制造原子弹原本是为了防止德国人先发制人。轰炸民用中心是德国人先发起，日本人又跟进的。盟军则给予了同样的还击（效果还要更好），这样做在道德上是正当的。然而现在，既无任何挑衅，又无任何理由进行报复，美国却拒绝宣布禁用原子弹（除非作为报复），这是把拥有原子弹用作政治目的，让人难以原谅。

　　我并不是说美国不应制造和贮存原子弹，而是认为它必须这样做，以便阻止别国在拥有原子弹时发动原子攻击。但威慑应当是贮存原子弹的唯一目的。我也认为，联合国应当拥有原子弹作为军事武器，但它拥有原子弹也应当仅仅是为了防止侵略者或捣乱国家发动原子攻击。联合国应当和美国或任何别的国家一样不主动使用原子弹。既贮存原子弹，又不承诺不首先使用，是用原子弹来达到政治目的。也许美国是希望以这种方式来恐吓苏联，迫使其接受对原子能的超国家控制。但制造恐惧只会加剧对抗，增加战争的危险。我认为，这种政策削弱了对原子能进行超国家控制的实际好处。

　　在刚刚结束的战争中，我们不得不接受敌人那种低得可耻的道德标准。然而现在，我们非但没有感到从敌人的标准中解放出来，自由地恢复人类生命的神圣和平民百姓的安全，反倒把上次战争中敌人的低标准当成了我们自己的标准。可以说，我们正因为自己的选择而滑向另一场堕落的战争。

　　公众可能还没有充分意识到，未来的战争有可能大量使用原子弹，其危险性可由上次战争结束前爆炸的三颗原子弹来估量。

他们同样可能没有认识到，就破坏性而言，原子弹已经成为最经济的攻击手段。在未来的战争中，原子弹不仅数量众多，而且价格便宜。除非美国的政治军事领袖和公众以更大的决心不使用原子弹，否则原子战争将很难避免。除非美国人认识到，他们不会因为拥有原子弹而更强，而会因为易受原子弹攻击而更弱，否则他们不大可能本着促进相互理解的精神来推动成功湖[1]的政策，或者改善与苏联的关系。

但我并不是说，美国未能禁用原子弹（除非为了报复）是它没有同苏联就原子控制达成协议的唯一原因。俄国人已经说得很清楚，他们将竭力阻止一个超国家政体的产生。他们不仅在原子能的议题上拒绝超国家政体，在原则上也完全拒绝它，这等于预先拒绝了任何加入有限世界政府的提议。

葛罗米柯先生说得不错，美国关于原子弹的提议的本质在于，国家主权与原子时代不相容。他宣称，苏联不能接受这种论点，但给出的理由却很模糊，因为显然都是些托词。但事实上，苏联领导人似乎相信，在超国家政体中无法保住苏联的社会结构。苏联政府决意要维持其现有的社会结构。由于苏联领导人本身就是通过这种结构的本性而掌握大权的，所以他们会极力阻止一个超国家政体的产生，无论是为了控制原子能还是别的什么事情。

俄国人认为在超国家政体中难以维持其现有的社会结构，这

---

1. 成功湖（Lake Success），位于美国纽约长岛，在 1953 年联合国大厦落成之前，这里是联合国总部的临时所在地，故当年一般以"成功湖"称呼联合国。——译者注

也许不无道理，但他们早晚会认识到，这远比孤立在法治世界之外更好。不过目前，他们似乎正受到恐惧的牵制，必须承认，美国在原子能等许多方面都在极力制造这些恐惧。的确，美国在执行对苏政策时，仿佛深信恐惧是最有效的外交工具。

虽然俄国人正竭力阻止建立一个超国家安全体系，但这并不意味着其他国家就不应尝试建立它。前已指出，俄国人会竭力阻止他们所不愿看到的事情发生，然而一旦发生，他们也能变通适应。因此，美国和其他国家最好不要让俄国人有机会否决超国家安全体系的建立。他们着手创建时可以怀有一种希望：一旦看到无法阻止这样一个政体，俄国人就会参加进来。

到目前为止，美国对于维护苏联的安全并没有表现出兴趣。美国只关心自己的安全，这是主权国家之间争夺权力的典型特征。但我们无法预先得知，假如美国民众迫使其领导人制定新的政策，以法治来取代当前国际关系的无政府状态，会对俄国人的恐惧造成怎样的影响。在法治世界里，俄国的安全就等于我们自己的安全。倘若美国人民对此衷心拥护（这在民主制度下应当是可能的），或许能让俄国人的思想发生不可思议的转变。

当前俄国人没有理由相信，美国人民实际上并不支持被视为有意恐吓的备战政策。如果有理由表明，美国人的确渴望以一个超国家的法治政体来维护和平，那么这将扭转俄国人的看法，即当前的美国思潮会对他们构成威胁。直到能向苏联提出真正令人信服的提议，并且得到觉醒的美国民众的支持，才有资格说俄国会做何反应。

也许俄国人的最初反应是拒绝接受这种法治世界。但如果俄国人渐渐明白，这样一个世界即使没有他们也能建立起来，而且他们自己的安全也会随之加强，则他们的想法必定会改变。

我赞成邀请俄国人加入一个获准提供安全的世界政府，若他们不愿加入，便着手建立没有他们的超国家安全体系。但不得不说，这种做法非常危险。如果真这样做了，一定要彻底讲清楚，这个新政体并非反俄联盟。它必须是一个联盟，这样才能大大降低战争的可能性。它在利益上要比单一国家更加多样，所以不大可能诉诸侵略性或预防性的战争。它也会比单一国家更大，因此也更强。它在地理上要广阔得多，因此更难用军事手段摧毁。它将致力于超国家安全，因此不会强调国家至上，而后者正是煽动战争的一个强大因素。

倘若在没有俄国的情况下建立起了超国家政体，则它对和平的推动将会取决于在此过程中的技巧和诚意。让俄国参与进来，这种愿望应当永远都是明确的。要让俄国和所有加入这个组织的国家明白，一个国家不会因为拒绝加入就受到明里暗里的惩罚。如果俄国人开始时没有加入，那就必须向其保证，日后决定加入时，必定会受到欢迎。这个组织的创建者必须明白，建立这个组织的最终目标是得到俄国的支持和加入。

这些说法都很抽象，一个不完整的世界政府必须采取哪些具体做法才能诱使俄国加入，这并不容易概括。但我认为有两个条件是清楚的：首先，新组织不得有军事秘密；其次，每次开会起草、讨论和采用新的法律条文以及制定政策时，俄国均可自由派观察员参加。这样便可摧毁那个在世界上制造出众多猜疑的庞大秘密工厂。

建议创立一个不保守任何军事秘密的政体，也许会让有军事头脑的人蹙额，因为他所受的教育使他相信，如果秘密泄露出去，会让好战国家企图征服世界。（至于所谓原子弹的秘密，相信俄国凭借自己的努力很快就能掌握。）我承认，不保守军事秘密是有风险的。但如果有足够多的国家将力量集中在一起，它们的安全保障就会大大提升，从而经得起这样的风险。此外，由于减少了恐惧、猜疑和不信任，这样做也能有更大的信心。日益增加的战争威胁在基于主权的世界上所造成的紧张局势，将会让位于日益增长的对和平的信心。有朝一日，这也许会对俄国民众产生极大吸引，以至于他们的领袖对待西方的态度会有所软化。

依我之见，超国家安全体系的成员资格不应基于任何独断的民主标准。但有一个要求是必需的：被派到超国家组织——会议或委员会——的代表，必须由各成员国民众以无记名投票方式选出。这些代表必须代表人民，而不是代表任何政府，这将增强该组织的和平本性。

我并不建议要求满足别的民主准则。民主的制度和标准都是历史发展的产物，而在享有这种制度的国家里，并不总能认识到这一点。制定独断的标准会使西方制度与苏联制度在意识形态上的分歧变得更加尖锐。

然而，现在把世界推向战争的并不是意识形态的分歧。事实上，即使所有西方国家都在维持国家主权的情况下实行社会主义，东西方的权力冲突也依然可能持续。就现有的经济体制进行唇枪舌剑的争辩，我认为是非常不理性的。美国的经济生活究竟应像现在这样由少数人来支配，还是这些人应当由国家来控制，这个问题也许很重要，但其重要性还不足以证明由此激起的一切情绪都是正当的。

我希望看到，这个超国家的所有成员国能将各自的军事力量集中起来，自己只保留地方警察。接下来我愿意看到，这些军队得到混编和分配，就像以前奥匈帝国的军团一样。那时的人认识到，不让士兵和军官只驻扎在自己的省份，以免受到地方和种族的牵制，这样能让他们更好地为帝国服务。

我希望看到，这个超国家政体的权力只限于安全领域，但我并不确定能否做到这一点。经验表明，让超国家政体对于掌管经济事务也能有些权力，或许是可取的，因为在现代条件下，经济问题有可能导致国家混乱，从而埋下暴力冲突的种子。但我宁愿看到该组织的整个职能仅限于安全任务，也期望该政体能够通过加强联合国的力量而建立起来，以便在追求和平的过程中保持连续性。

无论开始时有没有俄国参与，建立世界政府都会遇到巨大的困难，这一点我毫不隐瞒。我深知有风险存在。我不希望有国家在加入了超国家组织之后又允许退出，那样就有爆发内战的危险。但我也相信世界政府终将来临，问题在于允许付出多大代价。我相信，即使再爆发一次世界大战，世界政府也会出现，只不过那样一来，它将在战后由获胜方依靠军事力量而建，因此只有通过人类的永久军事化才能维持下去。

但我也相信，世界政府能够仅凭协议和游说来建立，这样代价极低。只是这样一来，仅仅诉诸理性是不够的。东方共产主义制度的一个长处就在于，它带有某种宗教性，能够激起宗教情感。除非受到一种宗教力量和热情的推动，否则建立在法治基础上的和平事业很难有成功的希望。那些对人类的道德教诲担负重任的人，正面临重大的任务和机遇。我认为原子科学家已经确信，单凭逻辑无法唤醒美国人认清原子时代的真相，还必须加上深挚的感情力量，而这正是宗教的一个基本成分。希望不仅是教会，而且大专院校和主要舆论机构都能在这方面很好地尽到自己独特的责任。

军国主义心态 [1]

在我看来，当今形势的决定性因素在于这样一个事实，即我们面临的问题不能孤立看待。首先，有人可能会提出以下问题：有种种理由表明，私人的经费来源是不够的，因此从今往后，学术和研究机构将越来越依赖于国家资助。但这难道意味着，出于研究的目的，就有理由将征收的税费交由军队来支配吗？对于这个问题，明智的人肯定会回答："不！"因为对这些经费做出最有利的分配这项困难的任务显然应当交给这样一些人，其训练和从事的工作表明，他们懂得科学和学术。

然而，如果明事理的人宁愿让军事机构来分配大部分经费，那么这只能说他们把普遍的政治主张置于文化关怀之上。于是，我们必须把注意力放在这些实际的政治观点及其根源和影响上。这样我们很快就会看到，这里讨论的问题不过是冰山一角，只有放在更大的框架下才能做出全面估计和恰当判断。

我们所讲的这些倾向对美国来说是某种新的东西。它们之所以产生，是因为两次世界大战把一切力量都集中于军事目标，这样便发展出一种支配一切的军国主义心态，突然的胜利又进一步

---

1. 载《美国学人》（*The American Scholar*, New York, Summer, 1947）。

加强了它。这种心态的典型特征是，人们把伯特兰·罗素所谓的"赤裸裸的权力"看得远远比影响国际关系的所有其他因素更重要。特别是受到俾斯麦成功的误导，德国人的心态恰恰经历了这样一种转变，结果不到一百年就完全毁灭了自己。

必须坦言，战后美国的外交政策有时使我不禁想起德皇威廉二世统治下德国的态度。我知道，不仅是我，别人也会做出这种苦痛的联想。军国主义心态的典型特征就是认为，原子弹、战略基地、各种武器、原材料等物质因素是最重要的，而人的欲望和思想等心理学因素则是不重要或次要的。个人被降格为一种纯粹的工具，沦为"人力物资"。在这种观点的影响下，人所追求的那些正常目标就消失不见了。而军国主义心态则把"赤裸裸的权力"提升为目标本身，这真是人类最离奇的错觉之一了。

在我们这个时代，军国主义心态要比以往任何时候都更加危险，因为进攻性武器已经变得比防御性武器强大得多。因此，这必然会导致预防性战争以及与之相伴随的普遍的不安全感，而这又会导致以所谓国家利益的名义牺牲公民权利。政治迫害和各种控制（比如对教学研究和媒体的控制等）似乎无可避免，因此并没有遇到大众的反抗，而若不是军国主义心态作祟，这种反抗是可以提供保护的。所有价值都会逐渐被重估，因为任何对乌托邦目的没有明显用处的东西都被视为劣等的。

在我看来，除了提出一种有远见、诚实、勇敢的政策，以在超国家基础上确立安全，没有任何其他道路可以帮助我们摆脱困境。我们希望，只要外部环境还要求美国担任领导角色，还能找到足够多有道德力量的人沿着这条道路来引导这个国家。那样一来，这里讨论的这类问题也就不复存在了。

与苏联科学院院士的通信 [1]

爱因斯坦博士的错误想法——一封公开信

著名物理学家阿尔伯特·爱因斯坦不仅是因为他的科学发现而出名，近年来他还非常关注社会和政治问题。他做广播讲话，在报刊上撰写文章，还参与了多个公共组织。他多次呼吁抗议纳粹的野蛮行径。他倡导持久和平，抗议新战争的威胁，反对军国主义者企图完全掌控美国科学的野心。

对于激励这位科学家从事这些活动的人道主义精神，苏联科学家和广大的苏联人民表示赞赏，尽管他的立场并不是那么前后一致和清晰明确。不过，爱因斯坦最近发表的一些言论，有些方面在我们看来不仅是错误的，对于爱因斯坦热心拥护的和平事业肯定也是有害的。

我们觉得有责任提醒大家注意这一点，以便澄清一个非常重要的问题，即如何最有效地实现和平。爱因斯坦博士最近倡导的"世界政府"观念必须从这种观点加以考察。

在这种观念的各色倡导者当中，除了那些借以掩护其无限

---

1. 载《莫斯科新时代》（*Moscow New Times*, November 26, 1947）和《原子科学家会报》（*Bulletin of the Atomic Scientists*, Chicago, February, 1948）。

制扩张的不折不扣的帝国主义者以外，在资本主义国家还有很多知识分子，他们被这种观念貌似合理的外表所迷惑，而并没有意识到其真实含义。这些主张思想自由的和平主义者相信，"世界政府"不啻为一服对抗世界罪恶的灵丹妙药，是持久和平的守护者。

"世界政府"的倡导者们广泛使用那个看起来很激进的论点，认为在这个原子时代，国家的主权是过去的遗迹，正如比利时代表斯巴克在联合国大会上所说，是一种"过时的"甚至"反动的"思想。很难想象能有什么指控比这更远离真理了。

首先，"世界政府"和"超国家"的观念绝非原子时代的产物，其历史要悠久得多，比如在成立国际联盟时就已经提出来讨论过。

其次，这些观念在现代绝不是进步的。它们反映的是，主导工业大国的垄断资本家们觉得自己的国界太过狭窄。他们需要全世界的市场、全世界的原料供应和全世界的投资范围。由于在政治和行政事务上占统治地位，这些垄断大国得以在争夺势力范围和从政治经济上征服别国的斗争中利用政权机器，以便在别的国家也能自由地扮演主导角色。

从我国过去的经验可以非常清楚地看到这一点。沙皇俄国的反动政权屈从于资本主义的利益，因其廉价的劳动力和丰富的自然资源而成为令外国资本家垂涎的肥肉。法国、英国、比利时和德国的公司如饿鹰一样扑向我国，赚得在他们自己国家无法想象的利润。他们用勒索性的贷款将沙皇俄国与资本主义西方牢牢绑缚在一起。沙皇政府依靠从外国银行得到的资金支持，残酷镇压革命运动，阻碍俄国科学文化的发展，煽动对犹太人进行集体屠杀。

伟大的十月社会主义革命粉碎了使我国在经济和政治上依附于世界资本主义垄断的锁链。苏维埃政府使我国第一次获得了真正的自由和独立，以史无前例的速度推动我国社会主义经济、技术、科学和文化的进步，把我国变成了国际和平安全的可靠堡垒。在内战中，在反对帝国主义国家集团干涉的斗争中，在反抗纳粹侵略者的伟大战役中，我国人民都在维护国家的独立性。

然而现在，"世界超国家"的倡导者却要求我们为了"世界政府"而自愿放弃这种独立性，这不过是垄断资本家为了称霸世界而打出的漂亮招牌而已。

向我们提出那样的要求显然是无法容忍的。这种要求不仅对于苏联来说是荒谬的。第二次世界大战之后，许多国家成功摆脱了帝国主义的压迫和奴役。这些国家的人民正在努力巩固经济和政治上的独立性，阻止国外对本国事务的干预。不仅如此，殖民地和附属国的民族独立运动正迅速蔓延开来，唤醒了亿万人民的民族意识，他们不愿继续处于被奴役的状态了。

帝国主义国家的垄断已经失去了许多有利可图的剥削领域，而且还有失去更多东西的危险。对于那些已经摆脱了他们掌控的民族，他们正极力剥夺令其厌恶的国家独立性，并且阻止殖民地的真正解放。带着这个目的，帝国主义者在军事、政治、经济和意识形态等各个领域发动战争。

正是按照这种社会命令，帝国主义理论家正全力抹黑国家主权的观念。他们诉诸的方法之一就是鼓吹自负的"世界国家"计划，说什么这会消灭帝国主义、战争和民族仇恨，确保普遍法律的胜利云云。

于是，帝国主义势力争夺世界霸权的掠夺欲望伪装成一种伪进步观念，吸引了资本主义国家某些知识分子（科学家、作家等）的兴趣。

在去年9月致联合国各代表团的一封公开信里，爱因斯坦博士提出了一种限制国家主权的新方案。他建议把联合国大会改造成一个永久运作的世界议会，拥有比安理会更大的权力。爱因斯坦重复着美国外交亲信们天天在讲的话，宣称安理会已经被否决权搞瘫痪了。按照爱因斯坦博士的计划改造后的联合国大会将拥有最终的决定权，大国一致原则将被抛弃。

爱因斯坦建议，联合国的代表应由普选产生，而不是像现在这样由各国政府任命。初看起来，这个建议似乎是进步的，甚至是彻底的。但实际上，它对现状不会有丝毫改进。

让我们想象一下，选举对于这种"世界议会"有何实际意义。

大多数人仍然生活在殖民地和附属国，这些国家由少数帝国主义国家的长官、军队以及财政和金融寡头统治着。在这些国家，"普选"实际上意味着由殖民政府或军事当局来任命代表。殷鉴不远，希腊公投便是保皇党-法西斯统治者在英国刺刀的护卫下出演的一场闹剧。

但在形式上存在着普选权的那些国家，情况也好不到哪里去。在资本占据统治地位的资产阶级民主国家，资本以各种花招诡计将普选权和投票自由变成闹剧。爱因斯坦肯定知道，美国上届国会选举只有39%的选民投票；他也心知肚明，南方各州的千百万黑人实际上被剥夺了选举权，或者在并不少见的私刑威胁下，被迫投票给他们最凶恶的敌人，比如极端反动且仇视黑人的上届参议员比尔博就是这样当选的。

人头税、特殊试验等许多手段都被用来剥夺千百万移民、流动工人和贫苦农民的投票权，且不提普遍存在的贿选行为，以及反动报刊作为报业大亨影响大众的有力工具所起的作用，等等。

所有这一切都表明，爱因斯坦所建议的世界议会普选在资本主义世界的现有条件下意味着什么。其组成不会比目前的联合国大会更好，它将扭曲地反映大众的真实情绪以及对永久和平的渴望。

我们知道，在联合国大会和各个委员会里，美国代表团掌控着固定的投票机器，因为联合国大多数成员国都依赖于美国，它们不得不按照华盛顿的要求来调整外交政策。例如，一些拉美国家是农业单一作物制国家，其产品价格由美国垄断资本家所决定，因此手脚被束缚。既然如此，在美国代表团的压力下，联合国大会里出现一种机械的大多数，按照其实际主人的命令进行投票，也就不足为奇了。

在某些情况下，美国外交发现，打着联合国的旗号采取某些措施要比通过国务院更方便。声名狼藉的巴尔干委员会或者指派到朝鲜的选举观察委员会便是明证。美国代表团正在强行通过一个"小型大会"计划，以实际取代安理会，其目的就是把联合国变成美国国务院的一个部门，因为事实证明，安理会的大国一致原则妨碍了帝国主义阴谋的得逞。

爱因斯坦的建议也会导致同样的后果，因此绝不会促进持久和平和国际合作，而只能掩盖各个主权国家防止外国资本强索其惯常利益时受到的攻击。它会进一步推动美帝国主义肆无忌惮的扩张，并且让那些坚持维护独立的国家在意识形态上解除武装。

在命运的捉弄下，爱因斯坦实际上已经成为和平与国际合作最凶恶敌人的阴谋和野心的支持者。他沿这个方向已经走得太远，竟然在其公开信中预先宣布，倘若苏联拒绝加入他这个异想天开的组织，其他国家应当有权不管苏联而继续前进，同时敞开大门让苏联最后作为成员或"观察员"加入这个组织。

从本质上讲，这与美帝国主义的极力拥护者的建议几乎没有什么差别，无论爱因斯坦博士实际上离他们有多远。这些建议的要点和实质是，倘若不能把联合国变成美国政策的武器，变成掩盖帝国主义实施阴谋计划的帷幕，那么就应当把它解散，用一个没有苏联和新民主国家加入的新"国际"组织取而代之。

爱因斯坦博士难道意识不到，这些计划对于国际安全和国际合作会有多么致命的影响吗？

我们相信，爱因斯坦博士已经走上了一条错误而危险的道路。在当今世界，社会、政治和经济制度各有不同，而他却在追逐"世界政府"的妄想。当然，这并不是说社会经济结构不同的国家就不应当进行政治经济方面的合作，只要这些差别被审慎对待。然而，爱因斯坦倡导的这种政治时尚，却对真诚的国际合作和持久和平的不共戴天之敌有利。他建议联合国成员国采取的路线，将不会使国际上更加安全，而会导致新的国际争端。它只会有利于垄断资本家，因为新的国际争端将给他们带来更多的军火合同和利润。

我们非常尊敬爱因斯坦,他不仅是著名的科学家,而且是热心公益之人,正在不遗余力地推进和平事业。因此,我们认为应当直言不讳地说出自己的看法,而不必作外交辞令的修饰。

爱因斯坦的答复

我的四位俄国同事在《新时代》上发表了一封公开信,对我进行了善意的批评。我欣赏他们所做的努力,更欣赏他们如此坦率直接地表达自己的观点。只有努力充分理解对方的思想、动机和关切,透过他的眼睛看世界,才能在人类事务中理智地行动。一切心怀善意之人都应尽可能地增进这种相互理解。希望我的俄国同事和其他读者也能本着这种精神来接受以下回复。做此回复的人正在努力寻求一种可行的解决方案,而不是幻想自己已经知道了"真理"或"正确道路"。如果以下说法显得有些武断,那只是为了清晰简洁起见。

虽然你们的信主要是对非社会主义国家尤其是美国的攻击,但我相信,在这种攻击背后是一种防御心态,趋向于几乎无限制的孤立主义。只要了解过去三十年来俄国在外国手中受到的种种苦难,比如德国入侵者对平民的蓄意屠杀,内战时期的外国干涉,西方报刊系统性的诽谤宣传,扶植希特勒来对抗俄国,这种逃入孤立主义的愿望是不难理解的。然而,无论这种对孤立的愿望是多么可以理解,它都会给俄国和所有其他国家造成灾难。这一点稍后我会详谈。

你们攻击我的主要目标在于我支持"世界政府"。在讨论这个重要的问题之前，我想先来谈谈社会主义与资本主义的对抗，因为你们关于这种对抗的态度，似乎完全主导了你们对国际问题的看法。如果客观考察一下这个社会经济问题，情况似乎是这样的：技术发展已经导致经济机制越来越集中。也正因为这种发展，工业化国家的经济权力普遍集中在少数人手中。在资本主义国家，这些人不需要向公众解释自己的行为；而在社会主义国家，他们却必须这样做，因为他们就像那些行使政治权力的人，是为公众服务的。

我同意你们的看法：只要社会主义的管理能在一定程度上符合恰当的标准，社会主义经济的优点就肯定能够抵消缺点。总有一天，所有国家（只要这样的国家仍然存在）都会感谢俄国，因为它在极为艰难的条件下，第一次有力地证明了计划经济的实际可能性。我也相信，事实将会证明，资本主义或自由企业制度无法减少失业，技术进步会使失业问题变得日益严重，它也无法在生产与民众的购买力之间保持健全的平衡。

另一方面，我们也不应错误地把所有现存的社会政治弊端都归咎于资本主义，并且以为只要建立起社会主义就能治好人类的一切社会政治痼疾。这种信念的危险首先在于鼓励了"信徒"狂热的不宽容，因为它把一种可能的社会方法变成了一种教会组织，若有不从便被打成叛徒或坏人。一旦到了这个阶段，理解"非信徒"信念和行为的能力就完全消失了。我确信，你们从历史上可以知道，这些僵化的信念曾给人类带来多少无谓的痛苦。

任何政府只要有沦为暴政的倾向，它本身就成了一种罪恶。

但除了极少数无政府主义者，我们每个人都深信，没有政府就不可能有文明社会存在。在健全的国家，人民的意志与政府之间有一种动态平衡，可以防止政府沦为暴政。如果在一个国家，政府不仅掌控着军队，而且还掌控着所有教育信息渠道和每一个公民的经济生活，那么这种堕落的危险就更加严重了。我这样说仅仅是想表明，不能认为社会主义本身能够解决一切社会问题，它只是能够促成这种解决的一个框架罢了。

你们在信里表达的一般态度中，最让我感到惊讶的是以下这个方面：你们在经济领域如此强烈地反对无政府状态，而在国际政治领域却又同样热情地拥护无政府状态，即拥护无限制的主权。在你们看来，建议削减各个国家的主权，这本身就应受到谴责，是对自然权利的侵犯。你们还试图证明，在削减主权观念的背后是美国的包藏祸心，想不必通过战争就能对世界各国进行经济统治和剥削。你们用自己的方式来分析战争结束以后这个政府的种种行为，试图证明这种指控是合理的。你们企图表明，联合国大会不过是由美国或美国资本家操控的傀儡罢了。

此种论据让我觉得像是一种神话，是无法令人信服的。不过，这凸显了我们两国知识分子之间的巨大隔阂，它缘于彼此之间不幸的人为隔绝。若能促成和鼓励个人观点的自由交流，那么知识分子也许最能帮助两国创造一种相互理解的气氛。这种气氛是有效发展政治合作的必要前提。不过，既然我们暂时还要依靠"公开信"这种麻烦的方式，我只好做些简单回应了。

没有人会否认，经济寡头对公共生活的各个方面都有非常强大的影响。但这种影响也不应过高估计。尽管受到这些强力集团的拼命反对，罗斯福还是当选了总统，而且连任了三次。当时正是必须做出重大决定的时刻。

关于战后美国政府的政策，我既不愿意、也没有能力或资格去为他们辩护或做出解释。但不能否认，美国政府关于原子武器的某些建议至少是在尝试建立一个超国家安全组织。它们即使未被接受，也至少可以充当一个讨论基础来实际解决国际安全问题。事实上，正是苏联政府半否定半拖延的态度，才使得美国的善良人士难以如愿施展政治影响力来反对"战争贩子"。关于美国对联合国大会的影响，我认为这不仅与美国的经济军事实力有关，而且源于美国和联合国真正解决安全问题的努力。

至于备受争议的否决权，我相信之所以致力于取消它或者让它失效，主要不是因为美国有什么特定意图，而是因为否决权遭到滥用。

现在回到你们的看法，即美国的政策试图对他国进行经济统治和剥削。既然谈论目的和意图没有什么把握，我们不妨考察一下所涉及的客观因素。美国很幸运，所有重要的工业产品和粮食都能自给自足，而且拥有几乎一切重要的原材料。但由于坚信"自由企业"，美国无法使民众的购买力与全国的生产能力保持平衡。基于同样的理由，失业经常达到危险的程度。

由于这些情况，美国不得不注重出口贸易，否则就无法充分利用其总产能。倘若进出口大体平衡，本来不会有什么害处。那时，对外国的剥削将在于出口物的劳动价值大大超过进口物的劳动价值。但美国正竭尽全力避免这种情况发生，因为几乎任何进口物都会造成部分产能闲置。

这就是为什么外国无法支付美国出口商品的原因。的确，从长远来看，这样的支付只有通过美国的进口才是可能的。这解释了为什么全世界大部分黄金都流到了美国。总的来说，除了购买外国商品，这些黄金不能有别的用处，基于上述理由，这是行不通的。这些黄金被小心贮藏，以防失窃，成为歌颂政府智慧和经济成就的纪念碑。这些理由使我很难认同所谓美国剥削世界的说法。

然而，上面的情况有它严肃的政治方面。基于上述理由，美国不得不把部分产品运送到国外。这些出口是通过美国给外国的贷款来提供资金的。的确，很难想象如何才能偿还这些贷款。因此从实际目的来看，必须把这些贷款看成一种馈赠，可以用作强权政治舞台上的武器。考虑到现在的情况和人类的特性，我得坦率承认，这真的很危险。不过，我们目前所处的国际事态难道不是倾向于把人类的所有发明和物品都变成武器，从而对人类构成威胁吗？

这个问题引出了最重要的事情，与之相比，其他一切事情都显得无关紧要了。我们都知道，强权政治迟早会导致战争，在目前的情况下，这场战争将意味着人类生命财产的巨大毁灭，程度恐怕是历史上空前的。

我们的激情和积习难道真的注定要使我们自相残杀，不留下任何值得保存的东西吗？与当今我们所面临的危险相比，我们奇特的通信中所触及的一切争论和意见分歧难道不都显得微不足道吗？难道我们不应尽一切力量来消除这个威胁着所有国家的危险吗？

如果抓住无限制国家主权的概念和做法不放，那就只能意味着，每个国家都保有通过战争手段来追求自己目标的权力。在这种情况下，每个国家都必须为可能发生的战争做准备，这意味着每个国家都必须竭尽全力比其他国家更强大。这个目标将会越来越主导整个公共生活，在实际大难临头之前就已经毒害年轻人了。只要我们还保有一丁点冷静的理性和人类感情，就决不能容忍这一点。

仅仅是基于这些考虑，我才支持"世界政府"的观念，至于其他人致力于同一目标的理由，我没有关注过。我之所以拥护世界政府，是因为我深信，没有其他途径可以消除人类这个最可怕的危险。避免遭到彻底毁灭必须优先于任何其他目标。

你们肯定深信，我是带着最为严肃和真诚的态度来写这封信的。我相信，你们也会本着同样的精神来接受它。

"世界一家"获奖感言 [1]

你们希望授予我的这项殊荣让我至为感动。在漫长的人生中，我从同胞那里获得的认可远远超出了我的应得。必须承认，我的愧疚总是超过欣喜。但这种痛苦从来没有像今天这样远远超过快乐。因为当今所有关心和平以及理性与正义胜利的人都必定会清楚地意识到，理性和诚实善良对于政治事件的影响是多么微不足道。但无论这种影响有多么小，无论未来的命运如何，我们都可以确信，倘若没有那些关注人类幸福的人们的不懈努力，人类的命运会比现在还要糟糕。

在此存亡攸关之际，我们必须首先向同胞们说明：武力万能的信念在政治生活中占了上风，这股力量已经有了自己独立的生命，连那些只把它用作工具的人都无法驾驭。建议将国家军事化不仅立即使我们面临战争威胁，而且必将逐步摧毁这片土地上的民主精神和个人尊严。宣称国外事件迫使我们武装起来是错误的，我们必须竭力与之斗争。事实上，从他国的反应来看，我们重整军备的行为只会造成其倡导者不愿见到的局面。

只有一条道路可以通向和平和安全，那就是超国家组织之

---

1. 1948 年 4 月 27 日在卡内基音乐厅的演讲，收录于《晚年集》。

173

路。各国单方面进行武装，只会加剧普遍的不安与混乱，无法形成有效的保障。

给知识分子的信 [1]

今天，世界各国的知识分子和学者怀着深切的历史责任感在这里相聚。感谢法国和波兰同行的提议，使我们为了一个重大目标聚集在一起：利用有识之士的影响力来促进全世界的和平与安全。柏拉图是最早试图解决这个古老问题的人之一，他用理性和审慎来解决人的问题，而不是屈服于祖先遗传下来的本能和冲动。

经由痛苦的经验我们已经知道，理性思考不足以解决我们社会生活中的问题。深入的研究和热情的科学工作对于人类往往有悲剧性的内涵。一方面，它的发明使人从辛苦劳动中解放出来，使生活更加舒适富裕；但另一方面，它又给人们的生活带来惶恐不安，使人成为技术环境的奴隶。这其中最大的灾难就是创造出人类大规模毁灭自己的手段。这实在是令人无比痛心的悲剧！

这个悲剧已经令人痛心，但更加悲剧的也许是，虽然科技领域产生了诸多极为成功的学者，但长期以来，对于困扰人类的种种政治冲突和经济压力，却找不到合适的解决方案。毫无疑问，国内国际经济利益的冲突在很大程度上是当今世界危险局面的根

---

1. 为波兰弗罗茨瓦夫举行的"知识分子和平大会"（Peace Congress of Intellectuals）准备的发言稿，但未能宣读，后于 1948 年 8 月 29 日发表。

源。时至今日，人类依然没有发展出某些政治、经济的组织形式，可以确保世界各国和平共处，也没有构建出一种制度，可以永远消除战争和大规模杀伤性武器。

帮助制造更加可怕和有效的灭绝方法是我们科学家的悲剧命运。我们必须担负起庄严而超然的义务，竭力阻止这些武器被用于残忍的目的。对我们来说，还有什么任务能比这更重要呢？还有什么社会目标能比这更接近我们的心灵呢？这也就是为何这次大会肩负着如此重要的使命。我们在这里彼此协商，必须建起连接世界各国的精神与科学之桥，必须克服国界所造成的可怕障碍。

在较小的社会群体中，人们在打破反社会的统治权方面取得了一些进步。比如城市里的生活就是这样，在某种程度上，甚至个别国家内部的社会生活也是如此。在这样的社会里，传统和教育发挥着调节性的影响，给生活在这里的人带来了宽容的关系。但国家间的关系仍然主要是完全的无政府状态。我并不认为在过去的几千年里，人类在这方面有什么真正的进步。国家之间太过频繁的冲突仍然是通过武力和战争来解决的。只要实际上有可能，随时随地都会激起无穷的野心，无限制地追求越来越大的权力。

在整个历史上，国际事务中的这种无政府状态给人类造成了无法形容的痛苦和毁灭。它一次次地阻碍人类的发展，扰乱他们的身心。有的时候，它几乎将一切毁灭殆尽。

然而，各国随时愿意备战，也对人类的生活产生了其他影响。在过去的几百年里，每个国家对其公民权利的控制稳步增长，无论在权力得到明智运用的国家，还是在残暴专制的国家，情况都是如此。主要由于现代工业设备的集中，国家在民众之间维持和平有序关系的功能已经变得日益复杂和广泛。为了防止民众受到外部攻击，现代国家都需要建立强大的、不断扩张的军事机构。此外，国家认为有必要教育民众正视战争的可能性，这种"教育"不仅败坏了青年人的灵魂和精神，对成年人的心态也有不利的影响。任何国家都避免不了这种败坏。甚至在那些并无明显侵略意图的国家，民众中也弥漫着这种气息。因此，国家已经成为一个现代偶像，很少有人能够逃脱其暗示力量。

然而，战争教育是一种妄想。过去几年的技术发展已经创造出全新的军事形势。可怕的武器被发明出来，能在几秒钟之内造成大规模伤亡和破坏。由于科学尚未找到这些武器的防范之道，现代国家将无法确保其民众的安全。

那么，我们如何才能得救呢？

只有一个超国家组织单独拥有生产和拥有这些武器的权力，人类才能得到保护，免于无法想象的破坏和恣意消灭。然而，除非该组织拥有合法的权力和义务来解决过去导致战争的一切冲突，否则很难想象在现有条件下，各国会把权力拱手让给超国家组织。各国的职能将或多或少集中于内部事务，至于与其他国家的关系，则只处理那些绝不会危及国际安全的争端和问题。

不幸的是，没有任何迹象表明各国政府已经认识到，人类目前的处境正迫使人们采取革命手段。我们的处境是前所未有的，因此，在早期阶段也许足够解决问题的方法手段不能用于现在。我们必须彻底改变思维和行动，必须有勇气彻底改变世界各国的关系。昨天的陈词滥调今天将不再管用，明天无疑也会过时。让全世界的人都认识到这一点，是知识分子肩负的最重要和最重大的社会功能。他们是否有足够的勇气超越自己国家的纽带，引导世人彻底改变其根深蒂固的民族传统呢？

巨大的努力是不可或缺的。如果现在失败了，超国家组织将在以后建立，不过那时它将建立在大半已成废墟的世界上。但愿不需要非得来一场超乎想象的大灾难，才能消除现有的国际无政府状态。时间紧迫，要行动就必须现在行动。

为什么要社会主义？[1]

　　一个不是专门研究经济社会问题的人，却要对社会主义这个话题发表意见，这是否恰当呢？从一些理由来看，我相信是恰当的。

　　我们先从科学知识的观点来考察这个问题。天文学和经济学似乎并没有根本的方法论差异：这两个领域的科学家都试图发现对一组有限范围的现象普遍适用的定律，以尽可能清晰地理解这些现象之间的联系。但实际上的确存在着这种方法论差异。在经济学领域，发现普遍定律非常困难，因为观察到的经济现象常常受到许多难以独立评价的因素的影响。此外，正如大家所知，从人类历史的所谓文明时期开始积累的经验，在很大程度上绝非只受经济原因的影响和制约。例如，历史上多数大国都依靠征服而存在。征服者在法律和经济上自封为被征服国家的特权阶层。他们垄断土地所有权，指派自己人担任教士。教士控制了教育，把社会的阶层划分固定成永久的制度，并且创造出一种价值体系，不知不觉地引导着民众的社会行为。

　　但历史传统可以说是昨天之事，无论在哪里，我们都还没

---

1. 载于《评论月刊》（*Monthly Review*, New York, May, 1949）。

有克服凡勃伦所说的人类发展的"掠夺阶段"。可观察的经济事实都属于这个阶段，甚至连由此导出的定律也不适用于其他阶段。既然社会主义的真正目的就在于克服并超越人类发展的掠夺阶段，所以目前状态下的经济科学就无法阐明未来的社会主义社会。

其次，社会主义以一种社会道德目的为导向。然而，科学创造不出目的，更不用说把目的灌输给人了，科学顶多只能为达成某些目的提供手段。但目的本身是由那些具有崇高道德理想的人构想出来的，只要没有胎死腹中，而是有生命活力，这些目的就会被许多人采纳和推进，这些人半自觉地决定着社会的缓慢演化。

基于这些理由，在讨论人的问题时，应当注意不要过高估计科学和科学方法。我们不应认为，只有专家才有权对影响社会组织的问题发表看法。

一段时间以来，无数人都说人类社会正在经历一场危机，其稳定性已经遭到严重破坏。这种状况的典型特征是，个人对于所属的群体（不论大小）漠不关心，甚至保持敌意。为了说明我的意思，这里我想讲一件亲身经历的事情。不久前，我同一个聪明而温和的人讨论下一场战争的威胁，我认为那会严重危及人类的生存。我说，只有一个超国家组织才能防止那种危险。而这位客人却无动于衷，他冷冷地对我说："您为什么要强烈反对人类灭绝呢？"

我相信，短短一个世纪以前，不会有人那么轻率地说出这种话。说这话的人曾力求达到内心的平衡，但失败了，而且多多少少已经失去了成功的希望。这番话所表达的痛苦、寂寞和孤独，正是今天许多人的内心写照。原因究竟是什么？是否有出路？

提出这样一些问题很容易，但却难以给出确切的回答。不过我还是要试试，尽管我很清楚，我们的感情和努力常常矛盾不清，无法用简易的公式表达出来。

人既是孤独的存在，又是社会的存在。作为孤独的存在，他试图保卫自己和至亲的生存，满足个人的欲望，并且发展天赋才能。作为社会的存在，他试图得到同胞们的认可和喜爱，分享他们的快乐，悲痛时给予安慰，并且改善其生活条件。解释一个人特殊性格的，正是这些多种多样、时常相互冲突的努力，它们特定的结合决定了一个人能在多大程度上达到内心的平衡，以及对社会福祉做出多少贡献。这两种驱动力的相对强度很可能主要由遗传决定，但一个人最后显现出来的个性主要取决于他的发展环境、社会结构、社会传统以及社会对各种特殊行为的评价。对于个人来说，"社会"这个抽象概念意指他对同时代人以及所有前人的直接与间接关系的总和。一个人自己能够思考、感觉、努力和工作，但他在身体、理智、感情等方面的生存却极大地依赖于社会，以至于不可能在社会框架之外思考或理解他。正是"社会"给人提供了粮食、衣服、住所、劳动工具、语言、思想形式和大部分思想内容。古往今来亿万人的劳动和成就使他的生活成为可能，而他们全都隐藏在"社会"这个小小的语词背后。

因此，个人对社会的依赖显然是一个无法抹杀的自然事实，就像蚂蚁和蜜蜂一样。然而，蚂蚁和蜜蜂的整个生命过程在最小的细节上都由不变的遗传本能所决定，而人类的社会模式和相互关系却多种多样、容易改变。记忆力、重新组合的能力、口头交流的禀赋，已经使人大大发展，不再受制于生物学上的必然性。这些发展可见于传统、制度和组织，可见于文学、科学和工程成就，还可见于艺术作品。这解释了为什么人能在某种意义上通过自己的行为来影响生活，而且自觉的思考和希望能在这种过程中起作用。

人出生时通过遗传获得了一种固定不变的生物学体质，包括人类那些典型的自然冲动。此外，人在一生中也通过交流和其他各种类型的影响而从社会中得到了一种文化体质。这种文化体质会随时间而变化，它在很大程度上决定着个人与社会的关系。现代人类学通过所谓原始文化的比较研究告诉我们，人类的社会行为可以相差很大，这取决于流行的文化模式和社会中占主导的组织类型。那些力图改善人类命运的人可以把希望建基于此：人类并非因其生物学体质而注定要彼此毁灭，或者要完全受制于一种残酷的自作自受的命运。

如果我们问自己，应当如何改变社会结构和人的文化态度，才能使人生尽可能让人满意，我们就应谨记在心，有些条件是我们无法改变的。如前所述，人的生物学本性实际上是不会变化的。此外，过去几个世纪的技术和人口发展已经创造出一些被广泛接受的条件。在人口相对稠密的地区，要想生产生活必需品，必须有极细的劳动分工和高度集中的生产设备。个人或者相对较小的群体能够完全自给自足的田园般的时代已经一去不复返了。说得夸张一点，人类现已组成一个生产和消费的地球集体。

现在可以简要说明这个时代危机的本质究竟是什么。在我看来，它涉及个人与社会的关系。现代人比以往更能意识到自己对社会的依赖，但并未把这种依赖看成一种正面资产、一条生命纽带或者保护的力量，而是视之为对其自然权利乃至经济生活的威胁。此外，人在社会中的地位会不断加强其性格中的唯我论驱力，而天生较弱的社会驱力却会逐渐衰退。所有人，不论其社会地位如何，都会遭遇这种衰退过程。他们不知不觉沦为唯我论的囚徒，感到不安与孤独，失去了朴素单纯的生活乐趣。人生短暂而艰险，只有献身于社会，才能找到生命的意义。

依我之见，资本主义社会的经济无政府状态乃是今天这种祸害的真正根源。我们看到了一个庞大的生产者集体，其成员不断努力剥夺他们集体劳动的果实，不是通过暴力，而是整体上严格按照法定规则进行的。在这方面重要的是认识到，按照法律，生产资料（即生产消费商品和附加的资本商品所需的全部生产能力）可以是而且大部分已经是个人的私有财产。

为简单起见，在接下来的讨论中，我将把所有那些不占有生产资料的人统称为"工人"，虽然这并不完全符合该词的习惯用法。生产资料的占有者可以购买工人的劳动力。通过使用生产资料，工人生产出新的商品，成为资本家的财产。这个过程的关键在于，工人生产的商品与获得的报酬之间的关系（两者都以实际价值来衡量）。在劳动合同是"自由"的情况下，工人的收入并非取决于他所生产商品的实际价值，而是取决于他的最低需求，以及资本家对劳动力的需求与多少人竞争工作的关系。关键是要明白，即使在理论上，工人的报酬也不是由产品的价值决定的。

私人资本往往集中在少数人手里，这部分是因为资本家之间的竞争，部分是因为技术发展和不断增长的劳动分工促成了更大的生产单位，而牺牲了较小的生产单位。这些发展造成了私人资本的寡头政治，其巨大权力甚至连民主的政治社会也无法有效地遏制。事实的确如此，因为立法机关的成员是由政党选出来的，而这些政党基本上由私人资本家资助或者受他们影响，他们实际上将选民与立法机关分离开来。结果导致人民代表实际上无法充分保护弱势人群的利益。此外，在目前的情况下，私人资本家必然会直接或间接地控制报刊、广播、教育等主要信息来源。因此，公民要想得出客观的结论，并且理智地运用其政治权利，那是极为困难的，多数情况下则完全不可能。

因此，在以资本私有制为基础的经济中，常见的情况以两条主要原则为典型特征：第一，生产资料（资本）为私人所有，所有者可以随意处置；第二，劳动合同是自由的。当然，在这个意义上，纯粹的资本主义社会是不存在的。尤其应当注意到，通过长期艰苦的政治斗争，某些行业的工人已经得到了形式上有所改善的"自由劳动合同"。但整体来看，今天的经济与"纯粹的"资本主义并无多少差别。

生产是为了利润，而不是为了使用。没有条款规定，凡是有能力工作并且愿意工作的人总有就业机会。"失业大军"几乎一直存在着，工人时常害怕失去工作。既然失业的和薪酬微薄的工人提供不了有利可图的市场，消费品的生产就会受到限制，从而导致严重的困境。技术进步往往导致更多的失业，而不是减轻工作负担。资本家的追逐利润和彼此之间的竞争，造成资本积累和利用的不稳定，从而导致经济越来越萧条。无限制的竞争导致劳动力的巨大浪费，以及前面谈到的个人社会意识的严重削弱。

这种对个人的戕害，我认为是资本主义的最大弊病。我们整个教育制度都深受其害，将夸张的竞争心态灌输给学生，训练他们崇拜贪婪好胜，为日后的职业生涯做准备。

我深信，只有一种办法才能消除这些严重弊病，那就是建立社会主义经济，并且配上一套以社会目标为导向的教育制度。在这种经济制度中，生产资料归社会本身所有，并且有计划地加以利用。计划经济会按照社会需求来调节生产，分配工作给所有能够工作的人，并且保障男女老幼的生计。至于对个人的教育，除了促进他本人的天赋才能，还要尝试培养他对同胞的责任感，以取代当今社会对权力和名利的颂扬。

然而必须记住，计划经济还不是社会主义。计划经济本身可能伴随着对个人的完全奴役。实现社会主义需要解决一些极为困难的社会政治问题：鉴于政治经济权力的高度集中，如何才能防止官僚系统变得权力过大和目空一切呢？如何才能让个人权利得到保护，从而确保民主力量能与官僚权力相抗衡呢？

国家安全 [1]

感谢罗斯福夫人，让我有机会表达我对这个最重要的政治问题的信念。

就目前的军事技术而言，相信通过武装国家来达到安全，这是一种灾难性的幻想。美国因为最先制造了原子弹而助长了这种幻想。人们普遍相信，美国最终能够取得决定性的军事优势，吓退任何潜在的对手，从而将人们热切期盼的安全带给美国和全世界。过去五年我们遵循的格言简单来说就是：不惜一切代价，以优越的军事实力来获得安全。

这种机械的技术军事心态已经产生了不可避免的后果。外交政策中的每一项行动都完全受制于一种观点：如何才能在战争中取得对敌人的绝对优势？回答是：在全世界所有可能的战略要地建立军事基地，加强潜在盟国的军事和经济力量。在国内，将巨大的财力集中到军队手中；让青年人接受军事训练；用日益壮大的警察力量严密监视公民尤其是公务员的忠诚度；恐吓具有独立政治思想的人；通过广播、报刊和学校对公众进行潜移默化地灌输；以军事机密为压力，不断限制公共信息的范围。

---

1. 1950 年 2 月 13 日作为嘉宾在罗斯福总统夫人的电视节目里谈氢弹的意义。

美苏之间的军备竞赛据说原本是一种防卫措施，现在却已歇斯底里。双方都躲在各自机密的高墙背后，以狂热的速度完善着大规模破坏的手段。现在氢弹又作为新的目标显示在公众眼前，总统已经庄严宣告，要向这个目标加速发展。如果取得成功，那么对大气的放射性毒害以及地球生命的彻底灭绝，都将在技术上成为可能。这种发展的可怕之处在于那种似乎势不可挡的趋势。每一步都像是前一步不可避免的后果，我们越来越清楚地看到，尽头处就是完全毁灭。

是否有办法走出这种由人自己制造的困境呢？所有人（尤其是美苏两国的决策者）都应该认识到，我们或许已经战胜了外在的敌人，但却未能除去战争引发的心态。只要每一项行动都着眼于未来可能发生的冲突，就永远无法实现真正的和平。因此，一切政治行动的指导思想应当是：如何才能实现国家之间的和平共处甚至是精诚合作呢？首先要消除相互的恐惧和不信任。郑重放弃暴力（不只是大规模破坏性武器）无疑是必不可少的。但只有同时建立一个超国家的审判执行机构，让它有权裁定与各国安全直接相关的问题，这种放弃才能有效。即使只是宣称各国会为实现这种"有限的世界政府"而精诚合作，也会大大减轻迫在眉睫的战争危险。

归根结底，人与人的任何和平共处都首先要基于相互信任，其次才要靠像法庭和警察这类机构。这不仅适用于个人，也适用于国家。信任的基础是忠诚的互让。

国际管控是否可行呢？作为一种维护治安的措施，它也许具有次要作用，但明智的做法或许是不去过高估计它的重要性。只要想想美国实施禁酒令的时代，就会使人犹豫起来。

追求和平[1]

问：说世界的命运悬于一线是不是有些夸张？

答：不夸张。人类的命运总是悬而未决……但现在尤其如此。

问：如何才能让世人意识到那一刻的严重性？

答：我认为这是可以回答的。解决之道不在于为战争的发生做准备，而在于相信，只有通过耐心协商和建立解决国际问题的法律基础，才能免于军事灾难。而这需要得到一个足够强大的执行机构的支持，简而言之，一种世界政府。

问：当前的原子军备竞赛究竟会导致另一场世界大战，还是像一些人所坚持的，是一种防止战争的方法？

答：军备竞争并不能防止战争。朝这个方向迈出的每一步都会使我们更接近灾难。军备竞赛是防止公开冲突最糟糕的方法。恰恰相反，倘若没有超国家规模的系统性裁军，真正的和平根本不可能实现。再说一遍，军备无法防止战争，而会不可避免地导向战争。

问：有没有可能同时为战争和世界共同体做准备呢？

答：争取和平与备战是不相容的，在我们这个时代就更是

---

1. 1950 年 6 月 16 日联合国广播电台的采访，录制于爱因斯坦在普林斯顿的书房。

如此。

问：我们能防止战争吗？

答：答案很简单。如果我们有勇气决定自己的和平，我们就将拥有和平。

问：如何做呢？

答：凭借坚定的意志达成协议。这是不言自明的。我们不是在做游戏，而是生存形势极为严峻。如果不下定决心以和平方式解决问题，就永远也得不到和平的解决。

问：您如何估计未来一二十年原子能对我们文明的影响？

答：这无关紧要。如果得到正确的应用，……我们现有的技术可能性已经足够令人满意了。

问：一些科学家预言，人类的生活将会发生深刻的变化，例如，我们每天可能只需要工作两小时……对此您有什么看法？

答：我们依然是同样的人，其实没有什么深刻变化。工作五小时还是两小时并不那么重要。我们的问题是国际层次的社会经济问题。

问：对于目前已经储备的原子弹，您有什么建议？

答：把它交给一个超国家组织。在达成持久和平之前，必须有某种保护力量。单方面裁军是绝对不可能的。武器只能委托给一个国际权威机构，没有其他可能性，系统性裁军与超国家政府有关。不能把安全问题看得太技术化。和平的意志和愿意为此目标迈出每一步是最重要的。

问：个人能为战争或和平做些什么？

答：个人可以让任何参选人（如国会选举）明确承诺，愿意为国际秩序而奋斗，并为这种秩序而限制国家主权。每个人都参与形成舆论。他必须真正明白需要什么……他必须有勇气说出来。

问：联合国广播电台用 27 种语言向世界各地广播。时值危急存亡之际，您有什么话想让我们向世界人民传达呢？

答：总的来说，我认为甘地的观点是这个时代所有政治人物中最开明的。我们应当努力继承他的精神……不是用暴力为事业而战，而是不参与我们认为邪恶的事情。

"文化必须是世界相互理解的一个基础"[1]

为了理解《世界人权宣言》的全部意义，应当充分认识联合国和联合国教科文组织诞生时的世界形势。过去半个世纪的战争所造成的破坏已经使每个人都清楚地认识到，按照当今的技术成就水平，各国安全只能基于超国家的机构和行为准则。我们知道，从长远来看，只有建立一个由国家组成的世界联邦，才能避免毁灭一切的冲突。

就这样，联合国建立起来了，这是国际秩序的一个良好开端。然而，该机构仅仅是各国政府代表集会的地方，而不是人民代表基于各自的信念独立行事。此外，联合国的决议对于任何国家的政府都没有约束力，也没有任何具体措施能够强制执行这些决议。

由于拒绝某些国家加入，联合国的效力被进一步削弱。把这些国家排除在外严重影响了这个组织的超国家性质。然而，把国际问题带到阳光下进行讨论，有助于冲突的和平解决。超国家讨论平台的存在容易让各国民众逐渐习惯于这样一种观念：必须通过谈判来维护国家利益，而不是动用武力。

---

1. 载《联合国教科文组织信使》（*Unesco Courier*, December, 1951）。

我认为，这种心理效果或教育效果是联合国最有价值的特点。世界联邦预设了人的一种新的忠诚，一种并不囿于国家边界的责任感。要想真正有效，这种忠诚必须不限于纯政治议题。不同文化团体之间的相互理解，经济文化方面的互助，都是必要的补充。

只有这样才能建立起信任感。战争的心理作用已经使这种信任感丧失殆尽，军国主义与强权政治的狭窄哲学则使之大为削弱。倘若没有相互理解和信任，就不可能有保障各国集体安全的有效机构。

联合国增设的教科文组织就旨在追求这些文化目标。它远比联合国更能避免强权政治所带来的瘫痪影响。

联合国认识到，唯有个人健康独立，才能创造健康的国际关系。因此，联合国精心草拟了一份《世界人权宣言》，并于1948年12月10日由联合国大会正式通过。

这份宣言确立了一些普遍可理解的标准，旨在保护个人，防止经济剥削，维护发展，保证社会框架内的自由活动。

在联合国所有成员国之间传播这些标准，被视为一个重大目标。因此，联合国教科文组织主办这个三周年庆典，旨在让这些基本诉求得到广泛关注，为恢复各民族的政治健康打下基础。

这份宣言几乎不可避免要写成法律文件的形式，其严格性也许会导致无休止的争论。这一文本不可能将不同国家多种多样的生活条件完全考虑在内，而且还要容许对它的细节做各种不同的解释。然而，这份宣言总的倾向是明确无误的，它为判断和行动提供了恰当的、可以普遍接受的基础。

从形式上认可这些标准是一回事，无论情况如何变化，永远把它们当作行动指南则是另一回事。客观公正的观察者从宗教机构的历史中尤其能够看到这一点。只有当联合国本身通过决议和行动来表明它的确体现了这份宣言的精神时，宣言才能发挥有效的影响。

消除战争威胁 [1]

在制造原子弹的过程中，我只参与了一件事：我签署了一封致罗斯福总统的信，强调需要进行大规模实验以探索制造原子弹的可能性。

我完全明白，万一这种努力取得成功，那将对人类造成可怕威胁。但我不得不迈出这一步，因为德国人也在研究同样的问题，而且有可能成功。那时我只能这样做，尽管我一直是坚定的和平主义者。我认为，战争中杀人丝毫不比通常的谋杀更好。

然而，只要各国没有下决心共同行动来消除战争，并且在法律基础上通过和平决议来化解冲突和保护利益，它们就会感到必须为战争做准备。为了不在普遍的军备竞赛中落后，它们不得不准备一切可能的、甚至是最可恶的武器。这条道路必然导向战争，在今天的条件下则意味着全部毁灭。

在这些情况下，与武器作斗争是无济于事的，唯有彻底消除战争和战争威胁才能有所帮助。这是人人都应为之奋斗的目标。必须下定决心，不要被迫做任何违反这个目标的事情。一个人若是意识到自己对社会的依赖，那么这是一项很高的要求，但并非

---

1. 写于 1952 年 9 月 20 日，发表于日本东京的杂志《改造》（*Kaizo*, Autumn, 1952）。

不可能达到。

甘地是这个时代最伟大的政治天才,他已经指明了道路。他表明,一旦找到正确的道路,人能够做出多大的牺牲。他为印度解放事业所做的贡献生动地证明,受坚定信念支持的意志要比看似不可战胜的物质力量更强大。

文化衰落的症状 [1]

和在文化生活的各个领域里一样，无拘无束地自由交流思想和科学成果对于科学的健康发展是不可或缺的。在我看来，美国政治当局对个人之间自由交流知识的干涉，无疑已经造成严重的伤害。这种伤害首先可见于科学研究领域，不用多久就会显见于技术和工业生产。

政治当局对美国科学生活的侵入，尤其显见于阻挠美国科学家和学者出国，以及阻挠外国科学家来美国访问。一个大国做这种小动作，不过是更深疾病的一种表面症状罢了。

干涉口头和书面交流科学成果的自由，庞大的警察机关加剧了普遍的政治不信任态度，人们焦虑不安、提心吊胆，竭力避免任何可能引起嫌疑或威胁其经济地位的事情——所有这些都只是症状，即使它们更清楚地揭示了疾病的严重性。

然而在我看来，真正的疾病在于世界大战所造成的一种态度，它支配着我们的所有行动，那就是相信：和平时期必须对整个生活和工作进行组织，这样才能保证战时取得胜利。这种态度导致人们相信，强大的敌人威胁着我们的自由和生存。

---

1. 载《原子科学家会报》（*Bulletin of Atomic Scientists*, Vol. VIII, No.7, October, 1952）。

这种态度解释了所有那些被我们称为"症状"的讨厌事实。如果不加以纠正，它必然会导致战争和大规模破坏。美国的预算即是明显例证。

只有克服了这种迷恋，才能真正把注意力合理地转向那个实际的政治问题："如何才能使人在这个越来越小的地球上生活得更加安全和宽容？"

如果战胜不了正在影响我们的更深疾病，就不可能治好上述那些症状。

03

论犹太人

致州长海尔帕赫教授的信[1]

亲爱的海尔帕赫先生：

　　读了您关于犹太复国主义和苏黎世大会的文章，身为犹太复国主义思想的忠实信徒，我觉得有必要作出回应，哪怕很简短。

　　犹太人是一个由血统和传统来维系的群体，宗教绝非唯一的纽带。其他人对待犹太人的态度已经表明了这一点。我15年前来德国时才发现自己是犹太人，这一发现更多是缘于非犹太人而不是犹太人。

　　犹太人的悲剧在于，他们是一个具有特定历史的民族，却没有一个共同体将其团结在一起。这样的结果是个体缺乏稳固的基础，甚至导致道义上的动摇。我意识到，只有让世界上所有犹太人都依附于一个他们欣然愿意归属的有活力的团体，让他们能够承受住世界强加给他们的仇恨与屈辱，犹太民族才可能得到拯救。

　　看到可敬的犹太人遭到卑劣的歪曲和讽刺，我的心在流血。我目睹过学校、连环画报以及无数其他非犹太人占多数的势力是

1.　回应海尔帕赫教授1929年在《福斯报》（ *Vossiche Zeitung* ）刊登的一篇文章，收录于1934年《我的世界观》。

如何削弱我们最优秀同胞的自信心的。我觉得不能允许这种情况继续下去。

于是我意识到，唯有一项让全世界的犹太人都心向往之的共同事业，才能使这个民族恢复健康。赫茨尔的一大功绩在于，他不仅认识到而且大声疾呼：按照犹太人的传统态度，在巴勒斯坦建立一个民族家园，或者更准确地说建立一个中心，正是我们应当倾力为之奋斗的事业。

您把所有这一切称为民族主义，这种指控并非毫无道理。任何一种集体奋斗都可以被冠以这个丑陋的名号，但在这个充满敌意的世界上，若是没有这种奋斗，我们犹太人便生也不成死也不成。无论如何，这种民族主义的目标不是权力，而是尊严和安康。若不是生活在缺乏宽容、狭隘暴力的人当中，我一定最先抛弃所有形式的民族主义，支持普遍人性。

例如，若因犹太人想成为一个"国家"，便声称犹太人不可能是德国的好公民，这种反驳乃是基于对这个国家本性的误解，而这种误解又源于国内大多数人的不宽容。只要这种不宽容还在，我们便不会安全，无论我们自称"民族"（或"国家"）与否。

为简洁起见，我只能坦率直言。不过从您的文章可以看出，您注重的是内容而非形式。

致一个阿拉伯人的信 [1]

1930 年 3 月 15 日

先生：

读罢您的信，我非常高兴。它让我知道，阿拉伯世界心存善意，希望以适合我们两个民族的方式来解决当前的困难。我认为，这些困难更多是心理上的，而不是事实上的。假如双方都能带着真诚和善意，它们是能够解决的。

导致目前这种不利局面的原因是，阿拉伯人和犹太人在统治权方面将彼此视为对手。这对两个民族都没有好处。只有找到一条双方都能认可的中间道路，才能改变这个局面。

下面我要谈谈如何摆脱目前这种困境，不过我得补充一句，这只是我个人的看法，此前不曾与任何人讨论过。我之所以用德文写这封信，是因为我没有能力用英文来写，而且我想承担一切责任。我相信您能找到合适的犹太人朋友来翻译它。

成立一个"枢密院"，犹太人和阿拉伯人各派四名代表，他

---

1. 收录于 1934 年《我的世界观》。

们须独立于任何政治派别。

各方成员如下：

医生一名，由医师协会推选；

律师一名，由律师推选；

工人代表一名，由工会推选；

神职人员一名，由神职人员推选。

这八个人每周碰面一次。他们保证不为自己职业或民族的利益代言，而会依良知行事，竭尽全力为所有国民谋幸福。其商议内容要秘而不宣，严禁走漏风声，即使私下里也不行。如果就某个议题达成了决议，并且双方各有至少三人同意，该决议便可公之于众，但只能以整个枢密院的名义公布。倘若某位成员不同意，他可以退出枢密院，但仍负有保密义务。如果前面谈及的某个选举机构对枢密院的决议感到不满，可以更换代表。

这个"枢密院"虽然没有明确的职权范围，却能逐渐弥合分歧，共同代表国民的利益而行使委托统治权，从而超越于短命的政治。

犹太共同体 [1]

女士们、先生们：

我素来对生活冷眼旁观，要克服这种倾向并不容易。但我不能对 ORT 和 OZE [2] 等犹太慈善协会的呼吁充耳不闻，因为对它们作出回应，就如同对我们深受压迫的犹太民族的呼吁作出回应。

流散各地的犹太共同体的处境无异于衡量政治世界道义的气压计。犹太民族是没有自卫能力的少数族群，其独特性在于保存了一种古老的文化传统。对于政治道德和正义感的状况，还有什么指标能比各个民族对待他们的态度更可靠呢？

在当今时代，这个气压计的读数很低。对于这种命运，我们痛苦地感同身受。但正是这种低气压让我更加坚信，我们有义务来维护和巩固这个共同体。犹太人的传统中深藏着对于正义和理性的热爱，这必定会服务于现在和将来各个民族的利益。近代的斯宾诺莎和马克思都是从这个传统中产生的。

若想维护精神，也必须注意精神所依附的身体。顾名思义，OZE 协会就是要保护我们这些人的身体。在经济衰退特别严重

---

1. 1930 年 10 月 29 日在伦敦萨沃伊酒店所作的演讲，收录于 1934 年《我的世界观》。
2. 这两个组织是犹太人的慈善事业团体。——译者注

的东欧，它夜以继日地帮助那里的民众维护身心健康。而 ORT 协会则致力于消除严重的社会经济困苦，自中世纪以来犹太人就生活在这种困苦中。在中世纪，一切与生产直接相关的工作都将犹太人排除在外，于是犹太人只能从事纯粹商业性的工作。要想真正帮助东欧各国的犹太人，只有允许他们进入新的活动领域，世界各地的人们正在为此而奋斗。ORT 协会也在应对这个严重的问题，并且取得了成功。

现在我要向你们英国的犹太同胞呼吁，请大家参与这项由杰出人物开创的伟大事业。最近几年甚至几天的情况所带来的失望，你们必定感受到了。不要怨天尤人，而要把这些事情看成对犹太人的共同事业矢志不渝的理由。我确信，这样做也会间接促进那些一般的人类目的，我们必须始终把这些看成最高的目的。

请记住，艰难险阻是任何社会保持力量和健康的宝贵源泉。我确信，倘若我们的床由玫瑰花铺成，犹太共同体就不可能维系数千年。

不过，我们还有一个更好的慰藉。我们的朋友虽然并不很多，但其中一些人精神高尚且具有强烈的正义感，他们终生致力于人类社会的进步，帮助个体从屈辱和压迫中解放出来。

* * *

我要告诉大家，犹太民族的生存和命运主要不取决于外部因素，而是取决于我们自己。我们必须坚守那种道德传统，让犹太人历经风雨飘摇仍能生生不息数千载。在服务生命时，牺牲是一种美德。

关于巴勒斯坦重建的讲话[1]

一

十年前，我有幸就犹太复国主义思想的推进第一次向大家讲话，那时几乎所有人都把希望寄托于未来。今天，我们可以欣慰地回顾这十年的历程，因为在此期间，犹太人民团结一心，在巴勒斯坦的建设工作中取得了辉煌的成就。对于这一成就，我们当时是不敢奢望的。

我们也成功地经受住了过去几年发生的事情所带来的严峻考验。我们怀着崇高的理想不懈工作，正扎实稳健地走向成功。英国政府最近发表的声明从更加公正的立场评价了我们的事业，对此我们表示肯定和感谢。

但我们绝不能忘记这次危机所带来的教训，那就是犹太人与阿拉伯人之间建立良好的关系不是英国人的事情，而是我们的事

---

1. 爱因斯坦原本对宗教问题并没有表现出多大兴趣，但是自 1920 年起，他看到反犹主义在第一次世界大战之后的德国蔓延，遂成为犹太复国主义运动的坚定支持者。1921 年，他与后来成为以色列第一任总统的哈伊姆·魏茨曼教授来到纽约，为犹太民族基金和耶路撒冷希伯来大学（1918 年创建）筹集资金。第二次访美是在 1930 年，以下收录的前三次讲话是他在 1931—1932 年第三次访美期间所作。第四次讲话很早，是 1921 年他刚从美国回到柏林时所作。第五次讲话虽然较近，却要早于他 1933 年定居普林斯顿。以上均收录于 1934 年《我的世界观》。

情。我们，也就是犹太人和阿拉伯人，必须达成有利的合作计划，以满足双方的共同需求。这个问题如能得到公正的解决，并惠及两个民族，其重要性和价值不亚于推动巴勒斯坦建设本身。须知，瑞士之所以代表比其他国家更高的政治发展阶段，正因为它过去有更大的政治问题，只有先解决这些问题，才能在不同族群中建立一个稳定的社会。

要做的事情还有很多，但赫茨尔至少有一个愿望已经实现：他在巴勒斯坦所做的事业帮助犹太人显示出惊人的团结和乐观，这是任何一个群体健康存活所必需的。

我们为了共同目标所做的事情不仅是为了我们在巴勒斯坦的兄弟们，也是为了整个犹太民族的安康和荣耀。

二

今天我们汇聚一堂，思索这个延续数千年的民族的命运和问题。我们这个民族有自己的道德传统，在困境面前总能显示出力量与活力。在各个时代，该传统都能孕育出一些人，他们代表着西方世界的良知，是人类尊严和正义的捍卫者。

只要我们心系这个民族，它就会继续为人类造福，尽管它尚未拥有自己独立的组织。几十年前，一些有识之士，尤其是令人难忘的赫茨尔，主张犹太人需要一个精神中心，以确保在困难时期也能团结一致。这样便产生了犹太复国主义思想以及在巴勒斯坦的安家落户，让我们有幸见证其成功，至少是大有前途的开端。

我欣慰地看到，这些工作对于重振犹太民族贡献甚大，因为犹太人是各个民族中的少数族群，不仅面临着外部困难，心理上也有内在危机。

过去几年里，巴勒斯坦的建设工作面临重重危机，至今也没有完全克服。不过，最近的报道显示，全世界尤其是英国政府已经愿意承认，我们为犹太复国主义目标而付出的努力极富价值。此时此刻，我们怀着感激之情回忆起我们的领袖魏茨曼，没有他的巨大投入和明智审慎，这项伟大事业就不可能取得成功。

我们经历的艰难困苦也并非没有好处。它再次向我们指明，将各国犹太人联系在一起的命运纽带是多么牢固。这场危机也使我们对巴勒斯坦问题的态度得以澄清，清除了民族主义思想的糟粕。我们已经明确宣布，我们的目标不是建立一个政治共同体，而是按照犹太人的古老传统建立一个广义上的文化共同体。为此，应以开诚布公、彼此尊重的方式来解决与阿拉伯兄弟共处的问题。借此机会可以展示一下，我们从数千年的苦难里学到了什么。如果路走得对，我们就会取得成功，并为其他民族树立一个良好的榜样。

不论我们为巴勒斯坦做了什么，都是为了整个犹太民族的荣耀与安康。

三

很高兴有机会对这个国家忠于犹太人共同目标的青年人讲几句话。不要因为我们在巴勒斯坦碰到的困难而泄气。这种经历正可检验我们犹太民族的生存意志。

批评英国当局的有关做法和声明是正当的。但我们绝不能满足于此，而应从中吸取教训。

必须高度重视与阿拉伯人的关系。保持好这种关系，今后才不致形成危险的张力，让人趁机煽风点火。这一目标完全可以实现，因为我们的建设工作始终而且必须同时服务于阿拉伯人民的实际利益。

这样我们就能避免动辄陷入令犹太人和阿拉伯人不快的境地，以致要请求强权介入调停和仲裁。为此，我们不仅要遵循天意，还要发扬传统，正是这一传统赋予了犹太共同体以意义和坚韧。犹太共同体现在不是、今后也不会是一个政治共同体，它完全基于一种道德传统。犹太人只有从这里才能源源不断获得新的力量，生存才能获得依据。

四

过去两千年来，犹太人的共同财富只存在于它的过去。流散在世界各地的犹太人所共有的仅仅是精心呵护的传统。虽然个别犹太人创造了巨大的文化价值，但整个犹太民族似乎不再能做出伟大的集体成就。

不过，现在一切都变了。历史赋予了我们一项伟大而崇高的任务，那就是齐心协力共建巴勒斯坦。许多著名的犹太人已经开始全力实现这一目标。现在，我们有机会建立一个文化中心，所有犹太人都应视之为己任。我们希望在巴勒斯坦建立一个本民族文化的家园，从而帮助唤醒近东人民对新的经济生活和精神生活的期待。

犹太复国主义运动的领袖们为之奋斗的不是政治目标，而是社会和文化目标。巴勒斯坦的犹太共同体应当着力实现先辈们在《圣经》中确立的社会理想，在现代思想生活中争得一席之地，成为全世界犹太人的一个精神中心。与此相应，在耶路撒冷创建一所犹太大学是犹太复国组织最重要的目标之一。

过去几个月我造访美国，帮助这所大学募集资金。这项事业的成功是很自然的。感谢美国犹太医生勤奋工作，甘于奉献，我们已经募集到足够的资金来创建一个医学院，并立即开展了初步的工作。这次成功使我确信，其他院系所需的资金不用多久也能募集完毕。医学院作为研究机构应当优先发展，从而维护国人健康，这是整个建设工作中极为重要的一个项目。大规模的教学日后才会变得重要。一批有才干的研究者已经准备接受大学的聘任，医学院的建立看来已经没有什么悬念。我还想指出，为这所大学设立的一笔专项资金也已经启动，它完全不同于一般的国家建设资金。在这几个月里，该项资金已经募集到相当的数量，这要感谢魏茨曼教授以及其他犹太复国主义运动领导人在美国不知疲倦的工作，特别是一些中产阶级做出了极大的自我牺牲。最后，尽管当前经济形势严峻，我还是要恳请德国的犹太人尽己所能为在巴勒斯坦建设犹太人家园贡献力量。这不是什么慈善活动，而是一项关乎所有犹太人的伟业，它的成功将使所有犹太人都感到至为骄傲。

五

对我们犹太人而言，巴勒斯坦的建设绝不是慈善或安居的事情，而是对于犹太民族至关重要的问题。巴勒斯坦并不是东欧犹太人的避难所，而是整个犹太民族重新觉醒的团结友爱精神的化身。这种团结友爱精神的觉醒与加强，难道不是正当其时、不可或缺的吗？对于这个问题，无论是出于直觉还是出于理性的理由，我们都应毫不含糊地回答"是"。

让我们回顾一下德国犹太人在过去一百年里的发展。一个世纪以前，犹太人的先辈还几乎都生活在贫民区。他们生活贫困，没有政治权利，在宗教传统、生活形态和法律限制等方面都迥异于非犹太人。在精神发展方面，他们主要限于犹太文学，文艺复兴以来欧洲精神生活的巨大提升并没有对他们产生多大影响。然而，这些谦卑恭顺的先辈在一个方面领先于我们：他们每个人都全身心地属于一个集体，并因此而感到特别荣幸。该集体不要求他做任何与其自然思想方式相违的事情。那时我们的先辈虽然在精神和物质上极为匮乏，但在社会关系上却享有令人羡慕的精神平衡。

然后迎来了犹太人的解放，个人突然之间有了出乎预料的发展可能性。少数人很快便跻身上流经济社会阶层。他们贪婪地汲取着西方艺术与科学的辉煌成就，满腔热忱地参与到这种发展中来，创造出持久的价值。同时，他们还模仿非犹太人的外在生活形式，采用非犹太人的风俗礼仪和思维习惯，与自己的宗教和社会传统渐行渐远。他们似乎正完全消泯于在政治和文化上更为发达的众多民族之中，几代之后可能就留不下任何痕迹了。在中欧和西欧，犹太人似乎不可避免地会完全丧失民族特性。

但实际情况并非如此。各个民族似乎天生就有种族性，难以相互融合。无论犹太人如何努力在语言、习俗甚至宗教形式上融入欧洲人的生活，他们与欧洲主人之间的异己感始终无法消除。反犹主义最终可以追溯到这种自发的异己感，因此不可能通过善意的教化来根除。各民族不愿混在一起，而希望各行其道。只有相互宽容和尊重，情况才能令人满意。

为此，犹太人首先应当重新认识到，自己是作为一个民族而存在的，要想繁荣兴旺，就必须重获自尊。必须学习以我们的祖先和历史为荣，作为一个民族重新担负起文化使命，以增强我们的集体感。仅仅作为个人来参与人类的文化发展是不够的，还必须担负起一些只有整个民族才能完成的任务。只有这样，犹太人才能在社会上重获尊严。

希望大家从这个角度关注犹太复国主义运动。今天，历史赋予我们共同参与本民族经济文化重建的重任。一些满怀热情、才华横溢的人已经做了准备工作，许多优秀的犹太同胞也准备全身心地投入这项事业。希望他们都能充分认识到这项工作的重要性，并为之贡献力量。

巴勒斯坦建设团 [1]

在犹太复国主义的各种组织中，"巴勒斯坦建设团"的工作最能直接让当地最可贵的阶层获益，即那些用双手把不毛之地变成蓬勃发展的聚居地的人。这些劳动者坚强、自信而无私，是在自愿的基础上从整个犹太民族中挑选出来的精英。他们并非愚昧无知的苦力，要把自己的劳动成果卖给出价最高的人，而是受过教育、思想活跃的自由人。他们在这块荒芜的土地上默默奋斗，使整个犹太民族直接或间接地获益。尽量减轻他们沉重的负担，便是在拯救最可敬的一类人的生命。身为第一批移民，要在不宜居住的土地上定居下来，自然艰难而危险，免不了会有重大的个人牺牲。只有亲眼见证者才能判定这是多么真实。谁能帮助改进他们的装备，谁就在关键时刻帮助了这项义举。

此外，只有这个劳动阶层才有能力同阿拉伯人建立起健康关系，这是犹太复国主义最重要的政治任务。管理部门变动不居，但在民族生活中起决定作用的还是人与人的关系。因此，支持"巴勒斯坦建设团"的同时也会促进巴勒斯坦的一种人道

---

1. 收录于 1934 年《我的世界观》。

而高尚的政策，有效抵抗那些狭隘的民族主义暗流。如今，大到整个政治世界，小到巴勒斯坦政界，都在饱受这些民族主义暗流之苦。

犹太人的复兴 [1]

　　我欣然接受您的来信请求，代表哈叶索特筹款组织向匈牙利的犹太人发出呼吁。

　　犹太人民族意识和荣誉的最大敌人是严重堕落，也就是说，追求财富和享受导致犹太人失去了德性，犹太社会结构的松懈则导致犹太人在内心中依赖周遭的非犹太人。只有全身心融入集体，一个人身上最好的东西才能发扬光大。因此，与自己的同胞失去了联系，又被宿主视为异己，犹太人便产生了道德危机。这种情况极易滋生可鄙而无趣的利己主义。

　　目前，犹太人面临的外在压力尤其巨大。不过，这种困境对我们有好处。犹太民族的生命已经开始复兴，这是上一代人做梦也想不到的。通过在犹太人当中重新唤起团结意识，一些富有献身精神和远见卓识的领导人，面对巨大困难而发起的复兴巴勒斯坦计划，已经取得丰硕成果，我对其最终的胜利充满信心。对于世界各地的犹太人而言，这项成就有着非凡的价值。巴勒斯坦将成为所有犹太人的文化中心、最受压迫者的避难所、犹太精英的试验田、团结统一的理想，让全世界的犹太人保有心灵健康。

---

1. 收录于 1934 年《我的世界观》。

基督教和犹太教 [1]

如果从诸位先知的犹太教和耶稣基督所教导的基督教中，把后人尤其是教士添加的东西通通清除，那么剩下的教义将能治愈人类社会的一切弊病。

每一个怀有良好意愿的人都有义务在自己的小天地里做出坚定的努力，尽量让这种纯人性的教导成为一股有生命的力量。如果他在这方面做过真诚的努力，而没有被同时代人击垮或踩于脚下，那么他和他所属的群体都可谓幸运。

---

1. 收录于 1934 年《我的世界观》。

犹太人的理想 [1]

　　为知识而追求知识，近乎狂热地热爱正义，追求个人的独立性，这些都是犹太人的传统特征。因此，我庆幸身为犹太人。

　　今天，那些极力反对理性和个人自由等理想，并企图用残忍的暴力来建立愚昧无知的国家奴役制的人，当然会视我们为不共戴天的敌人。由此，历史赋予了我们艰巨的任务。但只要仍然忠于真理、正义和自由，我们就不仅会作为历史悠久的民族继续存在下去，而且会像以前一样，用创造性的劳动果实使人类更加崇高和伟大。

1.　收录于 1934 年《我的世界观》。

犹太观点是否存在？[1]

　　我认为并不存在一种哲学意义上的犹太观点。在我看来，犹太教几乎只涉及生命中以及对待生命的道德态度。我认为，犹太教与其说体现了由《摩西五经》规定并由《塔木德》阐释的那些律法，不如说体现了活在犹太人身上的生命态度。对我而言，《摩西五经》和《塔木德》不过是在古代占支配地位的犹太生命观的最重要见证罢了。

　　我认为，这种观念的本质在于对一切生命持肯定态度。若非能使每一个生命变得更加美丽高贵，个人的生命便失去了意义。生命是神圣的，也就是说，生命是最高的价值，其他价值皆等而下之。把个人以外的生命视为神圣，进而尊重一切有灵之物，这是犹太传统的一个特别典型的特征。

　　犹太教并非信条。犹太人的神完全是对迷信的否定，是消除迷信之后的想法。虽然犹太教也尝试在恐惧基础上建立道德戒律，这种尝试令人遗憾且不值得称道，但我认为，犹太民族强大的道德传统已经在很大程度上摆脱了这种恐惧。同样显然的是，"侍奉神"就等于"侍奉生命"。最优秀的犹太人，尤其是耶稣和

---

1. 收录于 1934 年《我的世界观》。

诸位先知，都曾为之不懈奋斗。

由此可见，犹太教绝非超脱俗世的宗教，而是关系到我们如何度过和掌控这一生。因此我认为，能否以"宗教"的通行含义来称呼犹太教，这是大有疑问的，尤其是因为对犹太人的要求不是"信仰"，而是超越个人意义上的神圣生命。

但犹太传统中还包含别的成分，《诗篇》里有不少优美的描述，那就是对这个世界的美丽庄严感到陶醉与惊喜，对于这个世界，人只能形成模模糊糊的想法。正是从这种喜悦中，真正的科学研究汲取了精神力量，在鸟儿的鸣唱中似乎也可听见。将这种感觉与神的观念联系在一起，未免幼稚可笑。

以上所说是否就是犹太教的典型特征呢？抑或它还有别的名称存在于别处？就其纯粹形式而言，它不见于任何地方，甚至在犹太教中也是如此，对经文的过分拘泥掩盖了纯粹的教义。但我认为，犹太教是它最生动纯粹的显现之一。这尤其适用于生命神圣这条基本原则。

具有典型意义的是，为了确保安息日的神圣性，连动物也被明确包括在诫命中，要把一切生命都理想地团结起来的感情是如此强烈。而坚持所有人团结起来，就表现得更加强烈了。社会主义的诉求大都由犹太人率先提出，这绝非偶然。

犹太人对生命神圣性的感觉有多么强烈，显见于拉特瑙同我谈话时说的一句话。他说："一个犹太人如果说自己要去打猎取乐，那肯定是说谎。"这再简单不过地表达了犹太人的生命神圣感。

反犹主义和青年学子 [1]

身为犹太人,只要生活在贫民窟,我们就必须忍受物质匮乏甚至是人身危险,但却没有社会或心理方面的问题。随着职业的解禁,犹太人的地位发生了改变,尤其是那些从事思想职业的犹太人。

中学和大学里的犹太青年会受到带有明确民族印记的社会的影响。对于这个社会,他们充满敬意,希望从中得到精神的滋养和归属感,而这个社会却带着轻蔑和敌意视之为异己。主要是受到这种精神力量不可抗拒的影响,而不是受功利主义驱使,一些人背弃了自己的民族和传统,自认为完全属于另一群人。他们试图在自己和别人面前掩盖一个事实,即人与人的关系绝非互惠平等,但却白费心机。这个可怜虫,在别人看来永远都是受过洗的犹太佬。在大多数情况下,他变成现在这样并非源于进取心和性格缺陷,而是如我所说,在数量和影响上占优势的环境力量使然。他当然知道,许多可敬的犹太子民为欧洲文明的繁荣做出过重要贡献,但除了少数例外,这些人不都跟他一样掩盖身份吗?

和许多心理疾病一样,这里的治疗也需要对疾病的本质和原

---

1. 收录于 1934 年《我的世界观》。

因有清楚的认识。我们必须意识到自己的异族身份，并由此得出逻辑推论。试图用理性论证来说服别人相信，犹太人在精神和思想上具有同等地位，那是没有用的，因为这些人的态度就不是源于理智。我们必须在社会意义上解放自己，主要靠自己来满足我们的社会需求。我们要有自己的学生社团，对非犹太人既要礼貌相待，又要保持距离，并且按照自己的方式生活，切忌染上与我们的本性格格不入的饮酒、斗殴等恶习。一个人可以既是文明的欧洲人，又是某个国家的好公民，同时也是忠诚的犹太人。若能将它铭记于心并且身体力行，那么反犹主义问题，就其社会性质而言，就得到了解决。

我们对犹太复国主义的责任 [1]

自提图斯征服耶路撒冷以来，犹太人很少遭受像现在这么大的压迫。事实上在某些方面，我们这个时代要更加糟糕，因为现在对移民的限制比以前更多。

但不论经历多少悲痛，不论遭遇多大不幸，我们都会度过这个时期。外部压力只会使我们这种纯粹由传统构成的共同体更加强大。今天，每一个犹太人都感觉到对自己的同胞乃至全人类都负有严肃的责任。身为犹太人就意味着承认并践行《圣经》中规定的人性根本，倘若没有这些根本，就不会有健康幸福的人类社会。

对巴勒斯坦发展的关心使我们聚集在这里。此时此刻，必须先强调一件事：所有犹太人都应当深深地感谢犹太复国主义，它重新唤起了犹太人的共同体意识，其成就超出了所有人的意料。全世界具有自我牺牲精神的犹太人共同促成了巴勒斯坦的这些成就，许多弟兄因此得以摆脱悲惨的困境，尤其是，许多犹太青年有可能过上一种创造性的快乐生活。

---

1. 1938 年 4 月 17 日在纽约准将酒店，由美国"全国劳工支持巴勒斯坦委员会"举办的"第三次逾越节晚餐"庆祝会上所作的演讲，发表于《新巴勒斯坦》(*New Palestine*, Washington, D. C., April 28, 1938)。

如今，盲目仇恨所导致的民族主义猖狂已经成为致死的疾病，使我们在巴勒斯坦的工作陷入极为困难的境地。白天耕种的农田，晚上需要武装守护，以防狂热的阿拉伯不法之徒破坏。经济生活没有保障，企业精神凋敝，也出现了某种程度的失业，尽管以美国标准来衡量还不算严重。

值得我们钦佩的是，我们在巴勒斯坦的弟兄以团结和信任来面对这些困难。有工作的人自愿帮助失业的人摆脱困境。大家始终精神高涨，相信理性和镇定终将获胜。每个人都知道，骚乱是由那些存心想让我们尤其是想让英国难堪的人蓄意挑起的，也都知道，只要国外的支持撤回，作乱就会停止。

当然，其他各国的弟兄也绝不逊色于巴勒斯坦的犹太人。他们勇敢而坚定地支持着这项共同的事业，这是理所当然的。

再就分治问题谈谈我的看法。与建立一个犹太国相比，我更希望看到犹太人能在和平共处的基础上与阿拉伯人达成合理的协议。除了实际的考虑，我对犹太教本性的了解使我反对建立犹太国，无论其边界、军队和世俗权力是多么适度。我担心这会产生一种狭隘的民族主义，从而使犹太教受到内在伤害，即使在没有犹太国的时候，我们也一直在与这种狭隘的民族主义做坚决的斗争。我们不再是马加比时代的犹太人了，回到政治意义上的国家将与先知们开创的共同体精神背道而驰。如果外在需要迫使我们承担起这副重担，就让我们以机智和耐心去承受它吧。

再就整个世界目前的心态谈几句，犹太人的命运也与之息息相关。反犹主义始终是少数自私自利的人用来欺骗世人的最廉价的手段。建立在这种欺骗基础上并以恐惧来维持的暴政，必定会自食其果、自取灭亡。经年累月的不义行为会强化人们心中的道德力量，使公众生活得到解放和净化。但愿犹太共同体能够度过苦难，促进那些解放力量的释放。

他们为何仇恨犹太人？[1]

我想先给大家讲一个稍做改编的古老寓言，它可以清晰地勾勒出政治上反犹主义的主要原因。

牧童对马说："你是地球上最高贵的动物，生活理应幸福无忧。若不是狡诈的牡鹿，你的幸福会非常圆满。但它从小就把步速练得比你还快，总能先到达水坑。它和同伴喝光了水，让你和驹子无水解渴。跟我在一起吧！我的智慧和指引将使你们摆脱这种屈辱不幸的状态。"

出于对牡鹿的嫉妒和憎恨，马同意了。它被牧童套上笼头，失去了自由，成为牧童的奴隶。

在这个寓言中，马代表人民，牧童代表企图完全统治人民的阶层或派系，牡鹿则代表犹太人。

你们可能会说："这个寓言不可能是真的！没有动物会像你寓言中的马那样愚蠢。"但我们可以再想一想。马口干舌燥而又喝不上水，此时看到敏捷的牡鹿跑在它前面，虚荣心很容易被刺痛。你们没有经历这样的痛苦和烦恼，也许觉得很难理解这种仇恨和盲目会让马轻易上当。然而，马之所以容易成为这种诱惑的

---

1. 载于《科利尔杂志》（*Collier's Magazine*, New York, November 26, 1938）。

牺牲品，是因为它之前的苦难已经给这个错误做好了准备。有句话说得不错，给别人公正明智的建议很容易，自己公正明智地行动却很难。我可以非常肯定地说："我们经常扮演马的悲剧角色，而且永远可能再次上当受骗。"

这个寓言说明的情形在个人和民族的生活中一再上演。简单地说，这个过程是把对某个人或群体的厌恶和憎恨转移到另一个无力自卫的人或群体身上。但为什么寓言中牡鹿的角色常常由犹太人扮演呢？为什么碰巧是犹太人常常遭到群众仇恨呢？这主要是因为犹太人遍布世界各地，且太过分散，无法抵御暴力攻击。

最近的几个例子可以证明这一点。19世纪末，俄国人民已经无法忍受政府的专制，愚蠢的外交政策进一步激怒了俄国人民，几乎达到临界点。在这千钧一发之际，俄国统治者试图通过煽动民众对犹太人的仇恨和暴力来转移视线。血腥镇压危险的1905年革命之后，俄国政府又多次故伎重演，帮助把这个可恨的政权维持到第一次世界大战结束之际。

德国在其统治阶层发动的世界大战中战败后，立即指责犹太人先是煽动了战争，而后又导致战败。没过多久，这种企图得逞了。仇恨犹太人不仅保护了特权阶层，还让一小撮蛮横无理的人完全奴役了德国人民。

历史上，犹太人接二连三遭到陷害，旨在使对他们犯下的暴行正当化。据称他们曾在井里下毒，谋害儿童用于祭祀，甚至系统性地企图主宰经济和剥削全人类。伪科学书籍污蔑他们是劣等的危险民族，出于自私的目的而煽动战争和革命，既是危险的改革者，又是真正进步之大敌。犹太人还被指控打着同化的幌子偷偷混入，伺机破坏其他民族的文化，而且顽固僵化，不可能融入任何社会。

这些指控真是超乎想象，虽然煽动者知道不可能是真的，但却一再影响着公众。在动荡不安的时代，公众往往会走向仇恨和残暴，而在和平时期，人性的这些特征会暗地里浮现出来。

以上只讲了针对犹太人的暴力和压迫，还没有谈到作为一种心理和社会现象的反犹主义本身。甚至在没有针对犹太人发起特殊行动的时代和环境下，它也一直存在着。我们也许可以称之为潜在的反犹主义。那么，它的基础是什么？我认为在某种意义上，可以把它看成民族生活中一种正常的表现。

在一个国家中，任何群体的成员彼此之间都会比和其他人联系得更紧密。因此，只要有这样的群体特别突出，国家就不会没有摩擦。我相信，即使全体国民能够达成一致，也未必是好事。在每一个社会中，共同的信念和目标、相似的兴趣，产生了在某种意义上充当单元的群体。这些群体之间总会存在摩擦，就像个人之间总是存在厌恶和竞争一样。

群体的必要性在政治领域表现得最明显，也就是政治党派的形成。如果没有党派，任何国家民众的政治兴趣就必定会失去活力，观点的自由交流就无法进行。个人会遭到孤立，无法维护自己的信念。而且，只有性情和目标相似的人进行相互鼓励和批评，政治信念才能成熟和发展，这与其他文化领域并无不同。比如大家都知道，在宗教热情高涨的时代可能出现不同的教派，教派间的竞争激励了整体的宗教生活。而在科学和艺术上，集中化，也就是消灭独立的群体，会导致片面和贫乏，因为这种集中化限制甚至压制了任何观点的对抗和研究倾向。

究竟什么是犹太人？

群体的形成在人类生活的各个领域都有一种激励作用，也许这主要是因为不同群体所代表的信念目标之间的斗争。犹太人也形成了自己具有鲜明特征的群体，反犹主义不过是非犹太人因犹太群体而产生的一种敌对态度。这是一种正常的社会反应。然而，若不是因为它所产生的政治迫害，反犹主义也许不会有一个专门的称呼。

犹太群体的典型特征是什么呢？首先，究竟什么是犹太人？对于这个问题无法立刻做出回答，最显而易见的回答如下：犹太人是具有犹太信仰的人。这种回答是肤浅的，用一个简单的类比很容易看出来。如果问：什么是蜗牛？一个类似的回答是：蜗牛是住在蜗牛壳里的动物。这种回答并不完全错误，但不够完备，因为蜗牛壳只是蜗牛的物质产物之一。同样，犹太信仰只是犹太共同体的典型产物之一。此外，大家都知道，蜗牛脱了壳不会不再是蜗牛。同样，放弃了犹太信仰（就这个词的正式意义而言）的犹太人依然是犹太人。

每当试图解释一个群体的本质特征时，就会出现这类困难。

数千年来，将犹太人团结在一起的纽带主要是社会正义的民主理想，以及所有人之间互助宽容的理想。即使是犹太人最古老的宗教经文也浸透着这些社会理想，它们有力地影响了基督教和伊斯兰教，对大多数人的社会结构也产生了良性的影响。比如规定每周休息一天就是全人类的福祉。摩西、斯宾诺莎和卡尔·马克思等人虽然各不相同，但都是为了社会正义的理想而牺牲奋斗，正是祖先的传统引领他们走上了这条荆棘之路。犹太人在慈善领域做出的独特成就也是源于此。

犹太传统的第二个典型特征是，高度尊重一切形式的思想追求和精神努力。我相信，仅凭思想努力的这个伟大方面，已足以说明犹太人为最宽泛意义上的知识进步所做的巨大贡献。考虑到他们人数较少，而且总是遇到巨大的外界阻碍，这些贡献理应得到一切正直之士的钦佩。我深信，这并非缘于天赋异禀，而是因为犹太人对思想成就的尊重创造了一种氛围，特别有利于各种才能的发挥。同时还有一种强烈的批判精神，防止了对任何世俗权威的盲目服从。

这里只谈了在我看来最基本的两个传统特征。这些标准和理想在大大小小的事情上都能体现出来。它们由父母传给子女，影响朋友之间的谈话和判断，隐藏于宗教经文的字里行间，给犹太群体的共同生活留下典型印记。我认为，犹太民族性的本质就在于这些独特的理想。当然，这些理想不可能在犹太群体的实际日常生活中完全实现，但用理想来概括一个群体的典型特征是必由之路。

压迫是一种刺激

前面我把犹太教理解成一个具有传统的共同体，但另一方面，无论朋友还是敌人都常常声称：犹太人是一个种族，其典型行为源于通过遗传而代代相传的先天特质。这种观点之所以有分量，是因为数千年来，犹太人主要是内部通婚。如果原先就是同质的种族，那么该习俗的确可以保持其同质性，但如果原先是种族的混合，那便不能造就种族的一致性。而犹太人无疑是一个混合的种族，就像所有其他文明群体一样。真正的人类学家都会同意这一点，而那些相反的断言都是政治宣传，必须作出相应的评价。

犹太群体的兴旺繁荣，也许更多是由于它在世界上一直受到的压迫和敌视，而不是由于它的传统。这无疑是它历经数千年而能持续存在的主要原因之一。

前面简要刻画的犹太群体，其人口大约是 1600 万，不到人类总数的 1%，或者相当于今天波兰人口的一半，其政治意义无足轻重。而且，他们也不可能做出任何一致的行动，因为他们散布在世界各地而没有组织成一个整体。

如果只根据反犹主义者描绘的犹太人形象来判断，那么必定会得出结论说，犹太人代表着一种世界势力。初看起来，这似乎荒谬绝伦，但在我看来，这背后有一定的道理。作为一个群体，犹太人也许没有什么力量，但其个人成就的总和却处处斐然，即使这些成就是面对重重阻碍才取得的。活在群体里的精神将蛰伏在个人之中的力量激发出来，激励他做出自我牺牲的努力。

因此，那些不愿看到群众被启蒙的人非常仇恨犹太人。在这个世界上，他们最害怕人有思想独立性。我认为这是今天德国刻毒仇恨犹太人的根本原因。在纳粹看来，犹太人不仅是一种工具，可以把民众的不满从他们这些压迫者身上转移出去，而且是一种无法同化的要素，因为他们不会不加批判地接受教条，坚持对民众进行启蒙教育，因此只要存在就会威胁到他们的权威。

纳粹掌权之后不久就大张旗鼓举行了焚书仪式，这清楚地说明，这种观念触及了问题的核心。从政治的观点看，这种举动毫无意义，只能被理解成一种自动的感情爆发。因此我认为，它比许多具有更大目的和实际意义的举动更能说明问题。

在政治和社会科学领域出现了一种对于过分概括的不信任，这是有道理的。当思想太受这种概括主导时，很容易出现对特定因果序列的误解，从而错误地判断事件的实际复杂性。但另一方面，放弃概括就意味着完全放弃理解。因此我认为，只要认识到概括的不确定性，仍然可以概括而且必须进行概括。正是本着这种精神，我希望从一般观点谨慎地表达我对反犹主义的看法。

在政治生活中，我看到有两种一直在斗争的相反倾向在起作用。一种是乐观倾向，认为个人和群体生产力的自由发展本质上会导向令人满意的社会状态。它认识到，需要一种凌驾于个人和群体之上的中央权力，但只允许其具有组织和调节功能。另一种是悲观倾向，认为个人和群体的自由发展会破坏社会，因此企图把社会完全建立在权威、盲从和协迫的基础上。事实上，这种倾向只在一定程度上是悲观的，因为它对那些正在掌握或渴望掌握权力和权威的人感到乐观。第二种倾向的拥护者既是自由群体和独立思想教育的敌人，也是政治上反犹主义的信徒。

在美国，人们口头上都称颂第一种倾向，但第二种倾向仍然力量强大，随处可见，尽管在大多数情况下都隐藏了其真正本性。其目标是，以反犹主义和对其他各种群体的敌视作为武器，经由控制生产资料这条迂回道路，使少数人从政治和精神上控制民众。不过由于民众健全的政治直觉，这些企图均以失败而告终。

因此，若能恪守一条原则，未来可望继续下去，那就是：谨防谄媚者，尤其在鼓吹仇恨之时。

欧洲犹太人的流散[1]

犹太人遭受迫害的历史几乎无法想象的漫长。然而，今天正在中欧上演的针对犹太人的战争属于它的一个特殊类别。在过去，我们尽管是《圣经》的民族，却遭到迫害；而今天，正因为是《圣经》的民族，我们才遭到迫害。其目标不仅是把我们根除，还要摧毁《圣经》和基督教所表达的精神，正是这种精神使中欧和北欧文明得以兴起。如果这个目标得逞，欧洲将变成荒地和废墟。因为在暴力、残忍、恐怖和仇恨的基础上，人类社会是不会长久的。

只有理解我们的邻人，做事时秉持正义，愿意帮助我们的同胞，才能确保个人安全，并使人类社会绵延不绝。不论是聪明才智，还是发明或制度，都不可能替代教育中这些最重要的部分。

在欧洲目前的这场剧变中，许多犹太社群已被根除。数十万男女老少不得不背井离乡，在世界各地绝望徘徊。今天犹太人的悲剧反映了现代文明的基本结构遭到挑战。

犹太人和其他群体受到压迫，最可悲的方面之一是产生了难民阶层。科学、艺术和文学上的许多杰出人士被逐出了他们用才

---

1. 1939 年 3 月 22 日为犹太联合募捐协会（United Jewish Appeal）所作的广播讲话，收录于《晚年集》。

华滋养过的土地。在经济衰退时期，这些流亡者蕴含着经济文化复兴的可能性，许多难民都是工业和科学上训练有素的专家。他们对世界的进步做出了有价值的贡献。他们能以新的经济发展和提供新的就业机会来回报当地人的热情接纳。据说英国对难民的接纳直接给 15000 名失业者创造了工作机会。

作为一位前德国公民，我有幸能离开那个国家。我想我可以代表这里以及其他国家的难民同胞，感谢世界上的民主国家友好的接纳。我们所有人都应诚挚地感谢自己的新国家，每个人都应尽最大的努力为所居住国家的经济、社会和文化事业做出贡献，以表达我们的感激之情。

但需要严重关注的是，难民人数一直在增加。在过去一周里，来自捷克斯洛伐克的潜在难民又增加了好几十万。素有民主与公共服务的高贵传统的犹太共同体再次面临重大悲剧。

犹太民族之所以能够绵延数千年，是因为犹太人恪守《圣经》中关于人与人之间关系的教义，由此直接产生了抵抗力量。在这些年的苦难中，我们乐于互助的意愿正面临一场特别严峻的考验。每个人都要亲自面对这场考验，我们会经受住它，就像先辈们那样。除了用团结和知识来自卫，我们别无他法，我们为之受苦的乃是一项重大而神圣的事业。

以色列的犹太人 [1]

对我们犹太人来说，最重要的事情就是巩固在以色列通过惊人的努力和无比的牺牲精神所取得的成果。每当想起这一小群精力充沛、富于思想的人所取得的成就，我们心中就会充满欢喜赞叹，但愿这能给我们以力量，肩负起当前形势赋予我们的重任。

然而在评价这些成就时，不要忘记更进一步的事业：营救分散在各地、处于危险中的弟兄们，让他们在以色列团结起来，创建一个共同体，尽可能符合犹太民族在漫长历史中形成的道德理想。

其中一个理想是建立在理解和自制而非暴力基础上的和平。如果满怀这种理想，我们的欢乐就会夹杂几分悲伤，因为目前我们与阿拉伯人的关系距此理想还很遥远。倘若不受别人干扰，能够好好发展与邻人的关系，我们也许早就达到了这个理想，因为我们希望和平，并且认识到未来的发展依赖于和平。

我们没能建成一个不分裂的巴勒斯坦，让犹太人和阿拉伯人能够自由平等地和平相处，与其说是我们自己或邻人的过错，不如说应当归咎于受托管理国。如果一国统治他国，就像英国

---

1. 1949 年 11 月 27 日为犹太联合募捐协会所作的广播讲话，收录于《晚年集》。

对巴勒斯坦的受托管理那样，它就很难避免采取臭名昭著的"分而治之"的伎俩。说明白些就是：在被统治民众中制造不和，使他们不会为了打破强制的枷锁而团结起来。纵使枷锁去除，纷争的种子也已结出果实，未来仍有可能造成损害。但愿这段时间不会太长。

巴勒斯坦的犹太人争取政治独立并非为了自己，而是为了让身处各国、处境危险的犹太人以及所有渴望与自己人生活在一起的人能够自由移民。毫不夸张地说，他们的斗争所付出的牺牲，在历史上也许是绝无仅有的。

姑且不谈与数量远超我们的对手作斗争所带来的生命财产损失，也不谈在贫瘠土地上拓荒所伴随的辛劳疲惫，我想到的是，生活在这些条件下的人们必须付出额外的牺牲，以便在十八个月内让超过全国犹太人口总数三分之一的移民涌入。要想理解其中的意义，只需想象美国犹太人的一项类似功绩。假定美国没有移民限制的法律，设想美国犹太人自愿在一年半的时间里接纳来自其他国家的一百万犹太人，照料他们并让他们融入美国经济。这将是一项巨大的成就，但与我们以色列弟兄的成就相比还相去甚远。因为美国地广人稀，物产丰富，生活水准和生产能力都高度发达，小小的巴勒斯坦无法与之相提并论。即使没有大量移民的额外负担，居住在巴勒斯坦的犹太人也过着艰苦俭朴的生活，而且随时可能受到敌人的攻击。想想这种自愿的弟兄之爱，对以色列的犹太人意味着怎样的损失和个人牺牲。

以色列犹太共同体的经济手段尚不足以完成这项伟业。从1948 年 5 月开始移民到以色列的三十多万人里，有十万人还没有住所或工作。他们不得不集中在临时营地，那里的条件让我们所有人感到羞耻。

绝不能让这项伟业因为美国的犹太人没有提供充分或及时的帮助而功亏一篑。在我看来，这是一份赠予所有犹太人的珍贵礼物：积极参与这项美好任务的机会。

04

第四部分

论德国

1933 年 3 月声明 [1]

只要还能有所选择，我就只想待在这样一个国家：它奉行政治自由和宽容，在法律面前所有公民一律平等。政治自由意味着可以用语言文字自由地表达政治观点，宽容则意味着尊重他人的任何信念。

目前德国尚不具备这些条件。在那里，为促进国家间的共同理解而做出巨大贡献的人正受到迫害，其中不乏顶尖的艺术家。

个人受到压力会精神失常，社会有机体也会患上精神疾病，尤其是在困难时期。在通常情况下，国家可以挺过这些疾病。但愿德国能够很快恢复健康，也希望将来像康德和歌德那样的伟人不仅受到缅怀，他们所教导的原则也能在公众生活中得到普及与贯彻。

---

1. 收录于 1934 年《我的世界观》。

与普鲁士科学院的通信 [1]

1933 年 4 月 1 日科学院发表的反爱因斯坦声明

普鲁士科学院愤慨地从报纸上获悉，阿尔伯特·爱因斯坦参与了法国和美国的煽动活动。他需要立即对此做出解释。在此期间，爱因斯坦宣布退出科学院，理由是他不能在目前的统治下为普鲁士邦效力。身为瑞士公民的他似乎也有意放弃 1913 年成为科学院正式院士时附带取得的普鲁士公民资格。

普鲁士科学院为爱因斯坦在外国从事煽动活动而感到痛心疾首，因为科学院及其成员一向认为与普鲁士邦密切联系在一起。他们虽然极力避免一切政治派别，但始终强调并永远忠于国家的思想。有鉴于此，科学院没有理由对爱因斯坦的退出感到惋惜。

普鲁士科学院

（签字）恩斯特·海曼教授博士

常务秘书

---

1. 收录于 1934 年《我的世界观》。

爱因斯坦致普鲁士科学院的声明

勒科克海滨，1933 年 4 月 5 日

据可靠消息，普鲁士科学院在一份官方声明中称，"爱因斯坦参与了美国和法国的恶意煽动活动"。

在此声明，本人从未参与任何恶意煽动活动。还必须重申，我在任何地方都没有见过这种煽动。人们一般只是满足于复述和议论德国政府负责人的官方声明和命令，以及用经济手段来消灭德国犹太人的计划。

我在报纸上声明，我打算辞去科学院的职位，并且放弃普鲁士的公民身份，因为我不想生活在一个在法律面前不平等、也享受不到言论和教学自由的国家。

此外，我还把目前德国的状况称为大众的一种精神病态，并就原因作了评论。

我曾拟过一份文件，可供"国际反排犹主义同盟"谋求支持之用，但完全无意诉诸报端。我在文中呼吁所有明达之士，倘若仍对危机四伏的文明理想忠贞不渝，应极力防止这种大众精神病进一步蔓延，它在当今德国已经显示出极为可怕的症状。

在发表针对我的声明之前，科学院要找到我的原始文件并不困难。德国报界也转载我故意被歪曲的说法，对于今天受到钳制的舆论来说，实属意料之中。

我愿意为我发表的每一个字负责，也希望科学院能够礼尚往来，将我的这份声明告知各位院士和德国公众，因为我在他们面前遭到了污蔑，贵院也在这件事上插了一手。

普鲁士科学院的两封回信

柏林，1933 年 4 月 7 日

作为普鲁士科学院现任首席秘书，我谨奉告，您 3 月 28 日关于辞去科学院院士一职的来信已收悉。

科学院已在 1933 年 3 月 30 日的全体会议上对此作了通报。

科学院对事态的发展深表遗憾。作为地位崇高的科学权威，您与德国人共事那么久，也担任院士多年，照理说应当熟知德国人的性格和思维方式，出人意料的是，您竟然在这个时刻与国外一帮人搅在一起。部分是出于对实际情况和事件的无知，这帮人散布错误观点和毫无根据的谣言，对德国人民造成了很大伤害。您在本院任职多年，无论本人持何种政治立场，我们当然期望您能站在国家的捍卫者这边，反对别人对它的肆意诽谤。曾几何时，那些恶意中伤既卑鄙可耻又荒谬可笑，那时您哪怕为德国人民讲一句好话，在国外也会产生巨大反响。但您的证词却被敌人利用了，他们不仅是当今德国政府的敌人，也是德国人民的敌人。这件事让我们大为痛苦和失望，即使没有收到您的辞呈，我们也不得不与您分道扬镳。

此致

（签字）冯·菲克尔

科学院在此声明，本院 1933 年 4 月 1 日所作的声明不仅是基于德国报纸的报道，更是基于外国尤其是法国和比利时报纸的报道，爱因斯坦先生对此并未加以否认。何况在此之前，科学院已经看到了他向"反排犹主义同盟"发出的那份广为兜售的声明，文中悲叹德国已经退回到远古的野蛮不化。再者，虽然爱因斯坦先生自称从未参与恶意煽动，但科学院认定他并没有驳斥不公的猜疑和诽谤，而在科学院看来，这本是身为资深院士的他所应尽的义务。可爱因斯坦先生非但没有这样做，反而在国外发表了一些声明。这些声明出自一个有世界声望的人之口，必定会被敌人利用和滥用，他们不仅是当今德国政府的敌人，也是全体德国人民的敌人。

普鲁士科学院常务秘书

（签字）冯·菲克尔、恩斯特·海曼

爱因斯坦的回复

勒科克海滨（比利时），1933 年 4 月 12 日

你们 4 月 7 日的信我已收到，对于你们在信中表露的心态，我深感遗憾。

在事实方面，我只能回复如下：关于我的行为，你们的说法其实只是把已经发表的那篇声明换了个形式罢了，在那篇声明中，你们谴责我参与了反对德国人民的恶意煽动。在上一封信中我已讲明，这种指控纯属污蔑。

你们还说，哪怕我能"为德国人民讲一句好话"，在国外也会产生巨大反响。对此我必须回应说：要我像你们建议的那样做证，无异于彻底否认我终生秉持的正义与自由信念。这样的证言不会如你们所愿是为德国人民讲好话，而只会为一些人背书，他们正企图破坏曾使德国人民在世界文明中赢得光荣席位的观念和原则。在目前情况下做这样的证词，我就是在间接促进道德败坏和现有一切文化价值的毁灭。

有鉴于此，我感到不得不退出科学院，你们的信只是证明了我这样做是多么正确。

与巴伐利亚科学院的通信 [1]

巴伐利亚科学院

慕尼黑，1933 年 4 月 8 日

致爱因斯坦教授：

您在给普鲁士科学院的信中声称，是德国目前的形势导致了您的辞职。几年以前，巴伐利亚科学院曾遴选您做通讯院士，本院与普鲁士科学院以及其他德国科学院都有密切的联系，因此，您从普鲁士科学院辞职势必会影响您与本院的关系。

所以我们必须询问您，经历了同普鲁士科学院之间的事情以后，您如何看待与本院的关系？

巴伐利亚科学院院长

---

1. 收录于 1934 年《我的世界观》。

爱因斯坦的回复

勒科克海滨，1933 年 4 月 21 日

我之所以从普鲁士科学院辞职，是因为在目前的形势下，我既不愿做一个德国公民，也不愿与普鲁士教育部保持某种依附关系。

这些理由本身并不会导致我与巴伐利亚科学院解除关系。但如果我希望从院士清单中除名，那是出于另一个理由。

科学院的首要任务是促进和保护一个国家的科学生活。但据我所知，许多德国学者、学生以及受过学术训练的专业人士在德国被剥夺了一切工作谋生的机会，此时德国的学术团体却袖手旁观、默不作声。我不愿属于任何一个这样行事的团体，即使它这样做是出于外界压力。

对受邀参加反排犹主义示威活动的回复 [1]

　　我从各个方面认真思考了这项非常重要的提议，它与近来我最为关切的一个问题有关。我最后得出的结论是，我无法亲自参加这场极为重要的示威活动，理由有二：

　　首先，我还是一个德国公民。其次，我是犹太人。关于第一点我须做些补充：我曾在德国机构工作，在德国始终被视为可靠的人。无论我对德国正在发生的可怕事件感到多么遗憾，对政府授意犯下的可怕错误表示多么强烈的谴责，我都不宜亲自参加由外国政府的官方人士发起的活动。为了充分理解这一点，请您设想一位法国公民遇到了类似情况，要同一些知名的德国政客联合起来抗议法国政府的行动。您即使承认这种抗议完全正当，大概也仍然会把自己同胞的做法看成一种背叛。假如左拉在德雷福斯案件 [2] 发生时觉得有必要离开法国，他也肯定不会参与由德国官方人士发起的抗议活动，无论他对此可能多么认同。他所能做的

---

1. 以下是爱因斯坦对受邀参加在法国举行的一场反德国排犹主义示威活动的回复，收录于 1934 年《我的世界观》。

2. 1894 年法国陆军参谋部犹太籍的上尉军官德雷福斯被诬陷犯有叛国罪，被革职并处终身流放，法国右翼势力趁机掀起反犹浪潮。此后不久即真相大白，但法国政府一直不愿承认错误，直至 1906 年德雷福斯才被判无罪。这一事件史称"德雷福斯案件"。——译者注

仅仅是为国人感到羞愧而已。

其次，如果反对不公正和暴力的抗议活动的参与者完全是出于人道情怀和对正义的爱，这种抗议就要有价值得多。这并不适用于像我这样一个视其他犹太人为弟兄的人。对我来说，对犹太人不公正就等于对我自己不公正。我在自己的事情上不便裁判，而只能等公正客观的局外人做出裁决。

这些便是我的理由。不过我还想补充一点，我向来赞赏和尊重那种强烈的正义感，它是法国传统最高贵的特征之一。

致华沙犹太人区战争中的英雄[1]

  在抵抗德国有组织的谋杀过程中，他们作为犹太民族的成员英勇牺牲。这些牺牲加强了各国犹太人之间的凝聚力，在苦难中共同努力，为实现更美好的人类社会而奋斗，先知们明确而坚定地把这种社会树立为我们的目标。

  如果世界上还有正义，如果各国的集体责任感还没有消失殆尽，那么整个德国民族要为这些大屠杀负责，必须受到惩罚。纳粹党身后是德国民众，希特勒在其著作和演说中明确无误地表达了可耻的意图之后，德国民众选择了他。在所有民族当中，只有德国人未做认真抵抗来保护无辜受害者。当他们被彻底击败并开始哀叹自己的命运时，我们绝不能再次上当受骗，而应牢记：他们故意用他人的人性，来为他们对人类犯下的最后也是最严重的罪行做准备。

---

1. 载于《波兰犹太人协会会报》（*Bulletin of the Society of Polish Jews*, New York, 1944）。

05

第五部分

科学贡献

理论物理学的原理 [1]

各位先生：

　　首先要衷心感谢你们，这是像我这样的人所能得到的最大恩惠。当选为科学院院士使我可以不必为职业生活而发愁操心，全身心地致力于科学研究。即使我的努力没有换来你们所期望的成果，也请相信我的感激之情和勤勉努力。

　　接下来，请允许我谈谈我的研究领域，即理论物理学与实验物理学的关系。最近，一位数学家朋友半开玩笑地对我说："数学家能做许多事情，但肯定做不到你当时想让他做的那些事情。"实验物理学家求教于理论物理学家的时候，情况也往往如此。是什么导致了这种独特的适应性缺乏呢？

　　理论家的方法是把一般假设或原理用作基础，并从中推导出结论。于是，他的工作可以分成两部分：首先他必须发现那些原理，然后由这些原理推导出结论。他在学校里已经得到了很好的

---

1. 1914年在普鲁士科学院的就职演说。爱因斯坦于1913年成为普鲁士科学院院士，希特勒上台后，他便辞去了这一职位（参见本书《与普鲁士科学院的通信》一文）。本文发表在《普鲁士科学院学报》（*Proceedings of the Prussian Academy of Sciences*, 1914）。

252

知识和训练，能够顺利完成第二项任务。因此，如果在某个领域或者对于一组相互联系的现象，他的第一个问题已经解决，那么只要他足够勤奋和聪明，就一定能够成功。但上述第一项任务，即确立可以作为推导基础的原理，却与此完全不同。这里并没有什么可以学习和系统运用的方法来达到目标。研究者必须从庞杂的经验事实中觉察出一些可以精确表述的一般特征，才能从自然中获得那些一般原理。

一旦成功作出这种表述，便可得出一连串推论，它们往往会揭示出一些意想不到的关系，远远超出了这些原理所出自的事实领域。然而，只要作为推导基础的原理尚未找到，个别经验事实对于理论家来说就几乎毫无用处。事实上，单靠一些从经验中抽象出来的孤立的一般定律，他什么也做不成。面对着经验研究的个别结果，他将始终无能为力，直至找到那些能够作为演绎推理基础的原理。

关于低温下的热辐射和分子运动定律，目前理论的情况就是这样。大约15年前，还没有人会怀疑，只要把伽利略—牛顿力学应用于分子运动，并且根据麦克斯韦的电磁场理论，就可以正确地解释物体的电学、光学和热学性质。然而普朗克表明，要想建立同经验一致的热辐射定律，就必须使用一种计算方法，它与经典物理学的原理变得越来越不相容。为了使用这种计算方法，普朗克将所谓的量子假说引入了物理学，自那以后，该假说得到了完美地证实。他把这种量子假说应用于以足够低的速度和足够高的加速度运动着的足够小的物体，从而推翻了经典物理学，因此在今天，伽利略和牛顿所提出的运动定律只能被视作极限定律。理论家们尽管已经付出了艰苦的努力，但迄今为止仍然未能用一些满足普朗克的热辐射定律或量子假说的原理来取代力学原理。虽然我们已经确定地表明，热需要由分子运动来解释，但必须承认，我们今天对于这种运动的基本定律的了解，就如同牛顿之前的天文学家对于行星运动的了解一样粗浅。

我刚才提到的一组事实，还没有什么原理能对其做理论处理。但还可能有另外一种情况：由明确表述的原理推导出的结论，完全或几乎完全超出了我们目前经验所及的事实领域。在那种情况下，可能需要多年的经验研究，才能查明这些理论原理是否符合实在。在相对论中就有这样的情况。

对空间和时间这两个基本概念的分析已经表明，由运动物体的光学所给出的真空中的光速不变原理绝不能迫使我们接受静止的光以太理论。恰恰相反，有可能提出一种一般理论来解释这样一个事实：在地球上所做的实验永远也无法揭示地球的任何平移运动。这便会用到相对性原理：从原先的（合理的）坐标系过渡到相对于它做匀速平移运动的新坐标系时，自然定律并不改变形式。该理论已经得到了大量经验验证，也简化了对一组已经有所关联的事实的理论描述。

但另一方面，从理论观点来看，该理论还不能完全令人满意，因为方才表述的相对性原理偏爱匀速运动。如果说匀速运动在物理学上没有绝对意义，那么我们就要问，这种说法是否也应扩展到非匀速运动？事实表明，如果在这种扩展的意义上建立相对性原理，就可以对相对论做出明确的推广。由此引出了一种包括动力学的广义引力论。但我们暂时还缺乏必要的事实来检验引入这个假设的原理是否正当。

业已查明，归纳物理学会向演绎物理学提出问题，演绎物理学也会向归纳物理学提出问题，回答这些问题需要我们全力以赴。愿我们团结起来，群策群力，不用多久就能取得重大突破！

研究的原则[1]

　　科学的圣殿是一座多层楼阁，住在里面的人真是各种各样，引导其进入的动机也各不相同。有些人喜欢科学是因为他们出众的智力能够带来愉快的感受，科学是一项与之相称的活动，可以带来生动而强烈的体验，并使其雄心壮志得到满足。还有不少人仅仅出于功利目的而把智力成果供奉到这座圣殿里。倘若上帝的天使跑来把这两类人都赶出圣殿，那里就有被清空的可能，但仍有一些人会留在圣殿里，古人和今人都有。我们的普朗克就是其中之一，这正是我们爱戴他的原因。

　　我当然知道，方才在想象中会把许多卓越的人扫地出门，他们为建造这座科学圣殿做出了很大贡献甚至是主要贡献；在许多情况下，我们的天使也会难以定夺。但有一点我可以肯定，倘若圣殿里只有被驱逐的那两类人，那么这座圣殿就永远不可能建成，正如只有蔓草就长不成森林。对于这些人来说，其实从事任

1.　1918 年在柏林物理学会所作的马克斯·普朗克 60 岁生日宴会上的讲话，收录于 1934 年《我的世界观》。普朗克曾任柏林大学理论物理学教授多年，他对物理学所作的最杰出的贡献是 1900 年提出的量子论，这为现代原子物理学的整个发展奠定了基础。普朗克之后，爱因斯坦在这个新的领域做出先驱性的工作，特别是他的光量子或光子理论（1905 年）以及比热理论（1907 年）。爱因斯坦比其他任何人更能觉察到，量子概念在物理学的各个分支都发挥着基础性作用。

何人类活动都行，他们最终成为工程师、官员、商人还是科学家，完全取决于外在环境。

现在我们再来看看那些受天使宠爱的人。他们大都有些特立独行和不善交际，但除了这些共同特征，他们彼此之间的相似之处却不及被赶走的那群人。是什么东西把他们引入了这座圣殿呢？回答这个问题并不容易，而且肯定不能一言以蔽之。首先，我同意叔本华所说，把人引向艺术和科学的最强烈的动机之一，是逃离日常生活中令人痛苦的粗俗和令人绝望的空虚，摆脱变化无常的欲望的束缚。与世无争者渴望逃离个人生活，进入客观现象和思想的世界。这种动机就如同城市里的人不由自主地渴望逃离喧闹拥挤的环境，躲进幽静的高山，透过清澄纯净的空气举目远眺，沉醉于似乎为永恒而造的宁静景致。

不过，除了这种消极的动机，还有一种积极的动机。人们总想以某种适合自己的方式建立一幅简化的、可理解的世界图像，并试图用这幅图像来取代和克服经验世界。这就是画家、诗人、思辨哲学家和自然科学家以各自的方式去做的事情。每个人都把这幅图像及其构造当作其感情生活的中心，在狭窄而混乱的个人经验领域找到那份久违的平和与安定。

在所有这些可能的世界图像中，理论物理学家的世界图像占据着什么位置呢？它要求以最大的严密性和精确性来描述各种关系，而这只有用数学语言才能达到。为此，物理学家必须严格限制自己的主题：他必须满足于描述我们经验所能给出的最简单的事件；企图以理论物理学家所要求的那种精密性和逻辑性把一切更为复杂的事件重构出来，超出了人类理智的能力。要想得到高度的纯粹性、清晰性和确定性，就要牺牲完备性。但如果畏缩而胆怯地把一切较为微妙复杂的东西都撇开不管，那么彻底认识自然界的一小部分还有什么吸引力呢？这种谦卑的努力成果配得上"世界图像"这个高贵的名号吗？

我认为是配得上的，因为理论物理学的思想大厦所基于的一般定律声称对任何自然现象都有效。有了它们，就可以通过纯粹的思想推导来描述包括生命过程在内的一切自然过程，也就是得出关于这些过程的理论，除非这种推导过程远远超出了人类的理智能力。因此，放弃物理世界图像的完备性倒不是什么原则性的问题。

因此，物理学家的最高使命是寻求那些最一般的基本定律，由它们推导出世界图像。这些定律的发现并无逻辑途径可循，只有通过建立在经验同感基础上的直觉才能得到这些定律。由于这种方法论上的不确定性，人们可能以为这样就会有任意多个理论物理学体系具有同样的合理性。从理论上讲，这种看法无疑也是正确的。但物理学的发展已经表明，在任何时候，在所有可能设想的构造中，总有一个远远优于所有其他构造。凡是真正深入研究过这个问题的人都不会否认，其实，现象世界唯一决定了理论体系的是现象世界，尽管现象与理论原理之间并无逻辑桥梁。这就是莱布尼茨欣然说的"前定和谐"。物理学家们常常指责研究认识论的人对此不够重视。在我看来，几年前马赫和普朗克之间的论战，其根源就在这里。

渴望看到这种前定和谐乃是无穷的耐心与毅力的源泉。我们看到，普朗克正是怀着这种渴望而致力于这门科学中最一般的问题，而不是让自己分心于那些更能取悦人和更容易达到的目标。我的同事们常常把他的这种态度归功于非凡的意志力和磨炼，我认为这是完全错误的。促使人去从事这种工作的情感状态类似于宗教信徒或谈恋爱的人，他们每天的努力并非源于事先的意图或计划，而是源于一种直接的需求。

我们敬爱的普朗克就坐在这里，内心在笑我像孩子一样提着第欧根尼的灯笼闹着玩。我们对他的爱戴无须做俗套乏味的说明。希望对科学的爱能继续照亮他的道路，引领他去解决今天最重要的物理学问题。他本人提出了这个问题，并已朝着问题的解决推进了一大步。祝愿他能把量子论同电动力学和力学成功地统一在一个逻辑一致的体系中。

什么是相对论？ [1]

　　我很高兴应你们的同事之邀，为《泰晤士报》写点关于相对论的东西。在学者之间曾经活跃的交往令人惋惜地中断之后，很高兴借此机会来表达我的喜悦和对英国天文学家和物理学家的感激之情。贵国著名科学家花费了大量时间和精力，科研机构也耗费了大量财力，以检验战争期间在你们敌国发表和完善的一种理论，这充分彰显了贵国伟大而光荣的科学研究传统。虽然太阳引力场对光线的影响是一个纯粹客观的研究主题，但我还是忍不住要以我个人的名义对英国同事们的工作表示感谢。正因为这项工作，我才得以在有生之年看到我的理论蕴含的最重要结论得到验证。

　　我们可以把物理学理论分成不同种类。大多数理论是构造性的，它们试图从相对简单的形式体系出发，在此基础上构造出更复杂现象的图像。气体运动论就试图把机械的、热的扩散过程还原为分子运动，即由分子运动假说构造出这些过程。当我们说理解了一组自然过程时，我们的意思永远是，已经找到了一种构造性的理论来描述这些过程。

---

1. 应《伦敦时报》（The London Times）之邀撰写，发表于 1919 年 11 月 28 日。

260

除了这一类重要的理论，还有第二类理论，我称之为"原理性理论"。它们使用的是分析法，而非综合法。构成其基础和出发点的要素不是由假说构造出来的，而是在经验中发现的自然过程的一般特征。这些原理给出了自然过程或其理论描述所必须满足的用数学表达的标准。热力学就试图运用分析法，从永恒运动不可能这一普遍的经验事实出发，推导出各个事件必须满足的必要条件。

构造性理论的优点在于完整性、适应性和清晰性，原理性理论的优点则在于逻辑的完美性和基础的可靠性。

相对论属于原理性理论。为了理解它的本质，首先要理解它所基于的原理。但在讲这些之前，必须指出，相对论就像一座由狭义相对论和广义相对论组成的双层建筑。作为广义相对论之基础的狭义相对论适用于除引力以外的一切物理现象，广义相对论则给出了引力定律以及引力与其他自然力的关系。

当然，自古希腊时代起，人们就已经知道，要想描述一个物体的运动，需要有另一个物体作为前一物体运动的参照。车子的运动是参照地面来说的，行星的运动则是参照所有可见恒星来说的。在物理学中，诸事件在空间上参照的东西被称为坐标系。例如，伽利略和牛顿的力学定律只有借助于坐标系才能表述出来。

然而，要使力学定律有效，坐标系的运动状态不能任意选取（它必须没有转动和加速）。力学中所容许的坐标系被称为"惯性系"。按照力学，惯性系的运动状态并非由自然界唯一决定。恰恰相反，以下定义是成立的：相对于惯性系做匀速直线运动的坐标系同样是惯性系。所谓"狭义相对性原理"是指把这个定义推广到包含一切自然事件。于是，凡是对坐标系 C 有效的普遍自然定律，对于相对 C 做匀速平移运动的坐标系 C' 也必定有效。

狭义相对论所基于的第二条原理是"真空中光速不变原理"。这条原理断言，光在真空中总有一个确定的传播速度，同观测者或光源的运动状态无关。物理学家对这条原理的信任源于麦克斯韦和洛伦兹的电动力学所取得的成功。

上述两条原理都得到了经验的强有力支持，但在逻辑上似乎并不相容。通过修改运动学，即（从物理学的观点）与空间和时间有关的定律的学说，狭义相对论最终成功地使它们在逻辑上协调了起来。于是，除非相对于某个给定的坐标系，否则说两个事件是同时的就没有意义，测量工具的形状和时钟的快慢都必定依赖于它们相对于坐标系的运动状态。

然而，包括伽利略和牛顿的运动定律在内的旧物理学并不符合新的相对论运动学。如果上述两条原理真的适用，那么自然定律就必须服从由相对论运动学得出的一般数学条件。物理学不得不适应这些条件。特别是，科学家们得到了一条关于高速运动质点的新运动定律，它在带电粒子的情况下已经得到了美妙的证实。狭义相对论最重要的结论与物体系统的惯性质量有关，该结论是，系统的惯性必然依赖于它所含的能量。由此立即可以得出，惯性质量不过是潜在的能量罢了。质量守恒原理失去了它的独立性，同能量守恒原理融合在一起。

狭义相对论不过是对麦克斯韦和洛伦兹电动力学的系统发展罢了，但又指向它自身之外。难道物理定律与坐标系的运动状态无关仅限于坐标系彼此之间的匀速平移运动吗？大自然与我们的坐标系及其运动状态有什么关系呢？如果为了描述自然界而必须使用一个由我们随意引入的坐标系，那么对这个坐标系运动状态的选择就不应受到任何限制。定律应与这种选择完全无关（广义相对性原理）。

人们早已知晓的一个经验事实能使这条广义相对性原理更容易建立起来，那就是：物体的重量和惯性受制于同一个常数（惯性质量与引力质量相等）。设想有一个坐标系相对于另一个牛顿意义上的惯性系做匀速转动。根据牛顿的教导，相对于这个坐标系所显示出来的离心力应被视为惯性的效应。但就像重力一样，这些离心力与物体的质量成正比。在这种情况下，我们为什么不能把这个坐标系看成静止的，而把离心力看成引力呢？这种观点似乎是显而易见的，却不为经典力学所容。

以上简短的思考暗示，广义相对论必须给出引力定律，而对这种想法的持续探索已经证明我们的希望是合理的。

不过，这条道路的困难程度超出了我们的预想，因为它要求放弃欧几里得几何学。也就是说，物体在空间中的排列所遵循的定律，并不完全符合欧几里得几何学为物体指定的空间定律。这就是我们所谓"空间弯曲"的意思。"直线""平面"等基本概念也因此失去了在物理学中的精确含义。

在广义相对论中，关于空间和时间的学说即运动学已不再与物理学的其余部分无关。物体的几何行为和时钟的运转都依赖于引力场，而引力场又是由物质产生的。

从原理上看，新的引力论与牛顿理论相去甚远，但实际结果却与牛顿理论的结果非常接近，以至于很难找到经验判据来区分它们。迄今为止，我们找到的这种判据有：

1. 行星椭圆轨道的绕日旋转（在水星的例子中已经得到证实）。

2. 引力场所引起的光线弯曲（已为英国人的日食照片所证实）。

3. 从大质量的恒星发射到我们这里的光，其谱线朝着光谱的红端移动（尚未证实）。[1]

该理论的最吸引人之处在于逻辑的完备性。只要有一个它所推出的结论被证明是错误的，它就必须被放弃。不摧毁其整个结构而对它进行修改，似乎是不可能的。

然而，不要以为牛顿的伟大工作果真能被这种理论或任何其他理论所取代。作为整个近代自然哲学概念结构的基础，他那些伟大而明晰的观念将永葆其独特意义。

---

1. 此判据后来已被证实。

几何学与经验 [1]

数学之所以比其他一切科学享有特殊的声誉，一个原因在于，它的命题是绝对确定和不容置疑的，而其他所有科学的命题在某种程度上都是有争议的，而且总有被新发现的事实推翻的危险。不过，其他科学领域的研究者也没有必要羡慕数学家，因为数学命题只涉及我们想象中的对象，而不涉及实在对象。如果已就基本命题（公理）以及由此推导出其他命题的方法达成一致，那么得出一致的逻辑结论不足为奇。但数学之所以有这么高声誉，还因为数学赋予了精确自然科学以某种程度的确定性，如果没有数学，这些科学是达不到这种确定性的。

这里有一个谜激起了古往今来研究者的兴趣。数学既然是人类思想的产物，而不依赖于经验，它为何能够如此成功地符合实在对象呢？那么，是不是不要经验只靠思想，人的理性就能彻底了解实际事物的性质呢？

我认为，对这个问题的回答简要说来就是：数学命题只要涉及实在，就不是确定的；只要是确定的，就不涉及实在。在我看来，只有通过数学中所谓的"公理学"倾向，这种事态才能完全

---

1. 1921 年 1 月 27 日在普鲁士科学院的演讲。

清晰起来。公理学取得的进步在于把"逻辑的 – 形式的"东西同事实的或直观的内容清楚地分离开来。根据公理学的说法，数学对象仅仅是"逻辑的 – 形式的"东西，而不涉及直观的或与"逻辑的 – 形式的"东西有关的其他内容。

我们暂且从这个观点来考察任何几何学公理，比如：过空间中的两点总有一条而且只有一条直线。如何在较早的意义和较为现代的意义上来解释这条公理呢？

较早的解释：人人都知道什么是直线，什么是点。这种知识究竟来自人的心灵能力还是来自经验，来自这两者的共同作用还是来自其他来源，无须由数学家来决定，他把这个问题留给了哲学家去探讨。上面那条公理以这种先于一切数学的知识为依据，它和其他一切公理一样是自明的，也就是说，它所表达的是这种先验知识的一部分。

较为现代的解释：几何学处理的对象由"直线""点"等一些词来称呼。这些对象并不预设任何知识或直观，而只以公理（比如上面那条公理）的有效性为前提，这些公理需要在缺乏一切直观或经验内容的纯形式意义上来理解。这些公理是人类心灵的自由创造。其他一切几何学命题都是这些（从唯名论意义上来理解的）公理的逻辑推论。公理定义了几何学处理的对象。因此，石里克在他的一本认识论著作中非常恰当地将公理称为"隐定义"。

现代公理学所倡导的这种公理观清除了数学的一切外在要素，从而也驱散了以前笼罩着数学基础的神秘疑云。但这样一种经过删减的阐释也清楚地表明，数学本身对于直观想象的对象或实在对象不能作出任何断言。在公理几何学中，只能把"点""直线"等词理解成没有内容的概念框架。至于是什么东西赋予了它们内容，则与数学无关。

但另一方面，一般的数学尤其是几何学之所以产生，肯定是为了了解实际物体的行为。"几何学"一词的原义"土地测量"已经证明了这一点，因为土地测量涉及某些自然物（即土地的部分、量线、量杆等）彼此之间排列的可能性。仅有公理几何学的概念体系显然无法对这种实际对象（我们将称之为"准刚体"）的行为作出任何断言。为了能够作出这种断言，几何学必须把实际的可经验对象与公理几何学空的概念框架协调起来，从而去掉其纯逻辑–形式特征。为了做到这一点，我们只需加上这样一个命题：刚体之间可能的排列关系就像三维欧几里得几何学中的形体一样。这样一来，欧几里得几何学的命题就包含了关于准刚体行为的断言。

这样补充的几何学显然是一门自然科学，我们甚至可以把它看成最古老的物理学分支。它的断言实质上基于经验归纳，而不仅仅基于逻辑推理。我们把这样补充的几何学称为"实用几何学"，并把它同"纯公理几何学"区分开来。宇宙的实用几何学究竟是不是欧几里得几何学，这个问题有着明确的意义，其答案只能由经验来提供。如果采用光沿直线传播这条经验定律，即光在实用几何学的意义上沿直线传播，那么物理学中的一切长度测量都属于这种意义上的实用几何学，测地学和天文学中的长度测量也是如此。

这种对几何学的看法对我有特殊的意义，因为没有它我就提不出相对论。也就是说没有它，以下考虑就不可能：在一个相对于惯性系转动的参照系中，由于洛伦兹收缩，刚体的排列定律不再符合欧几里得几何学的规则；于是，如果承认非惯性系也有同等地位，就必须放弃欧几里得几何学。如果没有上述解释，就一定不会采取通往广义协变方程的决定性步骤。如果拒绝承认欧几里得公理几何学的形体与实际的准刚体之间的关系，我们就很容易得出敏锐而深刻的思想家彭加勒所主张的观点：欧几里得几何学以其简单性胜过了所有其他可以设想的公理几何学。现在，由于仅凭公理几何学并不能对可经验的实在做出断言，而只有结合物理定律才能做到这一点，因此无论实在的本性如何，保留欧几里得几何学应当是可能的，而且也是合理的。因为一旦理论与经验之间出现矛盾，我们宁可改变物理定律，也不愿改变欧几里得的公理几何学。事实上，如果拒绝承认准刚体与几何学之间的关系，我们就难免会约定，应把欧几里得几何学当作最简单的几何学予以保留。

彭加勒等研究者为何拒不承认准刚体与几何形体之间如此明显的等价性呢？那是因为经过进一步考察可以发现，自然之中的实际固体并不是刚性的，因为它们的几何行为（即它们相对排列的各种可能性）依赖于温度、外力，等等。于是，几何学与物理实在之间原初的直接关系似乎遭到了破坏，我们不得不倾向于以下更一般的观点，这也是彭加勒观点的典型特征：几何学（G）并不断言实际物体的行为，只有几何学加上全部物理定律（P）才能做到这一点。如果用符号来表示，我们可以说：只有（G）+（P）才能得到实验验证。于是，（G）可以任意选取，（P）的某些部分也可以任意选取，所有这些定律都是约定。为了避免矛盾，需要注意的是如何选取（P）的其余部分，使得（G）与全部（P）合起来能够符合经验。根据这种理解，公理几何学和已经约定的那部分自然定律在认识论上似乎是等价的。

我认为，从永恒的观点来看，彭加勒是正确的。量杆的观念以及在相对论中与之协调的时钟的观念在现实世界中是找不到与之完全对应的东西的。同样明显的是，在物理学的概念大厦中，固体和时钟并非不可还原的要素，而是有着复合的结构，它们在理论物理学中不能扮演任何独立角色。但我相信，在现阶段的理论物理学中，这些概念仍要作为独立概念来使用，因为我们还不够了解原子结构的理论原理，使我们能从理论上由基本概念构造出固体和时钟。

此外，有人反驳说，自然之中没有真正的刚体，因此所讲的刚体性质并不适用于物理实在。初看起来，这种反驳似乎很深刻，但其实不然。因为我们不难精确地确定测量物体的物理状态，使之相对于其他测量物体的行为清晰到足以用它来代替"刚"体。关于刚体的陈述正是相对于这种测量物体而言的。

整个实用几何学都基于一条为经验所能及的原理，我们现在就来回想一下。假设在一个准刚体上标出两个记号，并把这样一对记号称为一个截段。我们设想有两个准刚体，在每一个上面都标出一个截段。如果一个截段的两个记号能与另一个截段的两个记号永远重合，那么就说这两个截段"彼此相等"。我们现在假定：

如果两个截段在某时某地相等，那么不论在何时何地都永远相等。

不仅欧几里得的实用几何学，而且它最近的推广即黎曼的实用几何学以及广义相对论，也都以这一假定为基础。我只讲一个实验根据来证明这一假定是正确的。光在真空中的传播为每一段局域时间都指定了一个截段，即相应的光程，反之亦然。因此，上述关于截段的假定在相对论中也必定适用于时钟的时间间隔。因此可以作如下表述：如果两个理想时钟在某时某地走得同样快慢（那时它们相互紧靠），那么无论何时何地，当它们再在同一地点进行比较时，它们都将走得同样快慢。如果这条定律对于自然时钟无效，那么同一种化学元素的各个原子的本征频率就不会像经验显示的那样完全一致。锐谱线的存在是对上述实用几何学原理的令人信服的实验证明。归根结底，这个理由使我们能够有意义地谈论四维空－时连续体的黎曼度规。

根据这里主张的观点，这个连续体的结构究竟是欧几里得的、黎曼的还是其他的，是一个必须由经验来回答的物理学问题，而不是一个为求方便而进行选择的约定问题。如果所考察的空－时区域越小，准刚体的排列定律就越接近于欧几里得几何形体的定律，那么黎曼几何学就是适用的。

这里提出的对几何学的物理解释虽然在直接应用于亚分子量级的空间时失败了，但即使在那些关于基本粒子构成的问题中，它也仍然有部分意义。因为即使是对构成物质的带电基本粒子进行描述，也仍然可以尝试把物理意义赋予那些原本为了描述比分子大的物体的几何行为而进行物理定义的场的概念。要求黎曼几何的基本概念在其物理定义的范围之外仍然有物理实在性，这种尝试是否正当，只有靠成功与否来判断。也许结果会表明，这种外推并不比把温度概念外推到分子量级的物体部分上去更恰当。

把实用几何学的概念扩展到宇宙量级的空间上去似乎不太成问题。也许有人会反驳说，由固体杆组成的结构的空间范围越大，它距离刚性理想就越远。但这种反驳大概很难有什么根本意义。在我看来，宇宙在空间上是否有限，是完全有意义的实用几何学问题。我甚至认为，天文学可能不用多久就能回答这个问题。让我们回忆一下广义相对论在这方面的教导。它提供了两种可能性：

1. 宇宙在空间上是无限的。这只有当宇宙中集中在星体里的物质的平均空间密度等于零时才有可能，也就是说，只有让所考察的空间变得越来越大，使得星体的总质量与散布着星体的空间体积之比无限地趋近于零时，才有可能。

2. 宇宙在空间上是有限的。如果宇宙空间中有重物质的平均密度不等于零，则这种可能性必然成立。平均密度越小，宇宙的体积就越大。

必须指出，支持有限宇宙假说有一个理论根据。广义相对论告诉我们，物体近旁的有重物质越多，它的惯性就越大。因此，将一个物体总的惯性归结为它与宇宙中其他物体的相互作用似乎是很自然的，事实上，自牛顿以来，重力已被完全归结为物体之间的相互作用。由广义相对论的方程可以推出，只有当宇宙在空间上有限时，才能把惯性完全归结为质量之间的相互作用（如马赫所要求的）。

许多物理学家和天文学家并不看好这种论证。归根结底，只有经验才能决定这两种可能性中哪一种在自然界中得到了实现。

经验如何能够提供答案呢？初看起来，似乎可以通过可观察的那部分宇宙来测定物质的平均密度。这种希望是不现实的。可见星体的分布是极不均匀的，没有理由认为，宇宙中星体物质的平均密度等于比如说银河系中的平均密度。无论如何，不论所考察的空间有多大，都不能确定在这个空间之外没有更多的星体。因此，估算平均密度似乎是不可能的。

但还有一条道路在我看来是更加可行的，尽管它也存在着很大困难。如果研究广义相对论的可由经验验证的推论与牛顿理论的推论之间的偏差，那么我们首先会在引力物质附近发现偏差，这已在水星的例子中得到了确证。但如果宇宙在空间上是有限的，那么就会与牛顿理论有第二个偏差，用牛顿理论的语言可以这样表述：引力场似乎不仅由有重物质产生，还由均匀分布于空间中的带负号的质量密度产生。由于这个虚设的质量密度必定极小，只有在非常巨大的引力系统中才觉察得到。

假定已知星体在银河系中的统计分布和质量，然后根据牛顿定律，就可以计算出引力场，以及为使银河系在其各个星体的相互吸引下不会坍塌而是保持其实际大小，这些星体所必须具有的平均速度。如果星体实际的平均速度——它们能被测量出来——小于计算出来的速度，我们就能证明，在远距离处的实际吸引力小于根据牛顿定律计算出来的结果。由这样一个偏差就可以间接证明宇宙是有限的，甚至可以估计它的空间大小。

我们能否想象一个有限但无界的三维宇宙呢？

对于这个问题，通常的回答是"不能"，但这是错误的。接下来我要向大家说明，回答应该是"能"。我们不难用一种心灵图像来说明有限宇宙的理论，经过一些练习，我们很快就能习惯。

首先要考察一下认识论的性质。几何－物理理论本身是无法直接描绘的，它仅仅是一组概念。但这些概念能将心灵中各种实际的或想象的感觉经验联系起来。因此，"想象"一种理论，就意味着想起理论为之提供示意排列的大量感觉经验。就目前的例子而言，我们必须问，如何描述固体相互排列（接触）的行为，才能符合有限宇宙的理论。对此我要说的其实并没有什么新东西，但向我提出的无数问题都表明，对这些事情有兴趣的人的好奇心尚未完全得到满足。因此，对于我所要讲的众所周知的内容，还望内行谅解。

当我们说空间是无限的时候，我们是想表达什么呢？这仅仅是说，我们可以一个挨一个地摆放任意数量的同样大小的物体，而永远填不满空间。假定我们有许许多多同样大小的方盒。按照欧几里得几何学，我们可以把它们上下、左右、前后地堆放起来，以填满空间的任意大小的部分。但这样的构造永远不会结束。无论我们添加多少个方盒，都有地方再放。这就是我们说空间是无限的意思。更好的说法是，假定这些物体的排列定律是由欧几里得几何学所规定的，那么空间对于准刚体就是无限的。

平面是无限连续体的另一个例子。我们可以在一个平面上摆放许多方卡片，使任一张卡片的每一边都是另一张与之相邻的卡片的边。这种构造永无止境。我们可以一直摆放卡片，只要其排列定律符合欧几里得几何学的平面图形的排列定律。因此，对于这些方卡片来说，平面是无限的。相应地可以说，平面是二维的无限连续体，空间是三维的无限连续体。至于这里所说的维数是什么意思，我想大家都是知道的。

现在我们举一个有限但无边界的二维连续体的例子。我们设想有一个大球的表面和一些大小相同的小圆纸片。将一张纸片放在球面上的任何地方。如果在球面上随意移动纸片，那么在此过程中是碰不到边界的，因此我们说，球面是一个无界的连续体。同时，球面又是一个有限的连续体，因为如果将纸片贴在球上，使各个纸片不互相重叠，则球面最后会被贴满，无法再多贴一张纸片。这正意味着球面对于纸片来说是有限的。此外，球面还是一个二维的非欧几里得连续体，也就是说，球面上的刚性图形所依据的排列定律并不符合欧几里得平面的那些定律。这可以用以下方式来说明。用六张纸片围住一张纸片，其中每一张再用六张纸片围住，这样继续下去。如果在平面上进行这种构造，则这个过程没有尽头，除了最外圈，每一张纸片都与六张纸片相接触。而在球面上，这种构造起初似乎也有成功的希望，纸片半径相对于球的半径越小，这种希望似乎就越大。但随着构造的进行，情况变得越来越明显，不可能没有间断地按照上述方式将纸片排列下去。然而按照欧几里得的平面几何学，这种构造应当是可能的。这样一来，那些无法离开球面、甚至也无法从球面窥入三维空间的生物，只要用纸片来做实验，就能发现自己的二维"空间"不是欧几里得空间，而是球面空间。

根据相对论的最新研究成果，我们的三维空间或许也近似于球面空间。也就是说在这个空间里，刚体的排列定律不是由欧几

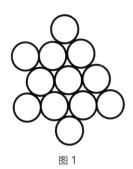

图 1

里得几何学规定的，而是近似地由球面几何规定，只要我们考察的那部分空间足够大。到了这里，读者可能会难以接受。"没有人能想象这种东西，"他会愤怒地喊道，"它可以这样说，但不能这样想。我完全可以想象一个球面，但想不出三维的与球面类似的东西。"

我们必须尝试克服这种心理障碍。耐心的读者会发现，做到这一点并非特别困难。为此，我们再来看看二维球面的几何学。在附图中，设 K 是球面，它在 S 处与平面 E 相接触。为方便起见，这里把平面 E 画成一个有边界的表面。设 L 是球面上的一个圆纸片，想象球面上与 S 径向相对的点 N 有一个发光点，它在平面 E 上投下纸片 L 的影子 L'。球上每一点在平面上都有影子。球 K 上的纸片如果移动，则平面 E 上的影子 L' 也会移动。当纸片 L 移动到 S 时，它几乎与影子完全重合。如果纸片 L 在球面上从 S 向外移动，则平面上纸片的影子 L' 也会从 S 向外移动，并且变得越来越大。随着纸片 L 接近发光点 N，影子将移向无穷远的地方，变得无限大。

现在我们提出这样一个问题：纸片在平面 E 上的影子 L' 的

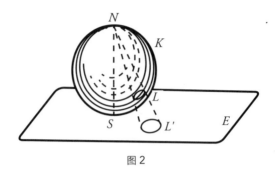

图2

排列定律是怎样的呢？显然，它们与纸片 L 在球面上的排列定律是完全一样的。因为对于 K 的每一个图形，E 上都有一个对应的影子图形。如果 K 上的两张纸片彼此接触，则它们在 E 上的影子也彼此接触。平面上的影子几何学与球面上的纸片几何学完全一致。如果把纸片影子称为刚性图形，那么对于这些刚性图形，球面几何同样适用于平面 E。特别是，平面对于纸片影子是有限的，因为只有有限个数的纸片影子可以在平面上占到位置。

这里，有人会说："那是胡说。纸片影子不是刚性图形。只要拿一根尺子在平面 E 上移动，就能使我们确信，当影子在平面上从 S 移向无穷远时，影子的大小一直在增长。"但如果这根尺子也和纸片影子 L′ 一样可以在平面上伸缩，那又将怎样呢？那样一来，就不可能表明影子离开 S 时大小会增长，这种断言将不再有任何意义。事实上，关于纸片影子只能作这样一个客观断言：纸片影子的相互关系与欧几里得几何学意义上的球面上的刚性纸片完全相同。

我们必须谨记，只要无法把纸片影子与那些能在平面 E 上运动的欧几里得刚体做比较，关于纸片影子增长（随着它们从 S 移向无穷远处）的陈述本身就没有客观意义。无论认为 S 点在平面上还是在球面上，都不会影响影子 L' 的排列定律。

将球面几何在平面上表示，对我们来说很重要，因为很容易把它转换到三维的情况。

想象空间中有一个点和很多小球 L'，所有这些小球都能彼此重合。但这些球并不是欧几里得几何学意义上的刚性球，当它们从 S 移向无穷远处时，其半径会增长（在欧几里得几何学的意义上），这种增长所遵循的定律与平面上纸片影子 L' 的半径增长定律完全一样。

在对我们这些 L' 球的几何行为获得一幅生动的心理图像之后，让我们假定这个空间里根本不存在欧几里得几何学意义上的刚体，而只存在具有这种 L' 球的行为的形体。于是，我们将得到一幅关于三维球面空间的清晰图像，或者说关于三维球面几何的清晰图像。这里必须把我们这些球称为"刚性"球。当它们离开 S 时，其大小的增长无法用量杆量度出来，就像平面 E 上纸片影子的情况一样，因为量度标准的行为与这些球是相同的。空间是均匀的，也就是说，每一点的附近可以有同样的球的排列。[1]我们的空间是有限的，因为由于球的"增长"，只有有限个球能在空间中占到位置。

于是，借助于欧几里得几何学所赋予的思考和想象，我们获得了一幅关于球面几何的心理图像。通过特殊的想象构造，不难

---

1. 如果再次回到球面上圆纸片的情况，那么这一点无须计算就能理解——不过只限于二维情形。——作者注

使这些观念更富深度和活力。同样，也不难描述所谓椭圆几何的情形。我今天唯一的目的就是表明，人的想象能力对于非欧几里得几何学绝非无能为力。

关于相对论[1]

有幸在贵国首都发表演讲，我感到特别高兴。贵国是理论物理学许多最重要基本概念的发源地，比如牛顿关于物体运动和引力的理论，还有法拉第和麦克斯韦的电磁场概念，都把物理学置于新的基础之上。事实上，可以说相对论为麦克斯韦和洛伦兹宏伟的思想大厦画上了最后一笔，因为它试图把场物理学扩展到包括引力在内的一切现象。

回到相对论本身，我想请大家注意，这个理论并非起源于思辨，发明它完全是为了让物理学理论尽可能地符合观察到的事实。相对论并无革命之举，而只是自然地延续了一条可以往前追溯几个世纪的线索。放弃与空间、时间和运动有关的某些既定的基本概念绝非武断随意，而是由观察事实决定的。

电动力学和光学的发展确证了真空中的光速不变定律，迈克尔孙的著名实验则以特别精确的方式证明，所有惯性系都有平等的合理性（狭义相对性原理）。这两者使时间概念必须成为相对的，每一个惯性系都要有自己的特殊时间。随着这一观念的发展，我们已经看得很清楚，直接经验与坐标和时间之间的关联此

---

1. 1921 年在伦敦国王学院的演讲，收录于 1934 年《我的世界观》。

前从未得到足够精确的思考。

　　总体而言，相对论的本质特点之一在于更清楚地揭示一般概念与经验事实之间的关系。这里的基本原则是，一个物理概念是否正当，完全取决于它与所经验的事实之间是否有清晰明确的关系。根据狭义相对论，空间坐标和时间仍然有一种绝对性，因为它们都可以用静止的时钟和物体来直接测量，但就其依赖于所选择惯性系的运动状态而言，则是相对的。根据狭义相对论，由空间和时间结合而成的四维连续体（闵可夫斯基）仍然保持着绝对性，而根据之前的理论，这种绝对性分别属于空间和时间。（相对于坐标系的）运动对物体形状和时钟运转的影响，以及能量与惯性质量的等价性，都源于把坐标和时间解释成测量的产物。

　　广义相对论之所以产生，首先是因为物体的惯性质量与引力质量在数值上相等，而这个经验事实是经典力学所无法解释的。把相对性原理扩展到彼此相对加速的坐标系，就可以得到这样的解释。引入相对于惯性系加速的坐标系，就会出现相对于惯性系的引力场。其结果是，以惯性与重量相等为基础的广义相对论提供了一种引力场理论。

　　正如惯性与重量相等所决定的那样，将彼此相对加速的坐标系作为同样合法的坐标系引入进来，并与狭义相对论的结论相结合，便可得到以下结论：有引力场存在时，支配固体在空间中排列的定律并不符合欧几里得几何学的定律。对于时钟的运转也可得到类似的结果。于是，我们不得不对空间和时间理论做另一种推广，因为通过用量杆和时钟而获得的测量结果来直接解释空间和时间坐标现在站不住脚了。对度规的这种推广——高斯和黎曼的研究已经在纯粹数学领域实现了这一点——本质上基于以下事实：在一般情况下仍然可以声称，狭义相对论的度规对于小区域是有效的。

这里概述的发展过程剥夺了空间－时间坐标的一切独立实在性。现在，只有把空间－时间坐标与描述引力场的数学量相结合，才能给出实际度规。

广义相对论的演进背后还有另一个因素。正如恩斯特·马赫所强调的，牛顿理论在以下方面不能让人满意：如果从纯粹描述的观点而不是从因果的观点来考察运动，那么就只存在物体彼此之间的相对运动。但如果从相对运动的概念出发，那么出现在牛顿运动方程中的加速度就无法理解了。它迫使牛顿构想出一种物理空间，据说加速度是相对于它而存在的。这种对绝对空间概念的特设性引入虽然在逻辑上无可指摘，但似乎无法令人满意。于是，马赫曾试图修改力学方程，使得物体的惯性不是追溯到这些物体相对于绝对空间的运动，而是追溯到它们相对于所有其他有重物体的运动。在当时的认识情况下，马赫的努力必定会失败。

但提出这个问题似乎是完全合理的。这条论证线索因广义相对论而大大增强了自己的力量，因为根据广义相对论，空间的物理性质会受到有重物质的影响。在我看来，只有认为宇宙在空间上是封闭的，广义相对论才能令人满意地解决这个问题。如果相信宇宙中有重物质的平均密度有一个有限的值，那么无论这个值有多小，广义相对论的数学结果也会迫使我们接受这种观点。

河道蜿蜒的成因和所谓拜尔定律 [1]

众所周知，水流往往会弯弯曲曲地前进，而不是沿着坡度最大的线下降。地理学家也都知道，北半球的河道右侧往往侵蚀得比较厉害，而南半球的河道则相反，这就是所谓的拜尔定律。许多人都曾尝试解释这种现象，我不知道我接下来要讲的东西对于专家来说是否新鲜。其中一些思考前人肯定已经知道，但大家可能还不太清楚这其中涉及的因果关系，所以在此给出一个简短的定性解释。

首先，水流在触碰河堤的地方速度越大，或者说在河堤的某个位置更陡峭地趋近于零，侵蚀显然就越强。无论这种侵蚀依赖于力学因素还是物理－化学因素（地表的溶解），情况都是如此。因此，我们必须专注于影响河堤处流速梯度的因素。

在这两种情况下，相关速度下降的不对称性间接缘于形成了一种圆周运动，我们接下来就来讨论这种圆周运动。

我先谈一个很容易重复的小实验。想象一个装满茶水的平底杯。杯底有茶叶沉淀，因为它们比被其挤走的液体更重。如果用勺子搅拌茶水，则茶叶很快会聚集在杯底中心。这种现象的原因

---

1. 1926 年 1 月 7 日在普鲁士科学院宣读，发表于德文期刊《自然科学》（*Die Naturwissenschaften*, Vol. 14, 1926）。

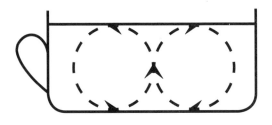

图 1

如下：液体的旋转会造成一个离心力作用于它。如果液体像固体
一样旋转，则离心力不会对液体的流动产生任何影响。但液体在
杯壁附近受到摩擦的阻碍，因此它的旋转角速度会比中心附近更
小。特别是，底部附近的旋转角速度和离心力会比高处更小。结
果，液体会做图 1 所示的那种圆周运动。它会继续增加，直到在
杯壁摩擦的影响下趋于停止。茶叶会被圆周运动扫到杯子中心，
可以证明这种圆周运动的存在。

　　弯曲的水流也会发生类似的事情（图 2）。在弯曲河道的任
一横截面处，都有一个离心力朝着曲线外侧的方向（从 A 到 B）
起作用。这个力在底部附近要小于高处，因为底部附近的水流速
度因摩擦而减小。这便产生了图 2 所示的那种圆周运动。但由于
地球的旋转，即使河道没有弯曲，图 2 所示的那种圆周运动也仍
然会发生，只不过是小规模的。地球的旋转会产生一个与水流
方向垂直的科里奥利力，其向右的水平分量是每单位流体质量
$2v\Omega\sin\phi$，其中 v 是水流的速度，Ω 是地球旋转的速度，ϕ 是地
理纬度。由于河底摩擦导致这个力朝底部减小，所以这个力也产
生了图 2 所示的那种圆周运动。

　　经过以上初步讨论，我们又回到了水流横截面的速度分布问

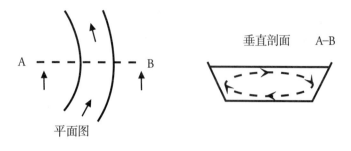

平面图

垂直剖面　A–B

图 2

题，它对于侵蚀起着决定性的作用。为此，我们必须先知道河流中的（湍流）速度分布是如何产生和得到维持的。如果河道中此前静止的水突然被一个均匀分布的加速力所发动，那么横截面上的速度分布起初将是均匀的。在河堤摩擦的影响下，将会逐渐形成一个从河堤朝着横截面中心逐渐增加的速度分布。横截面上（大体上）定态的速度分布只会在河流摩擦的影响下逐渐重新搅乱。

　　流体动力学以如下方式描述了这个静态速度分布的建立过程：在平面流（势流）的情况下，所有涡线都集中在河堤上。它们分离开来，朝着水流的横截面中心慢慢移动，分布于一个厚度不断增加的层上。河堤处的速度梯度因而逐渐减小。在液体内摩擦的作用下，水流横截面内部的涡丝被逐渐消耗，并且被河堤处形成的新的涡丝所取代，这样便产生了一种准静态的速度分布。对我们来说重要的是，获得静态速度分布是一个缓慢的过程。这就是为什么不太明显的、一直在起作用的因素能对横截面上的速度分布产生很大影响。现在我们考虑一下，图 2 所示的因河道弯曲或科里奥利力所引起的圆周运动会对河流横截面上的速度分布产生什么样的影响。运动最快的液体微粒距离河堤将会最远，也就是说在底部中心的上方。圆周运动将会驱策着河水速度最快的部分朝右堤移动，而左堤则会接收来自底部附近的速度特别低的水。因此在图 2 所示的情况下，对右侧的侵蚀必然比对左侧更强。应当注意，这种解释本质上基于这样一个事实，即河水缓慢的圆周运动会对速度分布产生相当大的影响，因为通过内摩擦（抵消了这种圆周运动的后果）所做的速度调整也是一个缓慢的过程。

我们现在已经揭示了河道蜿蜒的成因。由这些事实不难推出一些细节。侵蚀不仅在右堤较强，而且在底部右半边也比较强，因此往往会形成图 3 所示的轮廓。

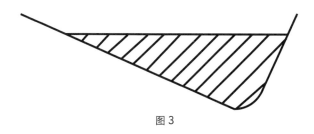

图 3

此外，由于表面的河水将来自左堤，因此尤其在左侧，河水移动得不会像更深的河水那样快。事实上，这个现象已经被观察到了。还应注意，圆周运动具有惯性。因此，它只有在弯曲最大的地方以外才能达到最大，当然，这也适用于侵蚀的不对称。因此在侵蚀过程中，河道弯曲形成的波浪线必定沿着水流的方向前进。最后，河流的横截面越大，圆周运动被摩擦消耗得就越慢，因此，河道弯曲形成的波浪线会随着河流横截面的增加而增加。

牛顿力学及其对理论物理学发展的影响 [1]

二百年前的今天，牛顿与世长辞。此时此刻，我们缅怀这位卓越的天才，他空前绝后地决定着西方思想、研究和实践的走向。他不仅天才地发明了一些关键的方法，而且善于掌握当时已知的经验材料，在发明详细的数学物理证明方法上更是极富创造性。因此，他理应得到我们最高的尊敬。然而，牛顿的重要性不仅在于他的天才，更在于命运把他置于人类思想发展史的一个转折点上。为了看清楚这一点，我们需要意识到，在牛顿以前并没有一个完备的物理因果性系统，能够描述经验世界更深的特征。

虽然古希腊那些伟大的唯物论者主张，一切物质事件都应归因于有严格规律的原子运动过程，而不允许将任何生物的意志当作独立的原因。笛卡尔也曾以自己的方式重新研究过这个问题，但它始终只是一种大胆的愿望、一派哲学家的可疑理想。在牛顿以前，支持人们相信存在着完整的物理因果链条的实际成果还几乎不存在。

牛顿旨在回答这样一个问题：是否存在着一条简单的规则，当所有天体在某一时刻的运动状态皆为已知时，能用这条规则完

---

1. 牛顿逝世两百周年纪念演讲，发表于德文期刊《自然科学》（*Die Naturwissenschaften*, Vol. 15, 1927）。

全计算出我们行星体系中天体的运动？摆在他面前的是由开普勒、第谷·布拉赫的观测结果推导出来的关于行星运动的经验定律，而这是需要解释的。[1]虽然这些定律已经完整地回答了行星如何绕太阳运转：轨道的椭圆形，半径在相等时间扫过相等的面积，半长轴与旋转周期之间的关系，但这些规则并不满足因果解释的要求。这三条规则在逻辑上彼此独立，没有显示出内在关联。如果中心星体不是太阳，第三定律就不再定量地适用。（例如，行星围绕太阳运转的周期与卫星围绕行星运转的周期之间就毫无关系。）但最重要的是，这些定律关心的是整体的运动，而不是一个系统在这一时刻的运动状态如何产生下一时刻的运动状态。用现在的话来说，它们是积分定律而不是微分定律。

只有微分形式的定律才能完全满足现代物理学家对因果性的要求。牛顿最伟大的思想成就之一就在于清晰地构想了微分定律。所需要的不仅是这种观念，还有一种数学的形式体系，它当时还很初步，但需要获得一种系统形式。牛顿在微积分中也找到了这种形式体系。这里我们不必考察莱布尼茨是否独立于牛顿发现了这种数学方法。无论如何，对牛顿来说，发展出这种方法是绝对必要的，因为只有借助于这种方法才能表达他的思想。

伽利略已经朝着认识运动定律迈出了重要一步。他发现了惯性定律以及地球引力场中的自由落体定律：一个质量（或者更精确地说是一个质点）在不受其他质量影响时做匀速直线运动。自

---

1. 今天人人都知道，要由这种经验确定的轨道来发现这些定律需要何种辛劳。但很少有人认真思考过，开普勒使用了什么天才方法才根据从地球上观测的视轨道推导出了真轨道。——作者注

由落体在引力场中的竖直速度随时间而均匀增加。今天我们也许会以为，从伽利略的认识到牛顿的运动定律只有一步之遥。但要注意，上面这两则陈述都只与整个运动有关，而牛顿的运动定律则回答了这样一个问题：在外力的影响下，一个质点的运动状态在无限短的时间内是如何变化的？只有考虑了无限短的时间内发生了什么（微分定律），牛顿才能得到一个适用于任何运动的公式。他从当时已经相当成熟的静力学中借用了力的概念。只有引入新的质量概念，他才能把力与加速度联系起来。说来也奇怪，支撑这个新概念的竟然是一个虚构的定义。今天我们已经非常习惯于形成那些对应于微商的概念，以至于我们已经很难理解，通过二次极限过程得到普遍的微分定律需要怎样非凡的抽象能力了，而且在这个过程中，还必须发明出质量概念。

然而，对于运动的因果理解还远未达成。因为只有当力已经给定时，才能由运动方程确定运动。大概是受到了行星运动定律的启发，牛顿设想，作用于一个质量上的力，由与该质量距离足够近的所有质量的位置来决定。只有知道了这种关联，才能完全从因果上理解运动。大家都知道，牛顿从开普勒的行星运动定律出发解决了引力问题，从而发现作用于星体的推动力和引力本质上是相同的。正是"运动定律与引力定律的结合"才形成了一个美妙的思想结构，它使我们可以根据系统在某一时刻的状态计算出它在过去和未来的状态，只要一切事件只在引力的作用下发生。牛顿概念体系的逻辑完备性就在于，一个系统中各个质量的加速度仅仅由这些质量本身所引起。

根据这里概述的基础，牛顿成功地解释了行星、卫星和彗星的运动，直至最小的细节，还有潮汐和地球的进动——这是无比辉煌的演绎成就。认识到天体运动的原因就是我们日常经验中非常熟悉的重力，这一发现必然令人惊叹不已。

但牛顿成就的重要性并不只是为实际的力学创造出一种逻辑上令人满意的切实可行的基础。在 19 世纪末以前，它一直是所有理论物理学家的纲领。所有物理事件都应追溯到那些服从牛顿运动定律的物体。只需扩展力的定律，使之适用于所考察的那类事件就可以了。牛顿本人曾试图把这一纲领用于光学，他预先假定光由惯性微粒所组成。当牛顿运动定律被用于连续分布的质量之后，光的波动说也利用了牛顿运动定律。牛顿的运动方程也是热的运动论的唯一基础，这种理论不仅为发现能量守恒定律做了思想上的准备，还给出了一种直至最终细节都能得到确证的气体理论，以及关于热力学第二定律本质的一种更深刻的看法。电学和磁学也一直沿着牛顿的基本思想发展到现代（电性物质、磁性物质、超距作用力）。甚至连法拉第和麦克斯韦的电动力学和光学革命也完全是在牛顿思想的引导下发生的，这是牛顿以后理论物理学基础的第一次重大根本进展。麦克斯韦、玻耳兹曼和开尔文勋爵不厌其烦地把电磁场及其动力学相互作用归因于假想的连续分布质量的机械作用。但由于这些努力没有成效或至少是没有显著成效，所以自 19 世纪末以来，我们的基本观念逐渐发生了转变。理论物理学的发展超出了牛顿的框架，在将近二百年的时间里，此框架一直使科学稳定发展并且给予思想上的引领。

从逻辑的观点看，牛顿的基本原理是如此令人满意，以致更新它们的动力只能源自经验事实的要求。在讨论这一点之前，我必须强调，牛顿本人比他之后的几代学者更清楚自己思想结构中固有的弱点。这总是让我对他怀有深深的敬意，因此我想花点时间谈谈这个问题：

1. 尽管牛顿处处竭力把他的思想体系表现为由经验必然决定，并且尽可能少地引入不直接指涉经验对象的概念，但他还是提出了绝对空间和绝对时间的概念。为此，近年来他常常受到批评。但恰恰在这一点上，牛顿特别前后一致。他已经认识到，可观察的几何量（质点的间距）及其时间进程并不能在物理上完全刻画运动。他以著名的水桶实验来证明这一点。因此，除了质量及其随时间而变化的距离，还要有另一种东西来决定运动。他认为，这种"东西"就是与"绝对空间"的关系。他认识到，要想让他的运动定律有任何意义，空间就必须拥有一种物理实在性，就像质点及其距离的实在性一样。

这种清楚的认识既显示了牛顿的智慧，也暴露了他理论的弱点。因为如果没有这个模糊的概念，其理论的逻辑结构必定会更令人满意；在那种情况下，只有同知觉的关系完全清晰的东西（质点、距离）才会进入定律。

2. 引入不需要中介、瞬时传递的超距作用力来表示引力的作用，并不符合我们日常经验中所熟知的大多数过程的特征。对于这种反驳，牛顿指出，他的引力相互作用定律不应被视为最终的解释，而应视作一条从经验中归纳出来的规则。

3. 物体的重量和惯性是由同一个量（质量）来决定的。对于这个极为引人注目的事实，牛顿的理论并没有给出解释。牛顿也意识到了这一事实的不同寻常。

以上三点都不构成对于理论的逻辑反驳。在某种意义上，它们只是代表着科学家在努力从概念上完整和统一地把握自然现象的过程中那些未能满足的愿望。

被视为整个理论物理学纲领的牛顿运动学说，从麦克斯韦的电学理论那里遭受了第一次打击。事实表明，物体之间的电磁相互作用并非由瞬时传递的超距作用力所引起，而是由一种以有限速度穿过空间传播的过程所引起。根据法拉第的构想，除了质点及其运动，还有一种新的物理实在，那就是"场"。起初人们依照力学的思维方式，试图把场解释为一种充满空间的假想介质（以太）的力学状态（运动状态或应力状态）。然而经过顽强的努力，这种力学解释依然不管用，此时人们便渐渐习惯于把"电磁场"看成物理实在的最终不可还原的组分。我们要感谢海因里希·赫兹有意使场的概念摆脱了来自力学概念库的一切附属物，还应感谢洛伦兹使场的概念摆脱了物质载体。按照洛伦兹的说法，唯一能够充当场之载体的东西就是物理真空（或以太），而真空即使在牛顿力学中也不是完全没有物理功能的。等到认识了这一点，就再也没有人相信直接而瞬时的超距作用了，甚至在引力领域也是如此，虽然由于缺乏足够的事实知识，关于引力的场论还没有清晰地勾勒出来。牛顿的超距作用力假说一旦被抛弃，电磁场理论的发展就会引导人们尝试用电磁方式来解释牛顿的运动定律，或者说用一种建立在场论基础上的更加精确的运动定律来取代牛顿运动定律。虽然这种努力尚未完全成功，但力学的基本概念已经不再被视为物理世界观的基本组分。

麦克斯韦和洛伦兹的理论必然会导向狭义相对论，而狭义相对论既然放弃了绝对同时性概念，也就排除了超距作用力的存在。由狭义相对论可知，质量并非不变，而是依赖于（事实上是等价于）能量含量。它也表明，牛顿的运动定律只能被视为对低速有效的极限定律；它确立了一条以真空中的光速为极限速度的新运动定律来取代牛顿定律。

广义相对论构成了场论纲领发展中的最后一步。从量上来说，它对牛顿的理论只做了很小的修改，但在质上却要深刻得多。惯性、引力以及物体和时钟的度规行为都被归结为场的性质，而这个场本身又被认为依赖于物体（推广了牛顿的引力定律，或如泊松所表述的那样，推广了对应于牛顿引力定律的场定律）。由此空间和时间虽然未被剥夺实在性，但却被剥夺了因果绝对性（所谓因果绝对性，是指产生影响但不受影响），为了能够表述当时已知的定律，牛顿不得不把这种绝对性归于空间和时间。广义的惯性定律接管了牛顿运动定律的角色。这一简短论述足以表明，牛顿理论的要素如何逐渐变成了克服上述三个缺点的广义相对论。在广义相对论的框架中，运动定律似乎能够从对应于牛顿力定律的场定律中推导出来。只有完全达到了这个目标，我们才能谈及纯粹的场论。

在一种更加形式的意义上，牛顿力学也为场论开辟了道路。将牛顿力学应用于连续分布的质量，必然会导向偏微分方程的发现和应用，而这些方程第一次提供了场论定律的语言。在这种形式方面，牛顿的微分定律观念构成了后来发展的第一个决定性步骤。

到目前为止，我们谈论的都是我们关于自然过程的观念的整个发展，它可以被视为对牛顿思想的一种系统发展。然而，正当对场论的完善还在如火如荼地进行的时候，热辐射、光谱、放射性等事实却揭示出整个思想体系适用性的限度。虽然该体系在许多情况下都已经取得巨大成就，但在我们今天看来，这种限度似乎仍然无法克服。许多物理学家断言（这有不少有力的论据），在这些事实面前，不仅微分定律，甚至是因果律本身（迄今为止它一直是所有自然科学最终的基本假定）也已经失效。甚至连建立一个能与物理事件明确对应的时空结构的可能性也被否定了。力学体系只能有分立的稳定能量值或稳定状态（正如经验几乎直接表明的那样），初看起来，这似乎很难从场论的微分方程中推导出来。基于一组考虑了共振条件的微分方程，具有场论特征的德布罗意－薛定谔方法的确推出了只存在分立的状态，这与经验事实惊人地一致，但它必须放弃质点的定域性和严格的因果律。牛顿自然观的两条最终前提，即因果律和微分定律，是否一定要明确放弃？我们现在还不得而知。

论科学真理 [1]

一、很难赋予"科学真理"一词以确切的含义。"真理"一词的含义根据我们处理的是经验事实、数学命题还是科学理论而有所不同。对我来说,"宗教真理"根本没有什么清楚的意思。

二、通过鼓励人们从因果的角度来思考和看待事物,科学研究可以减少迷信。所有高阶的科学工作背后都有一种类似于宗教感情的信念,即相信世界是合理的或可理解的。

三、我坚信有一个高超的心灵在经验世界里展现出来,这种与深挚的感情密切相关的坚定信念代表着我的上帝观。按照通常的说法,或可称之为"泛神论"(斯宾诺莎)。

四、至于教派传统,我只能从历史和心理上加以考量,对我别无意义。

---

1. 回答一位日本学者的问题,收录于 1929 年纪念爱因斯坦五十寿辰的限量版文集。

约翰内斯·开普勒 [1]

在这个焦虑不安的时代，人世沉浮中难寻乐趣，此时想起开普勒这般卓越而宁静的人，特别感到欣慰。在开普勒生活的时代，还不能确定自然受定律的支配。在无人支持和极少有人了解的情况下，他数十年如一日，孤独地投身于艰苦繁重的工作，对行星的运动及其数学定律进行经验研究。他对自然定律的存在该是怀有多么坚定的信念，才能获得这种力量啊！若想好好缅怀他，我们应尽可能地看清楚他的问题以及解决问题的各个步骤。

哥白尼已经让最有才智的人看到，要想清楚地把握行星在天空中的视运动，最好的办法是把这些运动看成行星围绕静止的太阳所做的转动。倘若行星围绕一个以太阳为中心的圆做匀速运动，那么查明这些运动从地球上看是怎样的就比较容易了。然而，所要处理的现象远比这复杂，任务也就艰巨得多。首先要根据第谷·布拉赫的行星观测结果从经验上确定这些运动，然后才能发现这些运动所满足的一般定律。

要想了解确定围绕太阳的实际运转有多么困难，需要弄清楚以下这些事情：我们永远也看不到行星在某一时刻实际所处的位

1.　为纪念开普勒逝世三百周年所写的文章，发表于 1939 年 11 月 9 日德国《法兰克福日报》（*Frankfurter Zeitung*）。

置，而只能从地球上看到它那时在什么方向，而地球本身又以未知的方式围绕太阳运动。于是，这些困难几乎显得无法克服。

为了给这种混乱带来秩序，开普勒不得不另辟蹊径。他意识到，必须首先设法确定地球本身的运动。倘若只有太阳、地球和恒星，而没有别的行星，这根本是做不到的。因为在那种情况下，除了日地连线方向在一年中的变化情况（太阳相对于恒星的视运动），我们无法从经验上确定任何别的东西。即使当时还没有望远镜，肉眼的观测精度已经能够发现，日地连线的这些方向全都位于一个相对于恒星静止的平面上。由此也能确定日地连线是以何种方式围绕太阳旋转的。他发现，这种运动的角速度在一年中呈现出规律性的变化。但这没有多大用处，因为我们还不知道日地距离在一年中是如何变化的。只有知道这个变化，才能确定地球轨道的真实形状及其运行方式。

开普勒找到了一个奇妙的方法来摆脱这种困境。首先，对太阳的观测表明，在一年的不同时间里，太阳在相对于恒星背景的视路径上的速度各不相同，然而在天文年的同一时间，这种运动的角速度却总是相同。也就是说，当日地连线指向同一恒星区域时，该直线的转动角速度也总是相同。因此应当假定地球轨道是封闭的，地球每年都沿着它做相同的运转，这绝非理所当然。对于哥白尼体系的追随者来说，几乎可以肯定，其他行星轨道也有同样的性质。

这无疑使问题变得更容易了。但如何确定地球轨道的真实形状呢？设想在轨道平面的某处有一盏明亮的灯 M。我们知道，若是这盏灯永远固定在这个位置上，它就能成为对地球轨道进行三角测量的一个定点，地球上的人在每年的任何时候都能看到它。假设这盏灯 M 距离太阳比地球距离太阳还要远，借助这盏灯就能按照以下方式确定地球轨道：

首先，每年都有这样一个时刻，地球 E 恰好处于太阳 S 与灯 M 的连线上。如果此时从地球 E 看灯 M，我们的视线就会与 SM（太阳 – 灯）这条线重合。想象把后者在天穹上标记下来，再设想地球处在不同的时间和位置上。既然太阳 S 和灯 M 从地球上都可以看见，三角形 SEM 中的角 E 便是已知的。然而通过对太阳的直接观测，也可以知道 SE 相对于恒星的方向，而此前 SM 连线相对于恒星的方向也已经确定。我们也知道三角形 SEM 在 S 处的角度。于是，我们在纸上随意画出底边 SM，凭借我们对角 E 和角 S 的认识，就可以作出三角形 SEM。我们可以在一年中重复这样做，每一次都在纸上画出地球 E 相对于那条永远固定的底边 SM 的位置，并且给它注上日期，由此便可以从经验上确定地球的轨道，当然，这还不是它的绝对尺寸。

但你们会说，开普勒到哪里去找这盏灯 M 呢？他的天才以及此时仁慈的大自然给予了他这盏灯。他注意到，火星年即火星围绕太阳走一圈的时间是已知的。太阳、地球和火星有可能在某一时刻恰好排成一条直线。由于火星沿一个封闭的轨道运转，所以每过一个火星年，火星就会出现在这个位置上。因此，在这些已知时刻，SM 总是固定的底边，而地球总是处在轨道的不同位置上。于是在这些时刻，火星就起着我们前面设想的那盏灯的作用，可以通过观测太阳和火星来确定地球的真轨道。就这样，开普勒发现了地球轨道的真实形状以及地球的运转方式。我们这些后来者——欧洲人、德国人甚至是我故乡的施瓦本人——都因此而钦佩和尊敬他。

地球轨道既已由经验确定下来，SE 直线在任一时刻的真实位置和长度也就知道了。现在开普勒要从行星观测结果计算出其他行星的轨道和运动已经不再过于困难，至少原则上是如此。但这仍然是一项极为艰巨的工作，尤其是考虑到当时的数学状况。

现在我们来谈谈开普勒人生中第二项同等艰巨的工作。行星轨道已经从经验中知晓，但其定律还必须从经验数据中猜测出来。他必须首先猜测轨道曲线的数学性质，然后用一大堆图形去试验。如果不合适，就必须再想出一种假说去试验。经过无数次尝试，他终于发现符合事实的假定是：行星轨道是一个椭圆，而太阳位于它的一个焦点上。开普勒也发现了行星在运转过程中速度变化的定律，即太阳与行星的连线在相等时间内扫过相等的面积。最后他还发现，行星运转周期的平方与椭圆长轴的立方成正比。

我们在赞叹这位卓越人物的同时，另一种赞叹和敬畏也油然而生。不过这种感情的对象不是人，而是孕育我们的那个神秘和谐的大自然。古人已经设计出一些曲线来表示可以设想的最简单的规律性。其中除了直线和圆，最重要的就是椭圆和双曲线。我们看到，最后这两种曲线在天体的轨道中得到了实现，至少近乎得到实现。

看来，在事物中找到形式之前，人的心灵应当先把形式独立地构造出来。开普勒的惊人成就特别彰显了一个真理：知识不可能单纯来源于经验，而只能将理智的发明与观察到的事实相比较才能得到。

麦克斯韦对物理实在观念发展的影响 [1]

　　相信有一个外在世界独立于知觉主体而存在，这是一切自然科学的基础。然而，由于感官知觉只能间接提供关于这个外在世界或"物理实在"的信息，我们只能通过思辨的方式来把握它。由此可知，我们关于物理实在的观念永远也不可能是最终的。为了以逻辑上最完美的方式来正确处理知觉到的事实，我们必须随时准备改变这些观念，也就是说，改变物理学的公理基础。事实上，从物理学的发展就可以看出，其公理基础在历史进程中已经发生了深远的改变。

　　自从牛顿奠定了理论物理学的基础以来，物理学的公理基础——亦即我们对实在结构的构想——发生的最大变化源于法拉第和麦克斯韦对电磁现象的研究。接下来，我们将同时关注物理学早期和后来的发展，以使这一点变得更加清楚。

　　根据牛顿的体系，物理实在由空间、时间、质点和力（质点的相互作用）等概念来刻画。在牛顿看来，物理事件应被视为受不变的定律支配的质点在空间中所做的运动。在处理实在中发生的变化时，我们只能以质点的方式来表示实在，质点是实在的唯

---

1. 纪念麦克斯韦一百周年诞辰，收录于 1931 年《麦克斯韦纪念文集》（*James Clerk Maxwell: A Commemoration Volume*, Cambridge University Press）。

一代表。质点概念显然源于可感知的物体。人们将质点设想成类似于运动物体，但剥夺了它们的广延、形状、空间方位等特征以及一切"内在"性质，只保留了惯性、位移，并且添加了力的概念。物体曾引导我们在心理上形成"质点"概念，而现在却不得不把物体本身看成质点系。应当注意，这种理论框架本质上是原子论和机械论的。一切事件都应做纯粹机械的解释，也就是说，按照牛顿运动定律把它们完全解释成质点的运动。

除了最近被再次提出的"绝对空间"概念所涉及的困难，这个体系最不能让人满意的地方在于它对光的描述，在牛顿体系中，光也被设想为由质点组成。那么当光被吸收时，组成光的质点会变成什么呢？这个问题甚至在当时就已经亟待解决了。不仅如此，为了分别描述有重物质和光，不得不假定有两种完全不同的质点并把它们引入讨论，这无论如何不能令人满意。后来又加入了第三种质点即带电粒子，它同样具有完全不同的特征。此外，决定事件的相互作用力必须以完全任意的方式进行假定，这也是一个根本弱点。这就是为何虽然牛顿的实在观取得了很大成就，人们还是感到不得不抛弃它的原因。

为了用数学形式来表达自己的体系，牛顿必须发明微商概念，并以全微分方程的形式来表述运动定律，这也许是一个人在思想领域所能做出的最大贡献。偏微分方程对于这个目的并不是必需的，牛顿也没有系统地使用过它们，但对于表述可变形物体的力学却是必需的，这是因为物体如何由质点组成的问题起初并不重要。

因此，偏微分方程进入理论物理学时还是婢女，但渐渐变成了主妇。这始于19世纪，那时观察到的事实已经迫使光的波动说建立起来。真空中的光被解释为以太的振动，当然在这一阶段，把以太看成质点的聚集体似乎毫无用处。微分方程在这里第一次显示为对物理学基本实在的自然表达。于是，在理论物理学的一个特殊分支中，连续的场和质点都被视为物理实在的代表。这种二元论至今仍然存在，任何讲求条理的人都必定会对此感到不安。

即使物理实在的观念已经不再是纯粹原子论的，它在当时也仍然是纯粹机械论的。人们仍然试图把一切事件都解释成惯性质量的运动。的确，似乎也想不出其他方式来看待事物了。然后发生了一场伟大变革，它将永远与法拉第、麦克斯韦和赫兹的名字联系在一起。这场革命主要归功于麦克斯韦。他表明，当时关于光和电磁现象的所有知识都可以用他那两组著名的微分方程来表示，在这些方程中，电场和磁场作为因变量出现。

麦克斯韦的确曾试图用理智构造的一种机械论模型来解释这些方程或为之辩护。但他同时使用了若干种这样的构造，而没有认真对待其中任何一种。因此只有这些方程才显得是本质性的，方程中出现的场是最终实体，不能还原为任何其他东西。到了世纪之交，人们已经普遍把电磁场看成最终实体，严肃的思想家也不再相信有理由或者有可能对麦克斯韦方程做出机械论解释。没过多久，他们反倒借助于麦克斯韦理论，试图以场论来解释质点及其惯性，虽然没有完全成功。

如果不考虑麦克斯韦的工作在重要的物理学分支所产生的个别重要结果，而是集中于他给我们的物理实在观所带来的变革，那么也许可以说：在麦克斯韦之前，人们设想物理实在（指自然中的事件）是质点，质点的变化完全归因于那些服从全微分方程的运动；而在麦克斯韦之后，人们认为物理实在由不能作机械论解释的、服从偏微分方程的连续场来代表。实在观的这一变革乃是自牛顿以来物理学发生的最为深刻和最富有成果的变革。但同时必须承认，这一纲领还远未完全实现。毋宁说，自那以后发展起来的成功的物理学体系都是这两个纲领的折中，因此这些体系都有一种过渡性的、逻辑上不完备的特征，尽管在某些细节上也许已经取得了很大进展。

这其中首先要提到洛伦兹的电子论，在这种理论中，场和带电粒子一起被视为对于理解实在有同等价值的要素。后来又出现了狭义相对论和广义相对论，它们虽然完全基于与场论有关的观念，但迄今为止还无法避免独立引入质点和全微分方程。

量子力学是理论物理学最新与最成功的创造，它从根本上不同于我们所谓的牛顿纲领和麦克斯韦纲领。因为出现在量子力学定律中的各种量并不必然描述物理实在本身，而只是描述了我们所考察的物理实在出现的概率。在我看来，对这种理论所作的逻辑上最完备的解释要归功于狄拉克。他正确地指出，比如要对光子做一种理论描述，使它提供的信息足以决定光子是否会通过斜放在其通路上的偏振器，这大概很困难。

我仍然倾向于认为，物理学家不会长期满足于对实在做出这种间接描述，即使这种理论最终能以令人满意的方式符合广义相对论的假设。我相信，到头来我们必将回到所谓的麦克斯韦纲领，即通过满足偏微分方程而不带有奇点的场来描述物理实在。

论理论物理学的方法 [1]

　　若想从理论物理学家那里了解他们使用什么方法，我建议坚持这样一条原则：不要听其言，而要观其行。对于这个领域的发现者而言，其想象力的产物是如此必然和自然，以至于他会认为并且希望别人也认为，它们不是思想的创造，而是既定的实在。

　　这些话听起来像是让大家离开这个讲堂。因为你们可能会心想，这个人是从事实际工作的物理学家，因此应把理论科学的结构问题留给认识论者去研究。

　　针对这种批评，我可以从个人观点为自己辩护，向大家保证我不是自己要来的，而是应别人的友好邀请才登上这个为纪念一个毕生追求知识统一性的人而设立的讲坛。但事实上，我站在这里是有正当理由的：了解一个毕生致力于澄清和改进科学基础的人是如何思考他的科学的，也许会让人感兴趣。他对这门科学的过去与现在的看法，也许太过依赖于他对未来的期待和目前的追求，但这是任何一个深深地沉浸在思想世界中的人所不可避免的命运。类似的情况也发生在历史学家身上，历史学家也以同样的方式——尽管可能是无意识地——根据自己对人类社会所形成的

---

1. 1933 年 6 月 10 日在牛津所作的斯宾塞讲座，收录于 1934 年《我的世界观》。

理想把实际事件组织起来。

现在让我们浏览一下理论体系的发展，同时特别注意理论内容与经验事实总和之间的关系。它涉及这个领域里两个不可分割的知识的组成部分，即经验与理性之间的永恒对立。

古希腊被誉为西方科学的摇篮。这里第一次见证了欧几里得几何学这个逻辑系统的奇迹，该体系一步步地精确产生出来，以至于它的每一个命题都是绝对不容置疑的。理性的这项惊人成功使人的理智有信心做出后来的成就。倘若欧几里得未能激起你少年时代的热情，你就不是一个天生的科学思想者。

但科学要想成熟到能将整个实在包含在内，还需要另一种基本认识，这种认识直到开普勒和伽利略的出现才成为哲学家的共识。单凭逻辑思维无法使我们获得关于经验世界的知识，一切关于实在的知识都是从经验出发，以经验结束。通过纯逻辑手段得到的命题对于实在来说是完全空洞的。伽利略认识到了这一点，尤其是因为他向科学界反复灌输这一点，他才成为近代物理学之父，事实上也是整个近代科学之父。

然而，如果经验是我们关于实在的一切知识的起点和终点，那么纯粹理性在科学中又起什么作用呢？

完整的理论物理学体系是由概念、对这些概念有效的基本定律以及通过逻辑演绎而导出的结论所组成的。这些结论必须符合我们单独的经验。在任何理论著作中，对它们的逻辑推导几乎要占据全部篇幅。

在欧几里得几何学中，情况正是如此，只不过那里的基本定律被称为公理，而且也没有结论必须符合经验的问题。但如果认为欧几里得几何学研究的是准刚体在空间中可能的相互关系，也就是将它看成一门物理科学，而不是抽出它原初的经验内容，那么几何学与理论物理学在逻辑上的同质性就完整无缺了。

这样我们就指定了理性和经验在一个理论物理学系统中的位置。理性给出了该系统的结构，而经验内容及其相互关系则应在理论的结论中得到表达。整个系统，尤其是它的基本概念和基本原理，其唯一的价值和理由就在于这样一种表达的可能性。此外，这些基本概念和基本原理都是人类理智的自由发明，既不能通过人类理智的本性、也不能以任何先验的方式来证明。

这些在逻辑上无法进一步还原的基本概念和假设构成了理论不可或缺的部分，它们是理性所无法把握的。所有理论的崇高目标都在于让这些不可还原的基本要素尽可能简单，数量尽可能少，同时不必放弃对任何经验内容的恰当表达。

我刚才概述的关于科学理论基础具体纯虚构性的观点在18—19世纪绝不占主导地位，然而它目前却日渐流行，因为逻辑结构越简单，也就是支撑整个结构所需的逻辑上独立的概念要素越少，基本概念和定律与必须同我们的经验相联系的那些结论在思想上的距离就越大。

牛顿第一次创造出一个全面可行的理论物理学系统，他仍然相信其系统的基本概念和定律可以从经验中推导出来。这无疑就是他所说的"我不杜撰假说"的意思。

事实上，时间和空间概念在那时似乎还没有什么问题。质量、惯性和力的概念以及把它们联系起来的定律似乎都直接来自经验。然而，一旦接受这个基础，引力的表达式似乎就可以从经验中推导出来，而且可以合理地期待别的力也是如此。

从牛顿的表述中可以看出，包含着绝对静止概念的绝对空间概念使他感到不安。他意识到，绝对静止概念在经验中似乎没有对应。对于引入超距作用力，他也感到不安。但他的学说在实践上取得的巨大成功很可能阻碍了他和18—19世纪的物理学家认识到其系统基础的虚构性。

恰恰相反，当时的自然哲学家大都认为，物理学的基本概念和假设并非人的心灵在逻辑意义上的自由发明，而是可以通过"抽象"——即通过逻辑方式——从经验中推导出来。事实上，直到广义相对论出现，人们才清楚地认识到这种看法是错误的。广义相对论表明，可以在完全不同于牛顿的基础上，以更加令人满意和更加完备的方式来解释更广的经验事实。然而，撇开理论的优越性问题不谈，基本原理的虚构性是非常明显的，因为我们可以指出两条与经验大体符合但本质上不同的原理。由此可以证明，任何以逻辑方式从基本经验中导出力学的基本概念和假设的努力都注定要失败。

如果理论物理学的公理基础不能从经验中抽取出来，而必须是自由发明，那么还是否有希望找到正确的道路呢？这条正确的道路难道仅存于我们的幻想吗？如果一些理论（比如经典力学）能在很大程度上恰当地处理经验，但没有从深层次把握事物，那么我们还能否指望把经验当作我们可靠的向导呢？对此我会毫不犹豫地回答：我认为的确存在着这样一条正确的道路，并且有能力找到它。根据已有的经验，我们有理由相信，大自然是可以设想的最简单数学观念的实现。我深信，通过纯粹的数学构造，我们能够发现那些概念以及把它们联系起来的定律，它们为理解自然现象提供了钥匙。经验也许可以暗示恰当的数学概念，但数学概念绝不可能从经验中推导出来。当然，经验始终是判断数学构造是否有物理用处的唯一标准，但创造性原则却在数学之中。因此在某种意义上我认为，纯粹思维能够把握实在，就像古代人所梦想的那样。

为了证明这种信念是正当的，我不得不使用一个数学概念。物理世界被表示为一个四维连续体。若假定其中有一种黎曼度规，并探究这种度规可以满足哪些最简单的定律，那么我就得到了真空中的相对论性引力论。若假定从空间中可以导出一个矢量场或反对称张量场，并探究这种场可以满足哪些最简单的定律，那么我就得到了真空中的麦克斯韦方程。

在这里，我们仍然缺少理论来描述空间中电荷密度不为零的那些部分。德布罗意曾推测有一种波场存在，可以解释物质的某些量子性质。狄拉克发现旋量是一种新的场量，其最简单的方程使人能基本上推出电子的性质。现在，我与我的同事瓦尔特·迈尔博士合作发现，这些旋量构成了一种在数学上与四维相联系的新的场的特例，我们称之为"半矢量"。这种半矢量可能服从的最简单方程为理解具有不同静止质量和相反等量电荷的两种基本粒子的存在提供了钥匙。除了通常的矢量，这些半矢量就是四维度规连续体里数学上最简单的场，它们似乎能够自然地描述带电粒子的某些根本性质。

对我们来说重要的是，所有这些构造以及把它们联系起来的定律都可以通过寻求数学上最简单的概念及其联系这一原则来得到。在数学上存在的简单的场的类型以及它们之间可能存在的简单方程，两者的数目都很有限，这正是理论家们深入把握实在的希望所在。

同时，这种场论最大的困难在于理解物质和能量的原子结构。因为该理论只使用空间的连续函数，所以就其基础而言是非原子的，这与经典力学相反，经典力学最重要的要素是质点，它本身就已经恰当地处理了物质的原子结构。

现代量子论与德布罗意、薛定谔和狄拉克等人的名字联系在一起，并且使用连续函数，它用一种由马克斯·玻恩最早清晰给出的大胆解释克服了这些困难：方程中出现的空间函数并不是原子结构的数学模型。这些函数据说只决定了测量时这种结构处于特定地点或特定运动状态下的数学概率。这种想法在逻辑上是无可非议的，而且已经取得了重大成功。但不幸的是，它迫使人们使用一种连续体，其维数并不是迄今为止物理学的空间维数（即四维），而是随着组成系统的粒子数目而无限增加。必须承认，我认为这种解释只有一种暂时的意义。我仍然相信可能有一种实在模型，即这样一种理论：它描述的是事物本身，而不仅仅是它们出现的概率。

另一方面，我认为必须放弃理论模型中粒子完全定域的想法。在我看来，这是海森伯不确定性原理的最终结果。但完全可以设想一种真正意义上的原子理论（而不仅仅是基于一种解释），不赋予粒子在数学模型中的定域性。例如，为了解释电荷的原子特征，只需使场方程导出以下结论：边界上电荷密度处处为零的三维空间区域永远包含总量为整数的总电荷。在连续体理论中，

308

原子特征可以由积分定律令人满意地表示出来，而不必确定组成原子结构的那些东西的位置。

直到以这种方式将原子结构成功地表示出来，我才会认为量子之谜得到了解决。

物理学中空间、以太和场的问题 [1]

科学思想是对前科学思想的发展。由于空间概念在前科学思想中已经起着基础作用，所以我们必须从前科学思想中的空间概念开始。有两种考察概念的方式，对于理解概念是不可或缺的。首先是逻辑分析。它回答这样一个问题：概念与判断是如何相互依存的？回答这个问题将使我们站在较为可靠的基础上。数学之所以备受尊敬，就是因为这种可靠性。但这种可靠性是以空无内容为代价而获得的。概念只有与感觉经验相联系才能获得内容，无论这种联系是多么间接。但这种联系无法被逻辑研究所揭示，而只能被经验揭示。然而，正是这种联系决定了概念体系的认知价值。

举例来说，假定未来的考古学家发现了一本没有图形的欧几里得几何学教科书，他会看到"点""直线""平面"等词项是如何在命题中使用的，也会看到这些命题是如何相互推导的，甚至还能按照他所了解的规则构造出新的命题。但只要"点""直线""平面"等词项没有向他传达某种东西，那么对他来说，构造出这些命题仍然只是一种空洞的文字游戏。只有当这些词项传

---

1. 收录于 1934 年《我的世界观》。

达了某种东西时，几何学对他来说才会有实际内容。对于分析力学来说也是如此，事实上对于任何逻辑演绎科学都是如此。

说"直线""点""相交"等词项传达了某种东西，这是什么意思呢？它的意思是，我们能够指出这些词项所涉及的感觉经验内容。这个超出逻辑的问题正是几何学的本质问题，这位考古学家只能凭直观来解决它，即对他的经验进行考察，看能否发现某种东西对应于理论中的原始词项以及为这些词项所设定的公理。只有在这个意义上，才能合理地讨论概念系统的本质。

如果使用前科学概念，我们就和这位考古学家一样要面临本体论问题。可以说，我们已经忘记了是经验世界中的哪些特征使我们能够提出这些概念，而且如果不戴上旧有概念解释的眼镜，我们很难回想起经验世界。此外还有一个困难：我们的语言不得不使用那些与原始概念密不可分地联系在一起的词项，这使我们很难阐明前科学的空间概念究竟是什么。

在转到空间问题之前，我们先一般地谈谈对概念的看法。概念与感觉经验有关，但永远不可能在逻辑意义上从感觉经验推导出来。因此，我始终未能理解对康德意义上先验之物的追求。对于任何本体论问题，我们永远只能在复杂的感觉经验中寻求与概念有关的那些特征。

现在回到空间概念：它似乎预设了物体的概念。人们常常描述大概能引起物体概念的那些复杂的感觉经验和感觉印象的本质。其中一些特征包括，某些视觉印象和触觉印象之间有对应，这些印象（触觉、视觉）可以在时间中持续追随下去，在任何时候都可以重复，等等。一旦借助上述经验形成物体概念（物体概念绝没有预设空间或空间关系概念），从思想上把握这些物体之间关系的愿望就必然会引起一些同它们的空间关系相对应的概念。两个物体可以相互接触，也可以彼此远离。在后一种情况下，两者之间可以插进第三个物体而丝毫不会改变它们，而在前一种情况下却不可能如此。这些空间关系显然和物体本身一样实在。如果两个物体对于填满一个这样的间隔是等效的，那么它们对于填满其他间隔也会是等效的。由此可见，间隔与选择何种特殊物体来填满它无关，这对于空间关系来说也是普遍正确的。显然，这种无关性（这是构造纯粹几何概念之所以有用的一个主要条件）不一定是先验的。在我看来，这种与选择何种特殊物体来填满它无关的间隔概念乃是整个空间概念的出发点。

于是，从感觉经验的观点来看，空间概念的发展似乎遵循以下图式：物体→物体的排列关系→间隔→空间。这样看来，空间似乎和物体一样是某种真实的东西。

显然，作为一种真实事物的空间概念已经存在于科学以外的概念世界中。但欧几里得的数学却不诉诸这种概念，它只限于讨论对象以及对象之间的排列关系。点、平面、直线、线段都是理想化的物体。一切排列关系都可以归结为接触关系（直线与平面相交，点在直线上，等等）。作为连续体的空间根本没有出现在这个概念体系中。这个概念最早是笛卡尔用空间坐标来描述空间中的点时引入的。这里，几何图形第一次显示为被理解成三维连续体的无限空间的一部分。

笛卡尔对空间处理的卓越之处绝不只是把分析应用于几何学，更重要的一点在于，希腊人在几何描述中偏爱一些特殊对象

（直线、平面），若要对别的对象（如椭圆）做这种描述，只能借助于点、直线和平面进行构造或定义。而在笛卡尔的处理中，所有表面似乎都具有同等地位，建立几何学时不会随意地偏爱平直构造。

若把几何学看成关于支配准刚体彼此之间排列关系的定律的科学，则它可以被视为最古老的物理学分支。正如我所指出的，这门科学可以没有空间概念本身，点、直线、平面、线段等理想的物质形式已经足以满足它的需要。而笛卡尔所设想的整个空间却是牛顿物理学所绝对必需的，因为单凭质点以及质点之间随时间可变的距离，是无法建立动力学的。在牛顿的运动方程中，加速度概念发挥着基础作用，它不能只靠质点之间随时间可变的距离来定义。只有相对于整个空间，牛顿的加速度才能被设想或定义。于是，除了空间概念的几何实在性，空间又有了一种确定惯性的新功能。当牛顿说空间是绝对的时候，他无疑是指空间的这种实在意义，这使他必须赋予空间一种非常明确的运动状态，而这种运动状态似乎不能由力学现象完全决定。这种空间在另一种意义上也被认为是绝对的：空间确定惯性的作用被认为是自主的，也就是说不受任何物理环境的影响；它影响物体，但没有什么东西能够影响它。

但直到不久以前，物理学家仍然认为空间只不过是所有事件的被动容器，本身并不参与物理事件。直到光的波动说以及法拉第和麦克斯韦的电磁场理论出现，这种思想才开始发生改变。人们渐渐发现，真空中不仅存在着以波的形式传播的状态，而且存在着定域的场，能对移到那里的带电质量或磁极施加力的作用。

在 19 世纪的物理学家看来，把物理功能或物理状态赋予空间本身是完全荒谬的，于是他们就以有重物质为模型，设想有一种以太介质充满了整个空间，它充当着电磁现象的载体，因此也是光现象的载体。这种介质被认为构成了电磁场，其状态起初是以固体的弹性变形为模型而机械地想象的。但以太的这种机械理论一直不太成功，所以人们渐渐不再尝试对以太场的本性做更详细的解释。于是，以太就成了这样一种物质，它的唯一功能就是充当电场的基质，而不能做进一步分析。由此得到了以下图像：空间被以太所充满，有重物质的微粒或原子浸游其中。而物质的原子结构在世纪之交的时候已经牢固确立了。

既然物体之间的相互作用据说是通过场来实现的，那么以太中也一定有引力场，但当时引力场的定律还没有确切的形式。以太仅仅被看成所有跨越空间起作用的力的场所。人们认识到，运动中的带电质量会产生磁场，磁场的能量为惯性提供了一种模型，因此惯性显得像是一种位于以太中的场作用。

以太的力学性质起初让人琢磨不透，然后出现了洛伦兹的伟大发现。当时所有已知的电磁现象都可以基于以下两条假定来解释：以太牢牢地固定在空间中，也就是说完全不能运动，而电牢牢地固定在可运动的基本粒子中。今天，洛伦兹的发现可以表述如下：物理空间和以太只不过是对同一个东西的两种不同表达罢了，而场则是空间的物理状态。如果不能把特殊的运动状态赋予以太，似乎就没有理由把它当作一种与空间并列的特殊之物引入进来。但这种思路与当时的物理学家还相距甚远。在他们看来，空间仍然是一种刚性的、同质的东西，不会变化，也没有各种不同的状态。只有像黎曼这种不世出的孤独天才，才在19世纪中叶提出了一种新的空间观，这种空间观剥夺了空间的刚性，而且认识到空间有可能参与物理事件。更值得钦佩的是，这项思想成就出现在法拉第和麦克斯韦的电场理论之前。然后出现了狭义相对论，它认为一切惯性系都在物理上等价。时间与空间变得不可分离，并与电动力学或者光的传播定律相联系。此前人们一直暗中假定，事件的四维连续体能以客观的方式分成空间和时间，也就是说在事件的世界里，"现在"被赋予了绝对意义。随着"同时"的相对性被发现，空间和时间融合成一个连续体，就像空间的三维曾经融合成一个连续体一样。就这样，物理空间被扩展为一个包含着时间维度的四维空间。狭义相对论的四维空间就像牛顿的空间一样严格和绝对。

相对论是一个很好的例子，可以说明现代理论科学发展的基本特征。理论科学的初始假说变得越来越抽象，离经验也越来越远。而另一方面，它又离一切科学的伟大目标越来越近，即通过逻辑演绎，用尽可能少的假说或公理来涵盖尽可能多的经验事实。与此同时，从公理导向经验事实或可证实结论的思路也变得越来越冗长和复杂。理论科学家在寻求理论时，只能越来越仰赖纯粹数学的形式思考，因为实验家的物理经验无法把他引到最抽象的领域。适用于科学幼年的以归纳为主的方法正在让位于试探性的演绎法。在推导出那些可与经验做比较的结论之前，需要对这种理论结构做出非常详尽的阐述。这里，观察到的事实无疑也是最高的仲裁者，但只有通过紧张而艰巨的思考将公理与可证实的结论之间的宽阔鸿沟弥合起来，它才能做出裁决。理论家在从事这项艰巨的工作时应当充分意识到，他的努力也许只会使他的理论受到致命打击。对于承担这项工作的理论家，不应指责其"异想天开"，而应使他有权去自由幻想，因为达到目标别无他途。他的幻想并非徒劳的白日梦，而是在寻求逻辑上最简单的可能性及其推论。为使听众或读者更愿意追溯由此产生的一连串想法，需要做这样一个辩解。正是这条思路将我们从狭义相对论引到了广义相对论，再从广义相对论引到了它的最近分支，即统一场论。在做这种阐释时不可避免要用到数学符号。

让我们从狭义相对论开始讲起。该理论仍然直接基于光速不变这条经验定律。设 P 是空间中的一点，P' 是无限接近的一点，与它相距 $d\sigma$。假定在时刻 t 从 P 发出一道闪光，在时刻 $t+dt$ 到达 P'，那么

$$d\sigma^2 = c^2 dt^2$$

如果 dx_1、dx_2 和 dx_3 是 $d\sigma$ 的正交投影，并且引入虚时间坐标 $\sqrt{-1}\, ct = x_4$，则上述光速不变定律有如下形式：

$$ds^2 = dx_1^2 + dx_2^2 + dx_3^2 + dx_4^2 = 0$$

由于这个公式表达了一种实际情况，我们可以赋予 ds 这个量以一种实在的意义，只要对四维连续体中两个邻近点的选择使得相应的 ds 不等于零。这可以表达为：狭义相对论的四维空间（带有虚时间坐标）拥有一种欧几里得度规。

之所以把这种度规称为欧几里得度规，与下面这件事情有关。在三维连续体中假定这样一种度规，与假定欧几里得几何学的公理完全等价。于是，定义度规的方程不过是应用于坐标微分的毕达哥拉斯定理罢了。

狭义相对论所容许的坐标改变（通过变换）是这样的：在新坐标系中，ds^2 这个量（基本不变量）也等于坐标微分的平方和。这种变换被称为洛伦兹变换。

狭义相对论的启发性方法可由以下原理来刻画：自然定律的方程在洛伦兹变换下必须保持形式不变（方程对洛伦兹变换的协变性）。

这种方法使我们发现了动量与能量之间、电场强度与磁场强度之间、静电力与动电力之间以及惯性质量与能量之间的必然联系，物理学中独立概念和基本方程的数目因此减少了。

这种方法影响深远。表达自然定律的方程真的只对洛伦兹变换协变，而对其他变换不协变吗？如果这样表述，那么这个问题实在没有意义，因为任何方程组都能用广义坐标来表示。我们应当问：自然定律是不是要求所有坐标系都等价，而不会让某个特殊坐标系中的方程有实质性的简化？

对此我们只是简略提一下，惯性质量与引力质量相等的经验定律告诉我们，这个问题的答案是肯定的。如果将所有坐标系对于表述自然定律都等价提升为一条原理，我们就得到了广义相对论，只要保留光速不变定律，或者说假定欧几里得度规至少对于四维空间的无穷小部分仍然有客观意义。

这意味着对于有限的空间区域，假定存在着一种广义黎曼度规（具有物理意义），其形式如下：

$$ds^2 = \sum_{\mu\nu} g_{\mu\nu} \, dx_\mu dx_\nu$$

其中的求和要扩展到从 1, 1 到 4, 4 的全部指标组合。

这种空间的结构在一个方面与欧几里得空间的结构有根本不

317

同。系数 $g_{\mu\nu}$ 是坐标 x_1 到 x_4 的任何函数，实际知道这些 $g_{\mu\nu}$ 函数之后才能实际确定空间的结构。我们也可以说，空间的结构本身完全没有确定。只有指明了 $g_{\mu\nu}$ 的度规场所满足的定律，空间的结构才能进一步确定下来。基于物理上的理由可以认为，度规场同时就是引力场。

既然引力场取决于质量的分布，并且随之而变化，那么空间的几何结构也取决于物理因素。于是按照这种理论，正如黎曼所猜测的那样，空间不再是绝对的，其结构依赖于物理影响。（物理）几何学不再像欧几里得几何学那样是一门孤立而自足的科学。

这样一来，引力问题就归结为一个数学问题：找到最简单的基本方程，使之对于任何坐标变换都是协变的。这是一个非常明确的问题，至少是可以解决的。

这里我不想讨论对广义相对论的实验证实，但想解释一下为什么这种理论不能因此而自我满足。引力固然已从空间结构中推导出来，但除了引力场还有电磁场。首先，必须把电磁场作为一种独立于引力的东西引入该理论。解释电磁场存在的项必须加入基本的场方程。但认为存在着两种彼此独立的空间结构，即度规 – 引力结构和电磁结构，这种想法对于理论家来说是无法容忍的。我们相信，这两种场必定对应于统一的空间结构。

论广义相对论的起源 [1]

我很高兴应你们之邀，讲讲我自己科学工作的历史。这倒不是因为我觉得自己的研究有什么了不起，而是因为书写别人工作的历史需要吸收别人的想法，这更多是训练有素的历史学家擅长的事情，而要说明自己的思想历程，显然会容易得多。既然有得天独厚的优势，我不应出于谦虚而放弃这个机会。

在狭义相对论（1905 年）中，我得出一切惯性系对于表述自然定律都等价，于是自然产生了一个问题：是否各个坐标系也是等价的？换句话说，如果速度概念只有相对的意义，为什么还要坚持把加速度当成绝对概念呢？

从纯粹运动学的观点来看，所有运动无疑都是相对的。但从物理学上说，惯性系似乎具有一种优越地位，使用以其他方式运动的坐标系都会显得不自然。

我当然很熟悉马赫的观点，他认为，惯性阻力所反抗的并不是加速度本身，而是相对于所有其他物体质量的加速度。对我来说，这个想法颇为迷人，但它并没有为新的理论提供切实可行的基础。

---

1. 收录于 1934 年《我的世界观》。

当我试图在狭义相对论的框架内处理引力定律时，我第一次朝着这个问题的解决迈进了一步。和当时大多数物理学家一样，我也试图给出引力的场定律。由于绝对同时性的概念已经废除，直接的超距作用已不再可能引入，或至少是不能以任何自然的方式引入。

最简单的办法当然是保留拉普拉斯的引力标量势，在泊松方程中引入一个时间微分项，以满足狭义相对论。引力场中质点的运动定律也必须根据狭义相对论调整。这里并没有明确无误地标示出道路，因为物体的惯性质量也许依赖于引力势能。事实上，由于能量也有惯性，这是可以预料的。

然而，这些研究所得到的结果却让我大为怀疑。根据经典力学，物体在竖直引力场中的竖直加速度与速度的水平分量无关。因此，在这样的引力场中，一个力学系统或其重心的竖直加速度与它内部的动能无关。然而在我提出的理论中，落体的加速度却与它的水平速度或系统的内能有关。

这不符合一个古老的实验事实，即引力场中的物体皆有同样的加速度。这条定律或许也可以表述为惯性质量与引力质量相等，现在我认识到了它的深刻意义。对于它的存在，我感到极度惊异，猜想其中必定隐藏着更深入理解惯性和引力的关键。我从未怀疑过这条定律的严格有效性，尽管当时我还不知道厄缶[1] 那些令人赞叹的实验结果（如果没有记错，我是后来才知道的）。如今，我已经不再尝试按照上述方式在狭义相对论的框架内处理

---

1. 厄缶（Loránd Eötvös，1848—1919），匈牙利物理学家，主要贡献是关于重力和表面张力的研究，以及扭转摆的发明。——译者注

引力问题了，它显然没有正确处理引力最基本的性质。惯性质量与引力质量相等这一原理现在可以清楚地表述如下：在均匀引力场中，所有运动的发生方式与没有引力场时相对于匀加速坐标系的运动方式完全相同。如果这条原理对于所有事件都成立（"等效原理"），那么这就表明，要想得到自然的引力场理论，需要把相对性原理扩展到相对做非匀速运动的坐标系。从1908年到1911年，我一直在思索，试图从中推出一些特定的结论，这里不去多谈。当时一件重要的事情是认识到，只有把相对性原理加以扩展，才可能得到合理的引力论。

因此，需要建立一种理论，使它的方程在非线性的坐标变换下保持形式不变。至于它适用于任何（连续的）坐标变换，还是只适用于某些坐标变换，那时我还不清楚。

我很快就发现，将等效原理所要求的非线性变换包括进来，比如会使对坐标的简单物理解释出现致命困难。也就是说，我们不再能把坐标差解释为用理想标尺或理想时钟所得到的直接测量结果。这种认识使我深感不安，我花了很长时间才明白坐标在物理学中究竟有什么意义。直到1912年，我才通过以下思考找到了摆脱困境的出路：

必须重新表述惯性定律，使得在没有"实际的引力场"并且把惯性系用作坐标系的情况下，该表述会变成伽利略对惯性原理的表述。伽利略的表述相当于说：不受力的质点在四维空间中的轨迹是一条直线，也就是最短的线，或者更准确地说是极值线。这个概念预先假定了线元长度的概念，亦即度规概念。正如闵可夫斯基所表明的，在狭义相对论中，此度规是一种准欧几里得度规，也就是说，线元"长度"ds的平方是坐标微分的某个二次函数。

如果通过非线性变换引入其他坐标，那么ds^2仍然是坐标微分的一个齐次函数，但这个函数的系数（$g_{\mu\nu}$）不再是常数，而是成了坐标的某些函数。用数学语言来说，这意味着物理（四维）空间有一种黎曼度规。只受引力作用的质点，其轨迹是一条类时的极值线。与此同时，此度规的系数（$g_{\mu\nu}$）相对于所选的坐标系描述了引力场。这样便找到了一种对等效原理的自然表述，将它扩展到任何引力场就构成了一个完全自然的假说。

于是，上述难题的解决方案是：坐标的微分没有物理意义，只有与之对应的黎曼度规才有物理意义。这样便找到了广义相对论的一个可行的基础。但还有两个问题没有解决：

1. 如果场定律是用狭义相对论的语言来表述的，如何将它转换到黎曼度规？

2. 决定黎曼度规（即$g_{\mu\nu}$）本身的微分定律是什么？

从1912年到1914年，我和我的朋友格罗斯曼一起研究这些问题。我们发现，里奇和列维－契维塔的绝对微分学已经给出了解决问题1的数学方法。

问题2的解决则显然要求（由$g_{\mu\nu}$）构造二阶的微分不变量。我们很快就发现，黎曼已经给出了这些东西（曲率张量）。在广义相对论发表的两年前，我们已经考虑了正确的引力场方程，但那时我们还不知道如何把它们运用于物理学。当时我坚信它们不能正确地处理经验。我甚至还相信，在任何坐标变换下都不变的引力定律必然违反因果律。这些错误想法让我多花了两年苦工，直到 1915 年底我才最终醒悟，重新回到黎曼曲率，并成功地把理论与天文学的经验事实联系在一起。

从最终结果来看，广义相对论几乎是理所当然的，任何聪明学生不用费很大气力就能掌握它。但是，在黑暗中焦急探索的岁月里，怀着热烈的渴望，时而充满自信，时而精疲力竭，最后终于看到了光明，所有这些只有亲身经历过的人才能体会。

物理学与实在[1]

一、科学方法总论

人们常说，科学家是蹩脚的哲学家，这句话肯定不是没有道理的。那么，物理学家是不是干脆把哲学思考留给哲学家就好了？当物理学家相信他可以自行支配一套无可置疑的严格的基本定律和基本概念时，这样说也许是对的，但是像现在这样，物理学本身的基础已经问题重重，经验迫使我们去寻求更新、更可靠的基础，此时物理学家就不能将认真考察理论基础的任务拱手让给哲学家了，因为穿鞋的人自己最清楚哪里不合脚。在寻找新的基础时，物理学家必须尽力弄清楚，他使用的概念有多少根据和有多大的必要性。

整个科学不过是对日常思维的一种改进。正因如此，物理学家的批判性思考就不能只限于考察他自己特殊领域的概念。他必须认真思考一个困难得多的问题，即分析日常思维的本性。

我们的心理经验包括感觉经验、对它们的记忆、意象和感情等一连串事物。与心理学不同，物理学只直接处理感觉经验以及

---

1. 载《富兰克林研究所学报》（*The Journal of the Franklin Institute*, Vol. 221, No. 3. March, 1936）。

对其关联的"理解"。但即使是日常思维中的"实际外在世界"概念，也完全基于感觉印象。

首先要指出，感觉印象和意象是无法区分的，或者说，至少不可能绝对确定地区分。这个问题也涉及实在概念，这里我们不去讨论，而会把感觉经验的存在当作既定的，也就是说，把它当作一种特殊的心理经验。

我认为，建立"实际外在世界"的第一步就是形成物体和各种物体的概念。我们从诸多感觉经验当中任意取出某些反复出现的感觉印象的复合体（部分是与被解释为别人感觉经验之标记的感觉印象结合在一起），并把"物体"概念与之相关联。从逻辑上讲，这个概念并不等同于上述感觉印象的总和，但却是人类（或动物）心灵的自由创造。另一方面，这个概念的意义和根据则要完全归于与之相关联的感觉印象的总和。

第二步可见于这样一个事实：我们在思维中（它决定着我们的期望）赋予物体概念以一种意义，它在很大程度上独立于那些起初产生它的感觉印象。这就是我们把"实际存在性"赋予物体时所指的意思。这样一种处置的理由完全在于，凭借这些概念及其之间的心理关系，我们得以在感觉印象的迷宫中找到方向。这些概念和关系虽然都是心灵的自由创造，但对我们来说，却比个体感觉经验本身更强大、更不可改变，个体感觉经验永远都有可能是幻觉或错觉的产物。另一方面，这些概念和关系，以及假定实际物体和"实际世界"的存在性，其根据仅仅在于与感觉印象相关联，而它们则构成了感觉印象之间的心灵联系。

我们永远也无法理解的一个令人惊叹的事实是：借助于思维

（运用概念，创造并使用概念之间明确的函数关系，并把感觉经验与概念对应起来），我们所有的感觉经验就能得到整理。可以说，"世界的永恒秘密就在于世界的可理解性"。如果没有这种可理解性，假定有一个实际的外在世界就是毫无意义的，这正是康德的伟大认识之一。

这里所说的"可理解性"是在最谦虚的意义上用的，其含义是：在感觉印象之间产生某种秩序，这种秩序是通过创造一般概念、这些概念之间的关系，以及概念与感觉经验之间的某种确定关系而产生的。正是在这个意义上，我们的感觉经验世界才是可理解的。它是可理解的，这是一个奇迹。

在我看来，概念的形成和关联方式，以及如何将概念与感觉经验对应起来，都不是先验的。在引导我们创造这种感觉经验的秩序时，全看理论是否成功。我们只需定下一套规则，倘若没有这样的规则，就不可能获得想要的知识。这些规则与游戏规则类似，虽然游戏规则本身是任意的，但正是其严格性才使游戏成为可能。然而，对规则的固定永远也不会是最终的，它只有对于一个特殊的应用领域才能有效（也就是不存在康德意义上的终极范畴）。

日常思维的基本概念与感觉经验复合体之间的关联只通过直觉来把握，而不能由科学逻辑来规定。正是这些关联（所有关联都不能用概念术语来表达）将科学大厦与空洞的逻辑概念框架区分开来。借助于这些关联，科学的纯粹概念命题就成了描述感觉经验复合体的一般陈述。

我们将那些与典型的感觉经验复合体直接直觉地联系在一起

的概念称为"原始概念"。从物理的观点看，所有其他概念只有通过命题与原始观念联系在一起时才有意义。这些命题，部分是对概念的定义（以及按照逻辑由定义推出的陈述），部分是无法由定义导出的命题，后者至少表达了"原始概念"之间的间接关系，这样一来也表达了感觉经验之间的间接关系。后一种命题乃是"关于实在的陈述"或自然定律，当它们被用于原始概念所涵盖的感觉经验时，必须显示出有效性。至于哪些命题应被看作定义，哪些应被看作自然定律，则主要取决于所选择的表示法。只有从物理学的观点来考察整个概念系统在多大程度上并非空洞时，做这种区分才变得绝对必要。

科学体系的分层

科学的目标一方面是尽可能完整地理解所有感觉经验之间的关联，另一方面则是用最少的原始概念和关系来达到这个目标。（尽可能地寻求世界图像中的逻辑统一性，即逻辑要素最少。）

科学使用所有原始概念（即与感觉经验直接关联的那些概念）以及将它们联系起来的命题。在第一个发展阶段，科学并不包含任何别的东西。对我们的日常思维来说，这种水平大体上已经足够。但这种情况无法满足真正有科学头脑的人，因为这样得到的所有概念和关系完全缺乏逻辑统一性。为了弥补这一缺陷，人们发明了一个概念和关系较少的体系，该体系保留着"第一层"的原始概念和关系，作为可由逻辑导出的概念和关系。这个新的"第二层体系"因为有基本概念（第二层的概念）而具有更高的逻辑统一性，但不再与感觉经验复合体有直接关联。如果进一步追求逻辑统一性，就会得到第三层体系，为了导出第二层（以及间接导出第一层）概念和关系，该体系的概念和关系数目就更少。如此继续下去，直到我们得到这样一个体系，它拥有可能设想的最大统一性和最少的逻辑基础概念，但仍然与我们的感觉经验相容。我们不知道，这种志向最终能否让我们得到一个明确的体系。科学家的回答往往是否定的。不过，在与这些问题角力时，他们决不轻言放弃希望，相信这个最高目标在很大程度上的确能够实现。

抽象理论或归纳理论的拥护者也许会把各个层次称为"不同程度的抽象"，但我并不认为掩盖概念对于感觉经验的逻辑独立性是合理的。这种关系并不像汤与肉的关系，而是像点寄存牌上的数字与大衣的关系。

而且，层与层之间也没有清楚地分开，甚至哪些概念属于第一层也不是绝对清楚的。事实上，我们处理的是自由形成的概念，这些概念与感觉经验复合体有直觉上的联系，对于实际应用有足够的确定性，以至于在任何既定的经验情况下，结果的有效性都是确定的。关键在于，要把许多与经验接近的概念和命题表示成由尽可能窄的基础通过逻辑推导出来的命题，而构成此基础的正是自由选择的基本概念和基本关系（公理）。但这种选择的自由很特别，它完全不同于小说家的自由，倒更像是猜一个设计巧妙的字谜时的自由。猜谜者固然可以尝试任何字作为谜底，但只有一个字才能真正解开整个字谜。相信我们的五种感官所知觉的大自然具有这样一种巧妙字谜的特征，这是信念问题。不过，迄今为止科学取得的成功的确给了这种信念以某种激励。

前面所讲的几个层次对应于科学发展过程中寻求统一性的几个阶段。就终极目标而言，中间层次仅仅是暂时的，它们最终会消失。然而在我们今天的科学中，这些层次代表着问题的部分成功，它们既相互支持，又相互威胁，因为今天的概念体系包含着根深蒂固的不协调，这一点我们后面会讲到。

接下来的内容旨在表明，为了达到逻辑上尽可能一致的物理学基础，构造性的人类心灵走上了哪些道路。

二、力学以及将全部物理学基于力学的尝试

我们的感觉经验，以及更一般地，我们的一切经验都有一个重要性质，那就是都有时间秩序。这种秩序引出了主观时间的心理概念，对我们的经验加以整理。然后，主观时间又经由物体和空间的概念引出了客观时间概念。我们后面会讨论这些内容。

然而在客观时间概念之前，必须先有空间概念；而在空间概念之前，又要先有物体概念。物体概念直接与感觉经验复合体相关联。我们已经说过，"物体"概念的典型特征是这样一种性质，它使我们将一种既不依赖于（主观）时间，也不依赖于是否被我们的感官知觉到的存在性赋予物体，尽管我们觉察到它会随时间变化。彭加勒曾经正确地强调，可以区分物体的"状态变化"和"位置变化"，位置变化可以通过我们身体的主动运动而反过来。

有这样一些物体，在某种知觉范围内，我们不能把状态变化而只能把位置变化归于它们。这个事实对于空间概念的形成（甚至对于物体概念本身的根据）至关重要。我们称这种物体为"准刚性的"。

如果把两个准刚性的物体当作我们的知觉对象一同（也就是当成一个单元）考虑，那么这个整体就有一些改变是不可能被看成整体位置的变化的，尽管这两个组分中的每一个都发生了位置变化。这就引出了两个物体"相对位置的变化"这个概念，由此也引出了两个物体的"相对位置"概念。我们还发现，在不同的相对位置当中有一种特殊的相对位置，我们称之为"接触"。[1]两个物体在三个或三个以上的"点"上永久接触，就意味着它们结合成了一个准刚性的复合体。可以说，第二个物体由此形成了第一个物体的（准刚性）延展，而第二个物体又可以继续做准刚性的延展。物体的准刚性延展可以无限继续下去。物体 B_0 的所有这种可以设想的准刚性延展的全体，就是该物体所决定的无限"空间"。

在我看来，处于任意状况的每一个物体都能与某个给定的物体 B_0（参照体）的准刚性延展相接触，这个事实就是我们空间概念的经验基础。在前科学思维中，坚固的地壳起着 B_0 及其延展的作用。"几何学"（geometry）[2]这个名称就暗示，空间概念与作为始终存在的参照体的地球有着心理上的联系。

---

1. 事物的本性决定我们只能通过自己创造的概念来谈论这些物体，而这些概念本身是无法定义的。然而重要的是，我们使用的概念与我们的经验无疑是对应的。——作者注

2. "geometry"一词的字面意思是测地术。——译者注

"空间"这个大胆的概念先于一切科学上的几何学，它把我们关于物体位置关系的心理概念转变为这些物体在"空间"中的位置的观念。这个概念本身代表着形式上的极大简化。通过这个空间概念还可以得到一种态度：任何对位置的描述都隐含地是一种对接触的描述。说物体的一个点位于空间的 P 点，意思是该物体在 P 点与标准参照体 B_0（假定做了适当延展）的 P 点相接触。

在希腊人的几何学中，空间只扮演定性的角色，因为物体相对于空间的位置虽然被视为既定的，但并不是用数来描述的。笛卡尔最早引入了这种方法。用他的话说，欧几里得几何学的全部内容都可以公理化地建立在以下陈述的基础上：（1）刚体上两个定点确定一个截段。（2）可以把三个数 X_1，X_2，X_3 与空间的点联系起来，对于所考察的任何一个截段 $P'-P''$，其端点的坐标 $X_1{}'$、$X_2{}'$、$X_3{}'$、$X_1{}''$、$X_2{}''$、$X_3{}''$，表达式为：

$$s^2 = (X_1{}''-X_1{}')^2 + (X_2{}''-X_2{}')^2 + (X_3{}''-X_3{}')^2$$

与该物体的位置无关，也与任何其他物体的位置无关。

（正）数 s 被称为截段的长度，或者空间的两点 P' 和 P''（这两点与截段的点 P' 和 P'' 重合）之间的距离。

我们有意选择这样的表述，使它不仅清楚地表达了欧几里得几何学的逻辑和公理的内容，而且也表达了经验内容。对欧几里得几何学的纯逻辑的（公理的）表示固然更为简单清晰，但也因此而失去了概念构造与感觉经验之间的联系，而几何学对于物理学的意义完全建立在这种联系之上。认为先于一切经验的逻辑必然性是欧几里得几何学以及属于它的空间概念的基础，这是一个致命的错误，它源于欧几里得几何学的公理构造的经验基础已经遭到遗忘。

只要能说自然中存在着刚体，欧几里得几何学就是一门必须由感觉经验来证实的物理科学。它关系到一些对于刚体之间的相对位置必定永远成立的定律的全体。可以看到，物理学中原先使用的那种物理的空间概念也与刚体的存在密切相关。

从物理学家的观点来看，欧几里得几何学的核心要点在于，其定律与物体的特定性质无关，它所讨论的是物体的相对位置。其形式上的简单性由同质性和各向同性（以及诸如此类的事物的存在）来刻画。

空间概念固然有用，但对于几何学本身，即对于表述刚体之间相对位置的规则，却并非不可或缺。而客观时间的概念却是与空间连续体的概念联系在一起的，没有客观时间的概念，就不可能表述经典力学的基础。

客观时间的引入涉及两个彼此独立的假设：

1. 将经验的时间序列与"时钟"（即周期性重现的封闭系统）的读数联系起来，引入客观的当地时间。

2. 对于整个空间中的各个事件引入客观时间概念，只要通过这个概念，就可以把当地时间的概念扩展成物理学中的时间概念。

先来讨论1。在我看来，它并不意味着一种"乞题"[1]，只要在澄清时间概念的起源和经验内容时，把周期性重现这个概念放在时间概念之前就可以了。这种观念恰恰对应于刚性（或准刚性）

---

1. "乞题"（petitio principii），即"以假定作为论据来辩论"，它与循环论证高度相关但并不完全一样。——译者注

物体的概念在空间概念解释中的优先地位。

再来讨论 2。相对论问世之前流行着一种错觉，认为从经验的观点看，空间上分离的事件的同时性的意义，从而物理时间的意义，都是先验自明的。这种错觉来源于在日常经验中可以忽略光的传播时间。因此，我们习惯于不去区分"同时看见"和"同时发生"，结果导致时间与当地时间之间的差别被模糊了。

从经验意义的观点来看，这种明确性的缺乏是与经典力学的时间观分不开的。以公理化的方式来表示与感觉经验无关的空间和时间，掩盖了这种不明确性。独立于概念赖以存在的经验基础来使用概念并不必然会损害科学。但这很容易使人错误地相信，这些被遗忘了来源的概念在逻辑上是必然的，因此是不可变动的。这种错误可能会严重威胁科学的进步。

以前的哲学家始终没有看到，客观时间概念就其经验解释而言是缺乏明确性的。这对于力学的发展，因此对于一般物理学的发展是幸运的。他们完全相信空间 – 时间构造的实在意义，并且发展了力学的基础，这些基础可以扼要地表示如下：

（a）质点概念：可以足够准确地将物体——就其位置和运动而言——描述成一个点，其坐标为 X_1, X_2, X_3，它（相对于"空间" B_0）的运动由作为时间函数的 X_1, X_2, X_3 来描述。

（b）惯性定律：一个质点距离所有其他质点足够远时，其加速度的各个分量就消失了。

（c）（质点的）运动定律：力 = 质量 × 加速度。

（d）力（质点之间的相互作用）的定律。

这里，（b）仅仅是（c）的一个重要特例。只有给出了力的定律，实际的理论才能存在。为了让一个通过力彼此关联的质点系可以像一个质点那样行为，这些力必须首先只服从作用与反作用相等的定律。

这些基本定律和牛顿的引力定律共同构成了天体力学的基础。在牛顿力学中，空间 B_0 并不像上文所述是由刚体的延展所导出，而是包含着新的想法。对于给定的力的定律，（b）和（c）并非对于任何 B_0 都有效，而是只对一种具有特定运动状态的 B_0（惯性系）才有效。坐标空间由此获得了一种独立的物理性质，这种性质并不包含在纯粹几何的空间概念中，这又让牛顿有了全新的想法（旋转水桶实验）。[1]

经典力学仅仅是一般性的方案，只有明确给出力的定律（d）才能成为一种理论，就像牛顿在天体力学方面非常成功地做到的那样。科学家总是希望使基础达到最大的逻辑简单性，从这个目标来看，这种理论方法是有缺陷的，因为力的定律无法逻辑地推导出来，对力的定律的选择是先验的，在很大程度上甚至是任意的。牛顿的引力定律与其他可设想的力的定律的唯一区别就在于它的成功。

虽然我们今天知道，经典力学无法充当整个物理学的基础，但它在我们的物理思考中仍然占据着核心地位。这是因为，无论自牛顿时代以来取得了什么重大进展，我们仍然没有找到物理学的最终基础，由它可以逻辑地推导出所有已知现象，以及成功的

---

1. 只有找到一种对所有 B_0 都有效的力学，才能消除该理论的这个缺陷。这是通向广义相对论的一个步骤。第二个缺陷在于，牛顿力学本身解释不了质点的引力质量与惯性质量相等，这同样要通过引入广义相对论才能消除。——作者注

部分理论体系。接下来我想简要描述一下事情是怎样的。

　　首先我们要厘清，经典力学体系在多大程度上能够充当整个物理学的基础。由于这里只讨论物理学的基础和发展，我们无须关注力学在纯形式方面的进展（拉格朗日方程、正则方程等）。但有一点似乎是不可或缺的。"质点"这个概念对于力学是非常基本的。对于不能当作质点来处理的物体（严格说来，任何"可以用感官感知的"对象都属于这个范畴），应当如何提出一种力学呢？我们如何设想物体由质点构成以及质点之间的作用力呢？要使力学完备地描述物体，提出这个问题就是不可避免的。

　　在力学中，我们常常假定质点以及在质点之间起作用的力的定律是不变的，因为它们随时间的变化无法做力学解释。由此可以看出，经典力学必定会引入物质由原子构成这一观念。我们现在特别清楚地意识到，相信理论是从经验中归纳出来的，这是多么错误的想法。甚至连伟大的牛顿也未能摆脱这种错误（"我不杜撰假说"）。

　　为了避免无望地专注于这种思路（原子论），科学首先以如下的方式发展。如果一个系统的势能是其位形的函数，则该系统的力学就确定了。现在，如果作用力可以保证系统位形的某些结构性质得以维持，那么这种位形就可以用少数几个位形变量 q_r 来足够准确地描述。在这种情况下，势能被认为只同这些变量有关（比如用六个变量来描述准刚体的位形）。

　　力学应用的另一种方法同样不把物质再分为"实在的"质点，那就是所谓的连续介质力学。这种力学的典型特征是，假想物质的密度和速度都连续地依赖于坐标和时间，而没有明确给出的那部分相互作用可以被视为表面力（压力），后者亦为位置的连续函数。流体动力学理论和固体弹性理论就是这样。这些理论避免直接引入质点，而是代之以从经典力学的基础来看只能有近似意义的虚构。

除了有应用方面的伟大意义之外，这些科学范畴还提出了新的数学概念，创造出偏微分方程，这种形式工具对于日后寻求整个物理学的新基础是必不可少的。

力学应用的这两种方式都属于所谓"唯象的"物理学。这种物理学的典型特征是尽量使用与经验接近的概念，但也不得不因此而牺牲基础的统一性。热、电和光都要用不同的状态变量和物质常数来描述，而不能用力学量。至于这些变量的相互关系和时间关系，则主要只能由经验来确定。麦克斯韦的许多同时代人都把这种表述方式看成物理学的终极目标，并认为物理学应当使用与经验接近的概念，再从经验中归纳出定律。从知识论的观点来看，密尔和马赫的立场大体如此。

在我看来，牛顿力学最伟大的成就在于，其一致的应用已经超越了这种唯象的观点，特别是在热现象方面。气体运动论和一般的统计力学都很成功。气体运动论将理想气体的状态方程、黏性、扩散、热传导和辐射度现象从逻辑上联系起来，而从直接经验的观点来看，这些现象似乎毫不相干。统计力学则对热力学的观念和定律给出了力学解释，由此发现了经典热理论的概念和定律的适用范围。这种运动论不仅在基础的逻辑统一性上远远超出了唯象的物理学，而且还得出了原子和分子的明确大小。这些数值是由几种独立的方法分别得到的，因此是无可怀疑的。这些重大成就所付出的代价是把原子与质点对应起来，而这些东西显然具有高度的臆测性。没有人会指望"直接感知"原子。那些与实验事实有更直接关系的变量（如温度、压力、速率）的各种定律，都是通过复杂的计算从这些基本观念中推导出来的。这样一来，原先更多是唯象地构造的物理学（至少是其中一部分），通过基于原子和分子的牛顿力学，都被归结到虽然远离直接实验但性质上更加一致的基础上。

三、场的概念

在解释光和电的现象时，牛顿力学远不如在上述领域那样成功。诚然，牛顿试图在其光的微粒说中把光归结为质点的运动。但是后来，随着光的偏振、衍射和干涉等现象的发现，微粒说不得不做出越来越多不自然的修改，惠更斯的光的波动说渐渐占了上风。当时晶体光学和声学已经发展到一定程度，光的波动说可能本质上起源于此。应当承认，惠更斯的理论起初也是基于经典力学，无处不在的以太被视为波的载体，但任何已知现象都无法暗示以太是如何由质点构成的。支配以太的内力，以及以太与"有重"物质之间的作用力，始终没有得到清晰认识。因此，这种理论的基础一直模糊不清。它所依据的偏微分方程，似乎无法归结为力学要素。

在电磁现象方面，人们再次引入了一种特殊的物质，并且假定这些物质之间存在着一种类似于牛顿引力的超距作用力。但这种特殊的物质似乎缺乏惯性这种基本性质，而且与有重物质之间的作用力仍然模糊不清。除了这些困难，这些物质的极性特征也无法纳入经典力学的框架。电动力学现象发现之后，磁现象可以用电动力学现象来解释，于是不再需要假设磁性物质。但该理论的基础变得更不能让人满意，因为现在，运动的带电物质之间被认为存在着非常复杂的相互作用力。

法拉第和麦克斯韦的电场理论使人摆脱了这种让人不满意的状况，这也许是自牛顿时代以来物理学的基础发生的最深刻转变。此外，这种转变还朝着构造上的思辨迈出了一步，增加了理论基础与感觉经验之间的距离。事实上，只有当带电物体出现时，场的存在才会显示出来。麦克斯韦的微分方程把电场和磁场的空间、时间微分系数联系在一起。带电物体不过是电场中散度不为零的地方罢了，而光波则是电磁场在空间中的振荡。

诚然，麦克斯韦仍然试图用机械的以太模型来机械地解释他的场论。但随着赫兹对这种理论做出新的表示，清除了一切多余的附加物，这些尝试逐渐销声匿迹了。在这种理论中，场最终获得了基础地位，就像牛顿力学中的质点那样。然而，这主要只适用于真空中的电磁场。

起初，物质内部的电磁场理论是非常不能令人满意的，因为在那里必须引入两个电矢量，而两种的关系依赖于介质的本性，无法做任何理论分析。关于磁场，以及电流密度与磁场之间的关系，也有类似的问题。

在这方面，洛伦兹找到了一条通往运动物体的电动力学理论的出路，或多或少避免了随意的假定。他的理论基于以下几个基本假说：

无论在什么地方，包括在有重物体内部，场的载体都是真空。物质之所以参与电磁现象，仅仅是因为物质的基本粒子带有不变的电荷，因此一方面受到有质动力的作用，另一方面又会产生场。基本粒子服从牛顿的质点运动定律。

正是以此为基础，洛伦兹综合了牛顿力学和麦克斯韦的场论。这个理论的缺点在于，它试图结合偏微分方程（真空中的麦克斯韦场方程）和全微分方程（质点的运动方程）来描述现象，这种做法显然是不自然的。其不恰当性表现在，它必须假定粒子的大小有限，以防粒子表面的电磁场变成无穷大，而且无法解释将各个粒子上的电荷保持在一起的巨大的力。洛伦兹清楚并接受自己理论中的这些缺点，不过至少可以大体上正确地解释各种电磁现象。

此外，还有一种考虑超出了洛伦兹的理论框架。带电物体周围有一个对它的惯性做出（明显的）贡献的磁场，难道不可能以电磁作用来解释粒子的总惯性吗？显然，只有把这些粒子解释成电磁偏微分方程的正则解，才能令人满意地解决这个问题。然而，原有的麦克斯韦方程并不允许对粒子做这样一种描述，因为与之对应的解包含一个奇点。理论物理学家一直试图修改麦克斯韦方程来达到这个目标，但并没有成功。于是，我们至今仍然无法建立物质的纯电磁场理论，尽管没有理由达不到这个目标。由于缺乏解决问题的系统方法，人们不再有勇气朝这个方向继续努力。不过在我看来，可以肯定的是，在任何自恰的场论的基础中，除了场这个概念以外，粒子概念不能被额外加入。整个理论必须完全基于偏微分方程，而且它的解不能带奇点。

四、相对论

任何归纳法都导不出物理学的基本概念。不理解这个事实是19 世纪的许多研究者犯下的基本哲学错误。也许正是由于这个缘故，分子理论和麦克斯韦理论直到较晚的时候才确立起来。逻辑思维必然是演绎的，它基于假设的概念和公理。应当如何选择这些概念和公理，才能确证由它们导出来的推论呢？

最理想的情况显然是，新的基本假说能够由经验世界本身暗示出来。作为热力学的基本假说，"永动机不存在"便是由经验暗示出来的。伽利略的惯性原理也是如此。而且，相对论的基本假说也是出于同一范畴。相对论使场论得到了意想不到的推广，也使经典力学的基础被取代。

麦克斯韦 – 洛伦兹理论的成功使人们对真空中电磁学方程的有效性深信不疑，因此特别相信光以恒定的速度 c "在空间中"行进。这个光速不变的断言是否对于任何惯性系都有效呢？如果不是这样，那么一个特殊的惯性系，或者更准确地说，（一个参照体的）一种特殊的运动状态就应区别于所有其他运动状态。然而，这似乎与所有力学的和电磁学 – 光学的实验事实相矛盾。

因此，我们必须把光速不变定律对一切惯性系都有效提升为原理。由此，空间坐标 x_1、x_2、x_3 和时间 x_4 必须按照"洛伦兹变换"来变换，它由以下表达式的不变性来刻画：

$$ds^2 = dx_1^2 + dx_2^2 + dx_3^2 - dx_4^2$$

（如果时间单位的选择使光速 $c=1$）。

通过这种程序，时间便失去了绝对性，而与"空间"坐标结合在一起，在代数上具有（近乎）类似的特征。时间的绝对性，特别是同时的绝对性被破坏了，四维描述作为唯一恰当的描述被引入进来。

同样，为了解释所有惯性系对于所有自然现象都等价，必须假设所有表达一般定律的物理方程组对于洛伦兹变换都是不变的。对这个要求作出详细阐述，正是狭义相对论的内容。

这个理论与麦克斯韦方程相容，但与经典力学的基础不相容。虽然可以修改质点的运动方程（以及质点动量和动能的表达式），使之满足这个理论，但相互作用力的概念以及系统的势能概念却失去了基础，因为这些概念都基于绝对同时性的观念。由微分方程决定的场取代了力。

由于上述理论只允许相互作用由场来产生，因此需要一种引力场论。事实上，提出一种能像牛顿理论那样把引力场归结成一个偏微分方程的标量解的理论并不困难。然而，牛顿的引力理论所表达的实验事实却引向了另一个方向，即广义相对论的方向。

经典力学有一个不能让人满意的特征，那就是在它的基本定律中，同一个质量常数以两个不同的角色出现，即作为运动定律中的"惯性质量"和作为引力定律中的"引力质量"。结果，物体在纯引力场中的加速度与它的材料无关；或者说，在匀加速的坐标系中（相对于一个"惯性系"加速），运动就像在一个均匀的引力场（相对于一个"不动的"坐标系）中一样。如果假定这两种情况完全等效，我们的理论思考就符合了引力质量等于惯性质量这一事实。

由此可知，我们原则上不再有任何理由偏爱惯性系，而且必须承认，坐标（x_1，x_2，x_3，x_4）的非线性变换也有同等地位。如果我们对狭义相对论的坐标系作这样的变换，那么度规

$$ds^2 = dx_1^2 + dx_2^2 + dx_3^2 - dx_4^2$$

就转换成具有如下形式的广义（黎曼）度规：

$$ds^2 = g_{\mu\nu} dx_\mu dx_\nu$$

其中 $g_{\mu\nu}$ 对于 μ 和 ν 是对称的，是 x_1，x_2，x_3，x_4 的某些函数，它们既描述度规性质，又描述相对于新坐标系的引力场。

这是对力学基础进行解释的重大改进，但经过更加细致的考察就会发现，它所付出的代价是，我们不再能像在原先的坐标系（没有引力场的惯性系）中那样，将新坐标解释成刚体和时钟量度的结果。

广义相对论之路是通过以下假设实现的：这样一种用函数 $g_{\mu\nu}$（即用黎曼度规）来表示空间场性质的做法也适合于一般情况，即相对于任何坐标系，度规都不会有狭义相对论的简单的准欧几里得形式。

现在，坐标本身不再表示度规关系，而仅仅表示坐标彼此略有不同的物体"附近"。只要没有奇点，一切坐标变换都是容许的。只有用那些对于这个意义上的任意变换都协变的方程来表达，一般自然定律才有意义（广义协变假设）。

广义相对论的第一个目标是提出一个初步版本，它虽然构不成一个封闭体系，却能以尽可能简单的方式与"可直接观察的事

实"相联系。如果这种理论只限于纯粹的引力力学，则牛顿的引力理论就能充当模型。这个初步版本可以这样刻画：

1. 保留质点及其质量的概念，给出它的运动定律，也就是把惯性定律翻译成广义相对论的语言。该定律是一个具有测地学性质的全微分方程组。

2. 牛顿的引力相互作用定律被一组能由 $g_{\mu\nu}$ 张量组成的最简单的广义协变微分方程组所取代。此方程组是让缩并一次之后的黎曼曲率张量等于零（$R_{\mu\nu}=0$）而形成的。

这种表述使我们可以处理行星问题，更准确地说，它使我们能够处理质量几乎可以忽略不计的质点在（中心对称的）引力场中的运动问题，这种引力场是由一个假定"静止"的质点所产生的。它不考虑"运动的"质点对引力场的反作用，也不考虑中心质量是如何产生这个引力场的。

与经典力学的类比表明，下面的做法可以使理论完整。我们这样来构造场方程：

$$R_{ik} - {}^1\!/_2\, g_{ik} R = -T_{ik}$$

其中 R 是黎曼曲率的标量，T_{ik} 是以唯象方式表示的物质的能量张量。选择方程左边，使它的散度恒等于零，于是右边的散度也等于零，这样便产生了偏微分方程形式的物质的"运动方程"。用来描述物质的 T_{ik} 只引入了另外四个独立的函数（比如密度、压力和速度分量，其中速度分量之间有一个恒等式，而压力与密度之间有一个状态方程）。

通过这种表述，我们将整个引力力学归结成求一个协变的偏微分方程组的解。这种理论避免了经典力学基础的所有那些缺点。据我们所知，它足以表示天体力学观察到的事实。然而，它就像一幢左右不对称的建筑，一侧是用精致的大理石砌成的（方程的左边），另一侧则是用劣质的木材制成的（方程的右边）。事实上，对物质的唯象表示仅仅是一种粗糙的代用品，无法正确处理物质的所有已知性质。

在没有有重物质和电密度的空间中，把麦克斯韦的电磁场理论与引力场理论联系起来并不困难。只要把真空中电磁场的能量张量代入上述方程右边的 T_{ik}，并把真空中的麦克斯韦场方程改写成广义协变形式即可。在这些条件下，所有这些方程之间会有足够多的微分恒等式，以确保它们的一致性。还要补充一句，整个方程组的这种必然的形式性质使 T_{ik} 的符号可以任意选择，这一点后来变得很重要。

人们希望理论的基础尽可能达到最大的统一性，遂多次尝试把引力场和电磁场纳入同一幅统一的图像。这里必须特别提到卡鲁扎和克莱因的五维理论。我认真考虑过这种可能性，觉得宁可接受原有理论的内在不一致，因为构成五维理论基础的全部假说所包含的任意性并不比原有的理论更少。同样的意见也可用于这种理论的投影形式，冯·丹奇克和泡利对此曾做过精心阐述。

以上讨论只涉及没有物质的场的理论。如何从这一点出发，得到关于物质原子构成的完整理论呢？这种理论必须把奇点排除在外，否则微分方程就无法完全决定总的场。广义相对论的场论在这方面的问题与纯粹的麦克斯韦理论对物质的场论表示所面临的问题相同。

这里，对粒子的场论构造似乎再次导致了奇点。人们同样试图通过引入新的场变量以及精心阐述和扩展场方程组来克服这个缺点。然而近来，我与罗森博士合作发现，上述引力场方程与电场方程最简单的结合产生了可以表示为不带奇点的中心对称解（施瓦茨希尔德关于纯粹引力场的著名中心对称解，以及莱斯纳关于电场及其引力作用的解）。我将在第六节简要讨论它。这样似乎就能得到没有附加假说的关于物质及其相互作用的纯粹场论，而且除了纯粹数学上的困难（尽管非常严重），对它作经验检验不会导致别的什么困难。

五、量子理论和物理学的基础

我们这一代的理论物理学家正期待为物理学建立新的理论基础，它所使用的基本概念会与迄今考察的场论概念大相径庭。这是因为人们发现，对所谓量子现象的数学表示必须采用全新的方法。

正如相对论所揭示的，经典力学的失败与光的有限速度（它不是无穷大）有关，另一方面，在20世纪初又发现了力学推论与实验事实之间的其他各种不一致，这些不一致与普朗克常数 h 的有限大小（它不是零）有关。特别是，分子力学要求固体的热量和（单色的）辐射密度应当随着绝对温度的下降而成比例地减少，然而经验却表明，它们的减少要比绝对温度的下降快得多。要想对这种现象作出理论解释，必须假定力学系统的能量不能取任意值，而只能取某些分立的值，其数学表示式总与普朗克常数 h 有关。而且，这种观念对于原子论（玻尔的理论）是至关重要的。无论是否有辐射的发射或吸收，关于这些状态彼此之间的跃迁无法给出因果定律，而只能给出统计定律。对于大约在同一时间得到认真研究的原子的放射性衰变，也可得出类似的结论。物理学家曾花了 20 多年时间，试图对系统和现象的这种"量子特性"作出统一解释，但没有成功。大约 10 年前，物理学家终于用两种完全不同的理论方法取得了成功。第一种方法归功于海森伯和狄拉克，另一种归功于德布罗意和薛定谔。没过多久，薛定谔就认识到，这两种方法在数学上是等价的。这里我将尝试概括出德布罗意和薛定谔的思路，因为它比较接近物理学家的思想方法，并附上一些一般思考。

首先，对于一个在经典力学意义上被指定的系统（能量函数是坐标 q_r 以及对应动量 p_r 的给定函数），如何为之指定一系列分立的能量值 H_σ 呢？普朗克常数 h 将频率 H_σ/h 与能量值 H_σ 联系起来。因此，它足以为该系统指定一系列分立的频率值。这让我们想起一个事实：在声学中，一系列分立的频率值是与一个线性偏微分方程（对于给定的边界条件），即与正弦的周期解相对应的。相应地，薛定谔认为自己的任务是把一个关于标量函数 ψ 的偏微分方程与给定的能量函数 $\varepsilon(q_r, p_r)$ 对应起来，其中 q_r 和时间 t 都是独立变量。这样一来，他便成功地由（对于复函数 ψ）方程的周期解实际得出了统计理论所要求的能量 H_σ 的理论值。

诚然，不可能把薛定谔方程的一个明确解 $\psi(q_r, t)$ 与质点力学意义上的一种明确的运动联系起来。这意味着 ψ 函数并

不能精确地决定 q_r 与时间 t 的关系。然而依照玻恩的看法，ψ 函数的物理意义可以解释如下：$\psi\bar{\psi}$（复函数 ψ 的绝对值的平方）是系统在时刻 t 位于 q_r 的位形空间中所考察的那个点上的概率密度。因此，薛定谔方程的内容可以简单但不十分精确地概括如下：它决定着系统的统计系综的概率密度在位形空间中随时间的变化。简而言之，薛定谔方程决定着 q_r 的 ψ 函数随时间的变化。

必须提到，该理论在极限值会回到粒子力学的结果。若薛定谔问题的解所涉及的波长处处都很小，以至于在位形空间中一个波长的距离内，势能的变化几乎无限小，我们就可以在位形空间中选取一个区域 G_0，虽然在任何方向都比波长大，但却比位形空间的相关尺寸小。在这些条件下，对于初始时刻 t_0，可选择函数 ψ，使它在区域 G_0 之外为零，并且按照薛定谔方程以如下方式变化：在以后的一段时间里至少近似保持着这种性质，但在时刻 t，区域 G_0 移动到另一个区域 G。这样就能近似地谈论整个区域 G 的运动，并且用位形空间中一个点的运动来近似这种运动。于是，这种运动就与经典力学方程所要求的运动相符了。

以粒子射线进行的干涉实验出色地证明，理论所假定的运动现象的波动特征的确符合事实。此外，该理论还轻而易举地证明了一个系统在外力作用下从一个量子态跃迁到另一个量子态的统计定律，而这在经典力学看来仿佛是奇事。这里的外力由势能的一些与时间有关的微小附加项来表示。在经典力学中，这些附加项只能产生微小的系统改变，而在量子力学中却能产生任何量级的变化，无论这些变化有多大，但相应的概率却很小，这种结果与经验完全符合。甚至是放射性衰变的定律，该理论也能提供至少是概括性的解释。

也许从来没有一种理论像量子理论那样，能为解释和计算如此纷繁复杂的经验现象提供一把钥匙。但尽管如此，在寻求物理学的统一基础时，我认为这种理论容易诱使我们误入歧途，因为虽然只有量子理论能用力和质点这些基本概念建构出来（对经典力学的量子修正），但我相信它是对实在事物的一种不完备的描述。这种描述的不完备性必然导致定律的统计性（不完备性）。接下来我就来谈谈这种观点的理由。

首先要问，ψ 函数能在多大程度上描述力学系统的实际状态？假定 ψ_r 是薛定谔方程的一系列周期解（按照能量值递增的顺序排列）。至于单个 ψ_r 在多大程度上是对物理状态的完备描述，这个问题我暂不考虑。一个系统先是处于状态 ψ_1，对应于最低的能量 ε_1，然后在有限的时间内受到小的外力扰动，那么在稍后的某个时刻，由薛定谔方程可以得到如下形式的 ψ 函数：

$$\psi = \sum c_r \psi_r$$

其中 c_r 是（复）常数。如果 ψ_r 是"归一化的"，那么 $|c_1|$ 近乎等于 1，$|c_2|$ 等等则远小于 1。我们现在会问：ψ 描述了系统的真实状态吗？如果答案为是，我们就不得不赋予这个状态以确定的能量 ε^1，且此能量略大于 ε_1（在任何情况下都有 $\varepsilon_1 < \varepsilon < \varepsilon_2$）。然而，如果考虑到密立根对电荷分立本性的证明，这个假定与弗兰克和赫兹所做的电子碰撞实验是矛盾的。事实上，这些实验引出了这

---

1. 因为根据相对论的一个已经充分证实的结论，一个静止的完整系统的能量等于它的整个惯性，而这必须有确定的值。——作者注

样的结论：介于量子值之间的能量值是不存在的。由此得知，函数 ψ 无法描述系统的同质状态，而只能代表一种统计描述，其中 c_r 表示单个能量值出现的概率。因此，情况似乎很清楚，玻恩关于量子理论的统计诠释是唯一可能的诠释。ψ 函数不可能描述单个系统的状态，而是涉及多个系统，或者说统计力学意义上的"系综"。如果说除了某些特殊情形，ψ 函数只提供关于可测量量的统计数据，这不仅是因为测量操作引入了只能在统计上把握的未知要素，而且也因为 ψ 函数在任何意义上都不描述单个系统的状态。不论单个系统是否受到外界的作用，薛定谔方程都决定着系综所经历的时间变化。

这种诠释也消除了我和两位同事最近证明的那个悖论，它与下面这个问题有关。

考虑由两部分系统 A 和 B 所组成的力学系统，这两部分系统只在有限时间内发生相互作用。假设发生相互作用前的 ψ 函数是已知的，则相互作用后的 ψ 函数由薛定谔方程决定。现在让我们通过测量来尽可能完备地确定部分系统 A 的物理状态，则根据量子力学，我们可以由所做的测量和整个系统的 ψ 函数来确定部分系统 B 的 ψ 函数。然而，这种确定所给出的结果却要依赖于被测量的是 A 的哪个（可观测的）物理量（比如是坐标还是动量）。既然相互作用后 B 只可能有一个物理状态，而且不能认为它依赖于我们对与 B 分隔开的系统 A 所做的测量，因此可以断言，ψ 函数与物理状态并非明确对应。几个 ψ 函数与系统 B 的同一物理状态的这种对应再次表明，不能把 ψ 函数解释成对单个系统物理状态的（完备）描述。这里同样是 ψ 函数与系综的对应消除了所有困难。[1]

量子力学以这种简单的方式提供了从一个状态（表观上）不连续地跃迁到另一个状态的陈述，却不实际描述具体过程，这与该理论不能描述单个系统而只能描述多个系统的总和有关。我们第一个例子中的系数 c_r 在外力作用下其实变动很小。根据对量子力学的这种诠释，我们就可以理解，为什么这种理论很容易说明，微弱的扰动力就能使一个系统的物理状态发生任意大小的改变。事实上，这种扰动力只会使系综中的统计密度发生相应的微小变化，因此只会使 ψ 函数发生无限微弱的变化，对它的数学描述要比对单个系统所经历的有限变化进行数学描述容易得多。当然，这种思考方式完全弄不清楚单个系统发生了什么事情，统计进路的描述完全消除了这个谜一样的事件。

近年来，威尔逊云室和盖革计数器等令人惊异的发明已经把这些单个事件带到我们眼前。现在我要问，在这种情况下，难道真有哪位物理学家会相信，我们永远也无法理解单个系统的这些重要变化、结构和因果关系吗？这在逻辑上不仅可能，而且无矛盾，但与我的科学本能格格不入，我无法放弃追求更完备的观念。

除了这些考虑，还有另一种思考也表明，量子力学所引入的方法不大可能为整个物理学提供有用的基础。在薛定谔方程中，绝对时间和势能扮演着决定性的角色，而由相对论已经认识到，这两个概念在原则上是不能容许的。要想摆脱这种困难，就需要

---

1. 例如，对 A 的测量会涉及向较小系综的跃迁。后者（因此它的 ψ 函数）依赖于对系综的这种缩小所根据的是哪种观点。——作者注

把理论建立在场和场定律而不是相互作用力的基础上。这引导我们把量子力学的统计方法应用于场，也就是说，应用于有无穷多自由度的系统。虽然迄今为止所做的尝试仅限于线性方程，从广义相对论的结果可以知道这是不够的，但即使是这样，目前面临的复杂性已经非常惊人。若要服从广义相对论的要求（原则上没有人会怀疑这种要求的合理性），复杂性肯定还会增加。

诚然，有人已经指出，鉴于一切在小尺度上出现的东西都有分子结构，可以认为引入空间－时间连续体是违反自然的。他们主张，海森伯方法的成功也许暗示，可以用一种纯代数方法来描述自然，也就是从物理学中取消连续函数。但那样一来，我们也必须原则上放弃空间－时间连续体。可以设想，人类的聪明才智有朝一日真能找到这样的方法，不过目前，这种纲领还像空中楼阁。

毫无疑问，量子力学已经把握住了许多真理，对于未来的任何理论基础来说，它都是一块试金石，因为它必须能作为极限情况从那个基础中推导出来，就像静电学能从麦克斯韦电磁场方程中推导出来，或者热力学能从经典力学中推导出来一样。但我不相信量子力学能作为寻求这种基础的出发点，就像不能相反地从热力学（关系到统计力学）出发找到力学的基础一样。

考虑到这种情况，认真考虑场物理学的基础是否无论如何都无法与量子现象协调起来，就显得完全合理了。采用目前的数学工具，难道不是只有以场论为基础，才能适应广义相对论的要求吗？今天的物理学家往往认为，这种尝试是没有希望的，这种信念也许来源于一个没有根据的看法，即认为这种理论在一级近似中必须导出粒子运动的经典力学方程，或者至少要导出全微分方程。事实上，到目前为止，所有以场来描述粒子的理论都含有奇点，我们无法就这些粒子的行为先验地说出任何东西。但有一件事情是确定的：如果一种场论可以不带奇点地描述粒子，那么这些粒子随时间的行为就完全由场的微分方程来决定了。

六、相对论与粒子

我现在要表明，根据广义相对论，场方程存在着不带奇点的解，可以解释为代表粒子。这里我只限于中性粒子，因为在最近发表的与罗森博士合作的另一篇论文中，我已经详细讨论了这个问题，而且因为在这种情况下，问题的实质可以完整地显示出来。

引力场完全由张量 $g_{\mu\nu}$ 描述。在三指标符号 $\Gamma^{\sigma}_{\mu\nu}$ 中也出现了逆变张量 $g^{\mu\nu}$，它被定义为 $g_{\mu\nu}$ 的子行列式除以行列式 $g(=|g_{\alpha\beta}|)$。要使 R_{ik} 能被定义且有限，不仅连续体每一点的邻近都要有一个坐标系，在这个坐标系中，$g_{\mu\nu}$ 及其一阶微分系数是连续和可微的，而且行列式 g 必须处处不为零。但如果用 $g^2 R_{ik}=0$ 来代替微分方程 $R_{ik}=0$，那么最后一个限制就不再需要，因为方程左边是 g_{ik} 及其导数的有理整函数。

这些方程有施瓦茨希尔德给出的中心对称解：

$$ds^2 = -\frac{1}{1-2m/r}dr^2 - r^2(d\theta^2 + \sin^2\theta d\varphi^2) + (1-\frac{2m}{r})dt^2$$

这个解在 $r=2m$ 处有一个奇点，因为 dr^2 的系数（即 g_{11}）在这个超曲面上变成无限大。但如果用下列方程定义的 ρ 来代替变量 r：

$$\rho^2 = r - 2m$$

我们就得到

$$ds^2 = -4(2m+\rho^2)d\rho^2 - (2m+\rho^2)^2(d\theta^2 + \sin^2\theta d\varphi^2) + \frac{\rho^2}{2m+\rho^2}\, dt^2$$

这个解对于 ρ 的所有值都是正则的。对于 $\rho=0$，dt^2 的系数（即 g_{44}）也等于零，由此固然可以推出行列式 g 等于零，但根据我们实际采用的场方程的写法，这并不构成奇点。

如果 ρ 从 $-\infty$ 变到 $+\infty$，则 r 就从 $+\infty$ 变到 $r=2m$，然后又回到 $+\infty$。而当 $r < 2m$ 时，并没有对应的 ρ 的实数值。因此，通过把物理空间表示成沿着超曲面 $\rho=0$（也就是 $r=2m$）相接触的两个相同的"薄片"，在这个超曲面上，行列式 g 等于零，施瓦茨希尔德解就成了一个正则解。我们把两个（相同的）薄片之间的这种连接称为"桥"。于是，有限区域内两个薄片之间的这种桥的存在就对应于物质中性粒子的存在，这种粒子可以用不带奇点的方式来描述。

解决中性粒子的运动问题，显然就相当于发现引力方程（写成不带分母的形式）的包含多个桥的解。

由于"桥"本质上是分立的，因此，上述观念先验地对应于物质的原子论结构。我们还看到，中性粒子的质量常数 m 必然为正，因为没有一个不带奇点的解能与 m 是负值的施瓦茨希尔德解相对应。只有考察多桥问题才能表明，这种理论方法能否解释为什么自然界的粒子具有相等的质量，以及能否说明量子力学已经如此美妙地理解的那些事实。

以类似的方式也可以表明，引力方程与电方程相结合（在引力方程中恰当选取电的部分的正负号）会产生对带电粒子的不带奇点的桥表示。在这种解当中，最简单的是无引力质量的带电粒子的解。

只要没有克服与多桥问题的解相关的巨大的数学困难，从物理学家的观点来看，就不能说这种理论有什么用处。但事实上，它第一次尝试以场论对物质的性质作出一致的解释。这种尝试的另一个优点是，它所基于的是今天已知最简单的相对论性场方程。

总结

物理学构成了一个不断演化的逻辑思想系统，它的基础无法用归纳法从经验中提取出来，而只能靠自由发明而得到。这种系统的正当性（真理内容）在于导出的命题可以用感觉经验来证实，而感觉经验与基础的关系只能直觉地把握。物理学的演化使逻辑基础变得越来越简单。为了进一步接近这个目标，我们必须容许逻辑基础越来越远离经验事实，而从基础到那些与感觉经验相关联的导出命题的思想道路，也变得越来越艰难和漫长了。

我们的目标是尽可能简要地概述基本概念的发展及其与经验事实的关系，以及为达到系统的内在完美性而付出的努力。这些考虑旨在阐明在我看来目前的事态。（扼要的历史阐述难免会有主观色彩。）

我试图表明，物体、空间、主观时间和客观时间这些概念是如何彼此关联以及与我们的经验相关联的。在经典力学中，空间和时间概念是相互独立的。在这个基础中，物体概念被质点概念所取代，从而使力学从根本上成为原子论的。在试图使力学成为整个物理学的基础时，光和电产生了无法克服的困难。由此我们被引到电的场论，随后又尝试把物理学完全建立在场的概念的基础上。这种尝试引出了相对论（空间和时间概念演化成有度规结构的连续体的概念）。

此外我还试图表明，为什么我认为量子理论似乎无法为物理学提供恰当的基础：若把理论的量子描述当成对单个物理系统或事件的完备描述，就会陷入矛盾。

另一方面，场论尚不能解释物质的分子结构和量子现象。但我已经表明，相信用场论的方法无法解决这些问题，这乃是基于偏见。

理论物理学的基础 [1]

科学试图将我们杂乱无章的感觉经验与逻辑一致的思想体系对应起来。在这种体系中，个别经验与理论结构的对应关系必须是唯一且令人信服的。

感觉经验是给定的，而解释感觉经验的理论却是人为的，是极其艰苦费力的适应过程的结果：假设性的，永远不会有最终结论，始终受到质疑和挑战。

形成概念的科学方法与我们日常生活中使用的方法之间的区别不是根本上的，而只在于概念和结论有更精确的定义，实验材料的选择更加谨慎和有系统性，以及逻辑上更加经济。最后这一点指的是，努力将所有概念和关系都归结为尽可能少的逻辑上独立的基本概念和公理。

我们所说的物理学包括这样一组自然科学，它们的概念建立在测量的基础上，其概念和命题可以作数学表述。相应地，我们全部知识中能用数学方式来表达的部分就被界定为物理学的领域。随着科学的进步，物理学领域已经大大扩张，似乎只受方法本身界限的限制。

---

1. 载于《科学》（*Science*, Washington, D. C. May 24, 1940）。

物理学有很大一部分研究是致力于发展物理学的各个分支，每一个分支都旨在对有限范围的经验做理论上的理解，而且每个分支的定律和概念都尽可能与经验保持密切的联系。这门科学不断地专门化，在过去几个世纪里使实际生活发生了革命，使人类有可能从辛苦劳动的重负中解放出来。

　　另一方面，从一开始就一直有人试图找到所有这些学科的统一的理论基础，它由最少的概念和基本关系所组成，使各门学科的所有概念和关系都能逻辑地推导出来。这就是我们寻求整个物理学基础的意义所在。深信这个终极目标可以达到，是鼓舞研究者热情投入的主要源泉。因此，下面专门来讨论物理学的基础。

　　由前所述可以清楚地看到，这里所谓的"基础"与建筑物的基础并不相似。当然，从逻辑上看，物理学的各个定律都建立在这种基础上。建筑物会被风暴或洪水严重毁坏，而基础却安然无恙，然而在科学中，逻辑基础受到的来自新经验或新知识的威胁却总是大于与实验接触更为密切的分支。理论基础的重大意义就在于它与各个部分都有联系，但其最大的危险也正在于面临任何新因素。然而，在所谓物理学的革命时代，其基础的改变并没有那么频繁和彻底，这是为什么呢？

　　牛顿的工作第一次试图奠定统一的理论基础。他的体系可以归结为以下几个概念：（1）具有不变质量的质点；（2）任何两个质点之间的超距作用；（3）质点的运动定律。严格说来，并不存在包含一切的基础，因为它所列出的明确定律只针对引力的超距作用，而对于别的超距作用，除了作用与反作用相等这条定律，并没有先验地确立任何东西。此外，牛顿本人也充分意识到，空间和时间作为具有物理效力的因素，是其体系的关键要素，但他对此并未明说。

事实证明，这种牛顿基础是卓有成效的，直到19世纪末一直被视为最终的。它不仅给出了天体运动最详细的细节，还给出了关于分立质量和连续质量的力学理论、对能量守恒原理的简单解释，以及完整而出色的热理论。在牛顿体系中，对电动力学事实的解释是比较勉强的，而自始至终最不能让人信服的就是光的理论。

牛顿不相信光的波动说是不足为奇的，因为这种理论极不适合他的理论基础。假定空间中充满了一种由质点组成的介质，传播光波却不显示任何其他力学性质，这在牛顿看来必定非常不自然。恒定的传播速度、干涉、衍射、偏振等支持光的波动性的最有力的经验证据，当时要么还不知道，要么还未整理清楚。因此他坚持光的微粒说是有道理的。

在19世纪，这场争论以波动说的胜利而告终。但人们并未对物理学的力学基础产生认真的怀疑，这首先是因为没有人知道到哪里还能找到另一种基础。只是在无法抗拒的事实压力下，才慢慢发展出一种新的物理学基础，即场物理学。

从牛顿时代起，超距作用理论就一直被认为是不自然的。不少人曾力图通过一种运动论，即基于假设质点的碰撞力来解释引力。但这些尝试都浅尝辄止，无果而终。空间（或惯性系）在力学基础中扮演的奇特角色已被清晰地认识到，并且受到了马赫的犀利批判。

法拉第、麦克斯韦和赫兹带来了伟大的变革，事实上这种变革多半是在不自觉的甚至违反当事人意愿的情况下实现的。这三个人终其一生都认为自己是力学理论的信徒。赫兹发现了电磁场方程的最简单形式，并宣称任何导出这些方程的理论都是麦克斯韦理论。然而在他短暂的一生即将结束时，他写了一篇论文，提出物理学的基础是一种摆脱了力的概念的力学理论。

法拉第的思想可以说是我们从小就在摄取的养料食粮，它的伟大和大胆是怎样形容都不为过的。对于要把电磁现象归结为带电粒子之间超距作用的种种尝试，法拉第必定以准确无误的直觉看出了它们的人为性。散布在一张纸上的许多铁屑，怎么会知道附近导体中有带电粒子在到处跑呢？所有这些带电粒子似乎共同在周围空间中创造了一种状态，让铁屑排成某种秩序。这些空间状态今天被称为场，他深信，如果正确掌握了它们的几何结构和相互依存的作用，就可以找出神秘的电磁相互作用的线索。他把这些场设想为一种充满空间的介质中的机械应力状态，类似于弹性膨胀体中的应力状态。因为在当时，这是设想空间中连续分布状态的唯一可能的方式。从法拉第时代的力学传统来看，在背后为这些场保留独特的力学解释，这是对科学良知的某种安慰。借助于这些新的场概念，法拉第成功地对他和前人发现的全部电磁效应形成了定性的概念。麦克斯韦对这些场的时间－空间定律给出了精确的表述。当他用自己建立的微分方程，证明电磁场以偏振波的形式以光速传播的时候，该是怎样的感觉啊！世上很少有人有如此幸运。在那个激动人心的时刻，他肯定猜不到，光的谜一般的本性似乎已经完全解决，竟还会继续困扰以后好几代人。与此同时，物理学家花了好几十年时间才理解了麦克斯韦发现的全部意义，他的天才迫使其同行必须在观念上做出大胆的跳跃。直到赫兹用实验证明了麦克斯韦电磁波的存在之后，对新理论的抗拒才告一段落。

但如果电磁场可以作为一种波独立于物质源而存在，那么就再也不能把静电的相互作用解释成超距作用了。既然电的作用是如此，那么引力的情况也是如此。牛顿的超距作用处处都让位于以有限速度传播的场。

现在，牛顿的基础只剩下受运动定律支配的质点了。但汤姆逊指出，按照麦克斯韦的理论，运动的带电物体必定具有磁场，磁场能量正好是物体增加的动能。既然一部分动能是由场能组成的，难道全部动能就不能由场能组成吗？作为物质的基本属性，惯性或许能用场论来解释呢？这就引出了用场论来解释物质的问题，其解答可望提供对物质原子结构的解释。人们很快就意识到，麦克斯韦的理论无法实现这个纲领。从那以来，许多科学家都曾热情地试图通过某种推广，来寻求一种包含物质理论的完整场论。但迄今为止，这些努力都没有成功。要想构造一种理论，仅仅目标明确是不够的，还必须有一种形式观点，对无穷多种可能性加以充分限制。到目前为止，这种观点还没有找到，因此场论还没有成功地为整个物理学提供基础。

数十年来，大多数物理学家都坚信可以找到麦克斯韦理论的力学基础。但由于他们的努力没有获得令人满意的结果，人们渐渐承认，新的场概念是不可还原的基本要素。换句话说，物理学家不得不放弃力学基础的想法。

于是，物理学家持一种场论纲领。但它不再能被称为基础，因为谁也不敢说是否有一种一致的场论既能解释引力，又能解释物质的基本组分。在这种情况下，有必要把物质粒子看成服从牛顿运动定律的质点。洛伦兹在创建其电子理论和运动物体电磁现象理论时，使用的就是这种方法。

这就是世纪之交时基本概念的情况。当时，对于全部新现象的理论洞察和认识取得了巨大进展，但物理学统一基础的建立却似乎遥遥无期。这种事态又因为随后的发展而更加恶化。20 世纪物理学的发展可以由相对论和量子论这两个本质上相互独立的理论体系来刻画。这两个体系并不直接相抵触，但似乎很难融合成统一的理论。接下来我想简要讨论这两个体系的基本观念。

相对论是在世纪之交时，为了在逻辑经济性上改进物理学的基础而产生的。所谓的狭义相对论基于一个事实，即在洛伦兹变换下，麦克斯韦方程（因此真空中光的传播定律）变换成同一形式的方程。麦克斯韦方程的这种形式上的性质可由一项十分可靠的经验知识来佐证：物理定律对于一切惯性系都相同。由此引出结论，洛伦兹变换（用于空间和时间坐标）必定支配着惯性系之间的转换。因此，狭义相对论的内容可以用一句话来总结：所有自然定律都必须对于洛伦兹变换协变。由此得知，两个相隔事件的同时性并不是固定不变的概念，刚体的大小和时钟的快慢都与运动状态有关。另一个推论是，一旦物体速度接近光速，就需要修改牛顿运动定律。它还导出了质能等效原理，质量守恒与能量守恒合为一个定律。一旦表明同时性是相对的，与参照系有关，物理学的基础就不再可能保留超距作用了，因为这个概念是以同时的绝对性为前提的（即必须能够说出两个相互作用的质点"在同一时刻"所处的位置）。

广义相对论的起源是，试图解释一个从伽利略和牛顿时代就已知晓，但一直无法做任何理论解释的事实：物体的惯性和重量本身是两种完全不同的东西，却用同一个常数（质量）去度量。由这种对应性可以得知，不可能通过实验来发现某个坐标系究竟是在加速，还是在做匀速直线运动，而观察到的结果是由引力场引起的（这就是广义相对论的等效原理）。一旦引力进入，它就粉碎了惯性系的概念。这里需要指出的是，惯性系是伽利略－牛顿力学的一个弱点，因为它预先假定物理空间有一种神秘的性质，限制着惯性定律和牛顿运动定律在其中成立的那种坐标系。

这些困难可以通过以下假设来避免：对自然定律的表述须使其形式对于任何运动状态的坐标系都相同。做到这一点正是广义相对论的任务。另一方面，由狭义相对论可以推出，时间－空间连续体中存在着黎曼度规，按照等效原理，它既描述了引力场，又描述了空间的度规性质。若假定引力的场方程是二阶微分方程，场定律就可以确定下来。

和牛顿力学一样，场物理学也把独立的物理性质赋予了空间，这些性质一直因为使用惯性系而被掩盖起来。广义相对论使场物理学摆脱了无能为力的状态。但还不能宣称，广义相对论的那些今天可被视为定论的部分，已为物理学提供了完整而令人满意的基础。首先，理论中出现的场是由两个逻辑上无关的部分组成的。其次，和以前的场论一样，该理论尚未提出关于物质原子结构的解释。这种失败或许与它至今无法理解量子现象有些关系。为了理解量子现象，物理学家被迫采用了全新的方法，现在我们就来讨论这些方法的基本特征。

1900 年，在纯理论研究的进程中，普朗克做出了一项非常引人注目的发现：作为温度函数的物体辐射定律，不能只由麦克斯韦的电动力学定律推导出来。为了得到与有关实验相一致的结果，必须把特定频率的辐射当成由一些能量原子所组成，单个能量原子的能量为 $h\nu$，其中 h 是普朗克的普适常数。随后几年又发现，光处处都以这种能量子的形式被产生和吸收。特别是，尼尔斯·玻尔大体上理解了原子的结构，他假定原子只能有分立的能量值，原子之间不连续的跃迁与这种能量子的发射或吸收有关。这有助于说明，元素及其化合物在气态时为什么只辐射和吸收某些特定频率的光。所有这些现象都无法在先前的理论框架中得到解释。至少在原子论现象的领域中，任何事物的特征显然都由分立状态以及它们之间不连续的跃迁所决定，普朗克常数 h 扮演着决定性的角色。

下一步则是德布罗意迈出的。他问自己，借助于现有的概念，如何来理解分立的状态呢？他想起了与驻波的类比，比如在声学中，风琴管和弦的固有频率就是如此。诚然，这里要求的波动作用类型是未知的，但用普朗克常数 h 可以把它们构造出来，提出它们的数学定律。德布罗意设想，电子围绕原子核旋转与这种假想的波列有关，并通过对应波的停驻特征来理解玻尔"容许"轨道的分立特征。

既然力学中质点的运动是由作用于它们的力或力场来决定的，因此可以预期，那些力场也会以类似的方式来影响德布罗意的波场。薛定谔表明了如何解释这种影响，他用一种巧妙的方法重新解释了经典力学的某些公式。他甚至成功地拓展了波动力学理论，以至于无须引入任何附加假说，它就能运用于由任意多个质点（即拥有任意多个自由度）组成的任何力学系统。这之所以可能，是因为由 n 个质点组成的力学系统在数学上基本等价于一个在 $3n$ 维空间中运动的单个质点。

基于这种理论，用其他理论似乎完全无法理解的大量事实都得到了很好的解释。但奇怪的是，事实证明，这些薛定谔波竟然无法与质点的明确运动联系起来，而这毕竟是整个构造原本的目标。

这个困难似乎是无法克服的，直到玻恩以意想不到的简单方式克服了它。不能把德布罗意－薛定谔的波场解释成对一个事件如何在时间和空间中实际发生的数学描述，尽管它们与这个事件当然是有关系的。毋宁说，它们是对我们关于该系统实际上所能知道的东西的数学描述，它们只能用来在统计上陈述和预测我们对该系统所能做的所有测量的结果。

让我用一个简单的例子来说明量子力学的这些一般特征。考虑一个质点，它被有限强度的力限制在一个有限的区域 G 内。若质点的动能低于某一界限，那么根据经典力学，质点永远也无法离开区域 G。然而根据量子力学，一段无法直接预测的时间过后，该质点却能沿一个不可预测的方向离开区域 G，逃入周围的空间。按照伽莫夫的说法，这个例子就是放射性蜕变的简化模型。

对这个例子的量子理论处理如下：在时刻 t_0，薛定谔的波系统完全在区域 G 内。但从时刻 t_0 往后，这些波沿四面八方离开

区域 G 内部，离开波的波幅要小于 G 内波系统的初始波幅。外面的波越是扩散，G 内的波幅就越是减小，后来从 G 发出的波的强度也相应地减小。只有经过无限的时间，G 内的波才耗尽，而外面的波则扩散到越来越大的空间中。

但这种波动过程与我们原本关心的对象，即起初包围在 G 内的粒子有什么关系呢？要回答这个问题，必须设想某种装置，让我们能对该粒子进行测量。例如，设想周围空间的某处有一块屏幕，粒子一碰到它就会粘住。于是，根据撞击屏上某一点的波的强度，就能推断粒子当时撞击屏上那一点的概率。粒子一撞击屏上某一点，整个波场就失去了全部的物理意义。它的唯一目的就是对粒子撞击屏幕的位置和时间（或者撞击屏幕时的动量）作出概率预测。

其他例子也是类似。该理论的目标是确定某一时刻对系统进行测量所得结果的概率。但它并不试图对空间和时间中实际存在或发生的事情作出数学描述。在这一点上，今天的量子理论与之前的所有物理学理论都有根本不同，无论是机械论的理论还是场的理论。它不对实际的空间 – 时间事件作出模型描述，而是对可能的测量给出作为时间函数的概率分布。

必须承认，新的理论构想并非凭空杜撰，而是源于经验事实的强迫力。迄今为止，所有通过直接诉诸空间 – 时间模型来描述光和物质现象中显示的粒子特征和波动特征的努力都以失败而告终。海森伯已经令人信服地表明，从经验的观点看，由于实验仪器的原子论结构，我们不可能对自然的严格决定论结构做出判断。因此，希望未来的知识能迫使物理学再度放弃目前的统计性理论基础，而支持能直接处理物理实在的决定论的理论基础，也许是做不到的。从逻辑上讲，这个问题似乎提供了两种可能性，我们原则上必须在两者之间进行选择。最终的选择取决于哪种描述的逻辑基础最简单。目前，我们完全没有任何决定论的理论既能直接描述事件本身，又能与事实符合。

我们暂时不得不承认，物理学还没有任何一般的理论基础可以被当作其逻辑基础。到目前为止，场论在分子领域已经失败。各方都同意，唯一可能充当量子理论基础的原理将能把场论翻译成量子统计学的形式。至于这最终能否让人满意，现在谁也不敢说。

包括我自己在内的一些物理学家都不相信，我们必须永远放弃那种直接描述空间和时间中的物理实在的想法，或者说必须接受这样一种观点，认为自然中的事件就像靠碰运气取胜的游戏。每个人都可以自由选择努力的方向，每个人也都可以从莱辛的一句名言中得到慰藉：追寻真理比占有真理更可贵。

科学的共同语言 [1]

通向语言的第一步是将声音或其他可交流的符号与感觉印象联系起来。至少在一定程度上，所有群居的动物很可能已经实现了这种原始的交往。语言发展的更高阶段是引入另一些符号，在表示感觉印象的符号之间建立起关系，并为人所理解。在这个阶段已经可以表达一连串较为复杂的印象，可以说语言已经产生了。如果说语言要让大家理解，那么一方面符号之间的关系必须有规则，另一方面，符号与印象之间必须有稳定的对应。使用同一种语言的人在童年时期主要靠直觉来把握这些规则和关系。当人们意识到符号之间的规则时，所谓的语法就建立起来了。

在早期阶段，词可以直接对应于印象。在后来的阶段，由于某些词只有与其他词连用时才能表达知觉之间的关系（比如"是""或""事物"这样的词），这种直接的关联就消失了。此时，指称知觉的是词组，而不是单词。当语言由此变得部分独立于印象背景时，其内在的融贯性就变得更大了。

只有进一步发展，经常使用所谓的抽象概念时，语言才成为真正意义上的推理工具。但也正是这种发展，使语言成为错误和

---

1. 1941年9月28日为伦敦科学大会录制的广播，发表于《科学的进展》（*Advancement of Science*, London, Vol. 2, No.5）。

欺骗的危险来源。词和词的组合在多大程度上对应于印象世界，能完全决定语言的效果。

语言为什么与思维有这样一种密切关联呢？是不是不使用语言就没有思维，也就是说，在不一定需要想到词的概念和概念组合中，是不是就没有思维呢？我们每个人不是都有过这样的经历，虽然"事物"之间的关系已经清楚，但还是要绞尽脑汁琢磨词的使用吗？

如果一个人不受周围语言的指引就能形成自己的概念，我们就可能倾向于认为，思维活动是完全独立于语言的。然而，在这种情况下成长起来的人的心智能力很可能非常贫乏。因此可以断言，一个人的心智发展和形成概念的方式在很大程度上取决于语言。这使我们意识到，语言相同多多少少就意味着心智相同。在这个意义上，思维和语言是联系在一起的。

科学语言和我们通常理解的语言有何不同呢？科学语言为何是国际性的呢？科学追求尽可能清晰敏锐地描述概念之间的关系以及概念与感觉材料的对应。让我们以欧几里得几何和代数的语言为例来说明这一点。它们以少数独立引入的概念和符号进行操作，比如整数、直线、点，以及表示基本运算的符号，也就是那些基本概念之间的关联。这是构造或定义所有其他陈述和概念的基础。概念和陈述与感觉材料之间的关联是通过足够完善的计数和测量活动而建立的。

科学概念和科学语言的超国家性，缘于它们是由一切国家、一切时代最优秀的人建立起来的。他们独自进行着研究，但从最后的结果来看又像是通力合作，为技术革命创造了精神工具，在过去的几个世纪改变了人类的生活。他们的概念体系在杂乱无章的知觉中充当着向导，使我们学会从特殊观察中把握一般真理。

科学方法带给人类哪些希望和恐惧呢？我并不认为这是正确的提问方式。这种工具在人类手中会产生什么，完全取决于人类追求什么样的目标。一旦有了这些目标，科学方法就会提供实现目标的手段。但它提供不了目标本身。科学方法本身不会把我们引到任何地方，若不是热忱地追求清晰的理解，科学方法甚至根本就不会产生。

在我看来，完美的手段和混乱的目标似乎是这个时代的典型特征。如果我们真诚热情地追求安全、幸福，希望所有人的才能都能得到自由发展，那么我们并不缺少实现这个目标的手段。这样的目标即使只有一小部分人追求，最后也会证明比别的目标更好。

E=MC² [1]

　　为了理解质能等效定律，我们必须回到在相对论之前的物理学中占有很高地位的两条彼此独立的守恒原理或"平衡"原理，那就是能量守恒原理和质量守恒原理。前者早在17世纪就由莱布尼茨提出，到了19世纪则本质上作为力学原理的推论发展起来。

　　以单摆为例，摆锤在 A、B 两点之间来回摆动。质量为 m 的摆锤在这两点比路程中最低的点 C 高出 h（见图 1）。另一方面，虽然在 C 点，升起的高度消失了，但摆锤却有了速度 v。就好像升起的高度可以完全转变成速度似的，反之亦然。两者之间的精确关系可以表示成 $mgh = \dfrac{m}{2} v^2$，其中 g 代表重力加速度。有趣的是，这个关系与摆长以及摆锤运动路径的形状都无关。

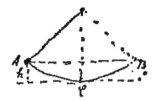

图 1　爱因斯坦博士手绘图

1　载于《科学画刊》（ *Science Illustrated*, New York, April, 1946）。

重要的是，在整个过程中有某种东西保持不变，那就是能量。在 A 处和 B 处，它是位置的能量或"势"能，在 C 处，它是运动的能量或"动"能。如果这个概念是正确的，那么无论摆处于什么位置，$mgh+m\dfrac{v^2}{2}$ 都应具有同样的值，其中 h 是超过 C 的高度，v 是在摆的路径上那一点上的速度。实际情况也的确如此。将这条原理推广即得到机械能守恒定律。但如果摩擦使摆停下来呢？

答案是在研究热现象时找到的。这项研究假定热是一种从较热物体流向较冷物体的不可毁灭的物质，由此似乎引出了一条"热守恒"原理。但另一方面，自古以来人们就知道摩擦可以生热，比如印第安人就懂得钻木取火。物理学家曾经长期无法说明这种热的"产生"，直到后来得知，由摩擦产生的热必须消耗同等数量的能量时，困难才得以克服。这样我们就得到了"功热相当"原理。拿摆这个例子来说，机械能逐渐由摩擦转化成热。

这样一来，机械能守恒原理与热能守恒原理就合二为一了。于是物理学家相信，守恒原理能进一步扩充，将化学过程和电磁过程也包括进去，简而言之，将守恒原理应用于一切领域。我们的物理系统似乎有一个能量总和，无论经历什么变化都保持不变。

现在谈谈质量守恒原理。质量被定义为物体对其加速度的反抗（惯性质量）。它也可以由物体的重量来量度（重力质量）。这两个完全不同的定义却导出物体有相同的质量，这真是令人惊讶。根据质量守恒原理，即无论发生任何物理变化或化学变化，物体的质量都保持不变，质量似乎是物质的根本（因为固定不变）性质。加热、融化、汽化或结合成化合物，都不会改变总质量。

直到数十年前，物理学家都还接受这条原理。但在面对狭义相对论时，它却显得不再恰当，因此它与能量守恒原理合并，就像大约 60 年前，机械能守恒原理与热守恒原理合并一样。也许可以说，能量守恒原理曾经吞并了热守恒原理，现在又吞并了质量守恒原理，从而独占整个领域。

我们习惯上用公式 $E=mc^2$ 来表示质能等效（尽管不太精确），其中 c 代表光速，约为每秒 300000 公里，E 是静止物体所含的能量，m 是它的质量。质量 m 所含的能量等于这个质量乘以光的巨大速度的平方，也就是说，每单位的质量都含有巨大的能量。

但如果每一克物质都含有这样巨大的能量，为什么长期以来没有人注意到呢？答案非常简单：只要没有能量向外释放，就不会观察到。就好比一个非常有钱的人，他从来不花钱也不捐钱，就没有人知道他究竟多有钱。

现在可以把这种关系反过来，说能量增加 E，必定伴随着质量增加 $\dfrac{E}{c^2}$。很容易把能量给物体，比如把它加热 10 度，那为什么不去测量与这种变化相关的质量增加或重量增加呢？这里的麻烦在于，在质量增加中，分数分母里出现了巨大的因子 c^2。在这种情况下，质量的增加太小了，无法直接测量，即使最灵敏的天平也测不出来。

要使质量增加到能被测量出来，每单位质量的能量变化必须非常巨大。我们只知道有一个领域，每单位质量会释放出这么多能量，那就是放射性蜕变。简要地说，这个过程如下：质量为 M 的原子分裂成质量分别为 M' 和 M'' 的两个原子，它们分开时各自具有巨大的动能。如果设想让这两个原子静止下来，也就是将动能取走，那么合起来看，它们的能量会比原来的原子少得多。根据质能等效原理，蜕变产物的质量之和 $M' + M''$ 必定也小于原来的质量 M，这与旧的质量守恒原理相矛盾，两者的相对差值约在千分之一的数量级。

虽然我们无法实际称量出单个原子的重量，但却有间接方法可以精确测量出它们的重量。我们同样也能测定传给蜕变产物 M' 和 M'' 的动能，这样就有可能检验和确证质能等效公式。而且，这条定律也能使我们从精确测定的原子量，预先计算出任何原子蜕变会释放出多少能量。当然，这条定律并没有告诉我们蜕变反应能否发生或者如何发生。

借助于那个有钱人的例子可以说明上述情况。原子 M 是一个有钱的守财奴，终其一生都不花一分钱（能量）。但在遗嘱中，他将财产留给了两个儿子 M' 和 M''，条件是回馈给社会少量的钱，数目不超过全部财产（能量或质量）的千分之一。两个儿子的钱加在一起要比父亲少些（质量之和 $M'+M''$ 比放射性原子的质量略小）。回馈社会的那部分虽然相对较小，但也已经非常巨大（作为动能来看），以致带来了严重的祸害威胁。避免这种威胁已经成为我们这个时代最紧迫的问题。

论广义引力论 [1]

《科学美国人》的编辑要我谈谈最近发表的工作成果，就是关于场物理学基础的数学研究。

有些读者可能会纳闷，我们在学校里不是已经学过物理学的基础吗？根据解释的不同，可以回答"是"或"不是"。我们熟知的概念和一般关系使我们能够理解很大范围的经验，并且用数学来处理这些经验。在某种意义上，这些概念和关系甚至可能是最终的，比如光的折射定律，建立在压力、体积、温度、热和功等概念基础上的经典热力学关系，以及永动机不存在的假说，都是如此。

那么，是什么迫使我们设计出一个又一个理论呢？我们究竟为什么要设计理论呢？后一问题的答案简单说来就是：因为我们喜欢"理解"，即通过逻辑过程把现象归结为某种已知的或（看起来）明显的东西。当我们碰到不能用现有的理论"解释"的新事实时，首先就需要新理论。但这种建立新理论的动机可以说是平凡的，是从外面强加的。还有一种更加微妙的动机也同样重要，那就是追求整个理论前提的统一和简化（即马赫的经济原

<hr />

1. 发表于《科学美国人》（*Scientific American*, Vol. 182, No.4. April,1950）。

理，它被视为一条逻辑原则）。

对理解的热情就像对音乐的热情一样。许多小孩子都有那种热情，但多数人长大后就失去了。如果没有这种热情，就不会有数学和自然科学。对理解的热情一再导致一种幻觉，以为人无须任何经验基础，就可以通过纯粹的思想——简而言之通过形而上学——来理性地理解客观世界。我相信每一位真正的理论家都是一种温顺的形而上学家，无论他自认为是多么纯粹的实证主义者。形而上学家相信，逻辑上简单的东西也是实在的东西。温顺的形而上学家相信，并非所有逻辑上简单的东西都能在经验到的实在中体现出来，但基于一个建立在最简单前提之上的概念体系，所有感觉经验都能得到"理解"。怀疑论者会说这是"奇迹信条"，但科学的发展已经有力地证实了这个"奇迹信条"。

原子论的兴起是一个很好的例子。留基伯是如何想出这个大胆观念的呢？水结成冰时，看起来与水完全不同，然而冰融化之后，又成了与原来的水一模一样的东西，这是为什么呢？留基伯对此感到困惑，并寻求"解释"。他不得不得出结论：在这些转变中，事物的"本质"没有任何变化。也许事物是由不变的粒子组成的，变化只是它们在空间上的重新排列罢了。所有以近乎相同的性质反复出现的物体，难道不也是这样的吗？

这个观念在西方思想的漫长休眠中并未完全消失。留基伯之后两千年，伯努利好奇为什么气体会对容器壁施加压力。这应当用牛顿力学意义上气体各部分的相互排斥来"解释"吗？这个假说看起来很荒谬，因为在其他情况不变时，气体压力与温度有关。而假定牛顿的相互作用力与温度有关，这违反了牛顿力学的精神。既然伯努利知道原子论概念，他必然会断言，原子（或分子）与容器壁碰撞，从而产生了压力。毕竟，必须假定原子在运动，否则如何解释气体的温度变化呢？

简单的力学考察表明，这种压力只依赖于粒子的动能和它们在空间中的密度。这应当使当时的物理学家得出结论：热是由原子的无规则运动造成的。倘若真能认真对待这种考虑，热理论的发展本应大大加快，特别是发现热与机械能的等效。

这个例子可以说明两点。理论观念（这里是原子论）并非脱离经验而独立产生；它也不能靠纯逻辑的程序从经验中推导出来，而是创造性活动的产物。一旦获得理论观念，不妨坚持它，直到引出站不住脚的结论为止。

至于我最近的理论工作，我认为尚不适合向对科学有兴趣的广大读者作详细说明。只有那些已经得到经验充分确证的理论才应当那样做。到目前为止，有利于这个理论的主要是其前提的简单性以及与已知事实（即纯引力场定律）的密切关联。不过，广大读者也许有兴趣了解这种极富思辨性的努力是经由何种思路导出的。此外还将表明，我们碰到了什么类型的困难，这些困难在何种意义上得到了克服。

在牛顿物理学中，对物体的理论描述所基于的基本理论概念是质点或粒子。于是，物质被先验地看作是不连续的，质点彼此之间的作用也就必然被视为"超距作用"。由于"超距作用"的概念显得与日常经验格格不入，与牛顿同时代的人（也包括牛顿自己）自然觉得很难接受它。然而，由于牛顿体系取得了惊人的成功，接下来几代物理学家已经习惯于超距作用的观念。久而久之，任何怀疑都被淹没了。

但在 19 世纪后半叶，人们知道了电动力学定律，结果无法将这些定律令人满意地纳入牛顿体系。这不禁引人深思：倘若法拉第受过正规的大学教育，他会发现电磁感应定律吗？他不受传统思维方式的拖累，觉得把"场"当作一个独立的实在要素引入进来，可以帮助他整理经验事实。麦克斯韦完全理解了场概念的意义，他做出了一项基本发现，即电动力学定律可以在电磁场的微分方程中得到自然表达。这些方程暗示着波的存在，其特性对应于当时已知的光的特性。

像这样把光学纳入电磁理论是物理学的基础迈向统一的重大胜利。早在被赫兹的实验工作确证之前很久，麦克斯韦就通过纯粹的理论论证而达到了这种统一。这种新的看法使人们有可能抛弃超距作用的假说，至少是在电磁现象领域。居间的场现在像是物体之间电磁相互作用的唯一载体，而场的行为则完全取决于用微分方程来表达的邻近过程。

现在问题来了：既然场即使在真空中也存在，那么应当把场理解成"载体"的一种状态，还是应当赋予它一种不能归结为任何别的东西的独立存在性呢？换句话说，是否存在一种负载着场的"以太"呢？例如，以太在负载光波时，被认为处于波动状态。

这个问题有一个自然的答案：既然场的概念不可或缺，所以最好不要另外引入带有假说性质的载体。然而，最早认识到场概念不可或缺的那些开拓者，仍然深陷机械论的思想传统，无法毅然决然地接受这种简单的观点。不过在接下来的几十年里，这种观点不知不觉被采纳了。

把场作为基本概念引入进来，使整个理论产生了不一致性。麦克斯韦理论虽然能恰当描述带电粒子之间的相互作用，却不能解释电密度的行为，也就是说，无法提供粒子本身的理论。因此，必须基于旧理论把这些粒子当作质点来处理。连续场的观念与在空间中不连续的质点的观念相结合，似乎是不一致的。一致的场论要求所有理论要素都是连续的，不仅在时间上，而且在空间上，以及在空间的所有点上。因此，物质粒子无法作为场论的基本概念。因此，即使不考虑引力尚未包括进来，也不能认为麦克斯韦的电动力学是完备的理论。

如果空间坐标和时间都服从一种特殊的线性变换——洛伦兹变换，那么真空的麦克斯韦方程就保持不变（对于洛伦兹变换的"协变性"）。当然，对于由两个或两个以上这种变换所组成的变换，协变性也成立，这被称为洛伦兹变换的"群"性质。

麦克斯韦方程蕴涵着"洛伦兹群"，但洛伦兹群并不蕴涵麦克斯韦方程。事实上，可以独立于麦克斯韦方程，将洛伦兹群定义成使某个特殊速度——光速——的值保持不变的线性变换群。这些变换适用于从一个"惯性系"向另一个相对于它做匀速运动的惯性系的过渡。此变换群最明显的新奇特性在于，它抛弃了空间上彼此分离的事件的同时性概念的绝对性。因此可以期待，所有物理方程对于洛伦兹变换都是协变的（狭义相对论）。于是，由麦克斯韦方程引出了一条启发性原理，其有效性远远超出了这些方程本身的适用范围甚至是有效范围。

狭义相对论与牛顿力学有一个共同点，两种理论的定律据信都只适用于某些坐标系，即所谓的"惯性系"。惯性系的运动状态使得"不受力"的质点相对于这个坐标系没有加速度。然而，如果没有独立的方法来确认力不存在，这个定义就是空洞的。但如果把引力看作一种"场"，这种确认方法就不存在了。

设 A 是一个相对于"惯性系"I 做匀加速运动的系统。但凡相对于 I 不是加速的质点，相对于 A 都是加速的，所有质点的加速度的大小和方向都相同。其行为就好像相对于 A 存在着一个引力场，因为引力场的一个典型特征就是，加速度与物体的特性无关。没有理由不将这种行为解释成"真"引力场的作用（等效原理）。这种解释意味着 A 是一个"惯性系"，即使它相对于另一个惯性系是加速的。（对这个论证来说至关重要的是，引入独立的引力场被认为是合理的，即使产生这个场的质量并未得到界定。因此，这个论证对牛顿来说不会有什么说服力。）于是，惯性系、惯性定律和运动定律等概念都失去了具体意义，不仅在经典力学中，在狭义相对论中也一样。而且，循着这个思路走下去就会看到，相对于 A，时间不能用相同的时钟来测量，甚至连坐标差也失去了直接的物理意义。考虑到所有这些困难，人们难道不应坚持惯性系概念，不再尝试对引力现象的基本特征（在牛顿体系中表现为惯性质量与引力质量等效）做出解释吗？凡是相信自然可以理解的人，一定会回答：不。

这正是等效原理的要点：为了说明惯性质量与引力质量的相等，理论中必须允许四个坐标的非线性变换。也就是说，洛伦兹变换群和因此"容许的"坐标系集，必须加以扩展。

那么，什么样的坐标变换群能够替代洛伦兹变换群呢？根据高斯和黎曼的基础研究，数学提供了一个答案：合适的替代者是坐标的一切连续（解析的）变换群。在这些变换下，保持不变的仅仅是，邻近的点有近乎相同的坐标；坐标系只表达了点在空间中的拓扑秩序（包括它的四维特征）。表示自然定律的方程，对于坐标的一切连续变换都必须是协变的。这就是广义相对性原理。

刚才讲的这套做法克服了力学基础的一个缺陷。牛顿已经注意到了这个缺陷，莱布尼茨和两百年后的马赫都曾批评过，那就是：惯性抵抗加速度。但这是相对于什么的加速度呢？在经典力学的框架中，唯一的回答是：惯性抵抗相对于空间的加速度。这是空间的一种物理性质——空间作用于物体，物体却不作用于空间。这也许就是牛顿主张"空间是绝对的"的更深含义。但这种观念引起了一些人特别是莱布尼茨的不安，他并不认为空间是独立存在的，而是认为，空间仅仅是"事物"的一种性质（物体的邻近性）。即使他的这些合理怀疑当时能够胜出，也很难说就有益于物理学，因为把他的观念探究到底所需的经验基础和理论基础在 17 世纪尚不存在。

根据广义相对论，抽掉任何物理内容的空间概念并不存在。空间的物理实在由一个场来表示，场的分量是四个独立变量——空间和时间的坐标——的连续函数。正是这种特殊的依赖性表达了物理实在的空间特征。

既然广义相对论意味着用一个连续的场来表示物理实在，粒子或质点概念甚至是运动概念就不能起基础作用了。粒子只能表现为空间中场强或能量密度特别高的有限区域。

380

相对性理论必须回答两个问题:（1）场的数学特征是什么？（2）适用于这种场的方程是什么？

关于第一个问题：从数学的观点来看，坐标变换时场的各个分量的变换方式本质上决定了场的特征。关于第二个问题：在满足广义相对论假设的同时，这些方程必须充分决定场。至于这种要求能否得到满足，取决于选择何种类型的场。

初看起来，试图基于这种高度抽象的纲领来理解经验材料之间的关联几乎毫无希望。事实上，这种做法等于问：在坚持广义相对性原理的情况下，什么最简单的对象（场）必须具有什么最简单的性质？从形式逻辑的立场来看，且不说"简单"这个概念的模糊性，问题的双重性就已经像是灾难。而从物理学的立场来看，没有什么东西可以保证"逻辑简单的"理论便是"真的"。

然而，任何理论都有思辨性。当理论的基本概念比较"接近于经验"时（比如力、压力、质量等概念），其思辨性不大容易识别出来。但如果某种理论需要运用复杂的逻辑过程，才能从前提中推出可观察的结论，那么任何人都能意识到这种理论的思辨性。在这种情况下，那些对认识论分析没有经验的人，以及在熟知的领域觉察不到理论思维的不可靠性的人，几乎不可避免会感到厌恶。

另一方面也必须承认，如果理论的基本概念和基本假说"接近于经验"，则该理论就有重大优势，对它怀有更大信心就是理所当然的。完全走错路的危险比较小，因为由经验来否证这种理论所花的时间精力要少得多。但随着知识深度的增加，在追求物理理论基础的逻辑简单性和统一性时，我们必须放弃这种优势。

必须承认，在放弃"接近于经验"的基本概念来获得逻辑简单性方面，广义相对论已经超出了之前的物理理论。引力理论已经是如此，试图包括所有场性质的新的推广就更是如此了。在这个广义的理论中，从理论前提导出可与经验材料对应的结论，其中的程序非常困难，至今还没有得出这样的结果。目前支持该理论的是它的逻辑简单性和"刚性"，这里的"刚性"是指该理论非对即错，且不可修改。

妨碍相对论发展的最大内在困难是问题的双重性，就像刚才问的两个问题所指明的那样。这种双重性说明了为什么这种理论分两个阶段发展，而且相隔那么久。第一个阶段是引力理论，它基于前面讨论的等效原理，并且依赖于以下考虑：根据狭义相对论，光有恒定的传播速度。如果光从真空中的一点出发，该点由三维坐标系中的坐标 x_1，x_2，x_3 表示，它在时刻 x_4 以球面波传播，在时刻 x_4+dx_4 到达邻近点（x_1+dx_1，x_2+dx_2，x_3+dx_3）。引入光速 c，可以写出表示式：

$$\sqrt{dx_1^2+dx_2^2+dx_3^2} = cdx_4$$

它也可写成这样的形式：

$$dx_1^2+dx_2^2+dx_3^2-c^2dx_4^2 = 0$$

这个表示式代表四维时空里两个邻近点之间的一种客观关系。只要坐标变换仅限于狭义相对论，它就对一切惯性系都有效。但根据广义相对性原理，如果允许坐标任意连续变换，这种关系就有了更一般的形式：

$$\sum_{ik}g_{ik}\,dx_i\,dx_k = 0$$

其中 g_{ik} 是坐标的某种函数，若进行连续的坐标变换，它们会以

382

确定的方式变换。依据等效原理，这些 g_{ik} 函数描述一种特殊的引力场，一种可以通过"无场"空间的变换而得到的场。g_{ik} 满足特殊的变换法则，从数学上被称为一个"张量"的分量，张量拥有在一切变换中都保持的对称性。这种对称性可以表达如下：

$$g_{ik}=g_{ki}$$

这引起了如下想法：即使场不能仅仅通过坐标变换得自于狭义相对论的真空，我们难道就不能赋予这样一个对称张量以客观意义吗？虽然不能指望这种对称张量能够描述最一般的场，但它完全可以描述"纯引力场"这种特殊情况。于是，至少对一个特殊情况而言，广义相对论显然必须假设一个对称张量场。

因此还剩下第二个问题：对于一个对称张量场，能够假定何种广义协变的场定律呢？

在我们这个时代，这个问题并不难回答，因为必要的数学概念是现成的，那就是一个世纪前由高斯创立的曲面的度规理论，后来被黎曼扩展到任意维数的流形上。这种纯形式研究有许多惊人的成果。对于 g_{ik}，能被假定为场定律的微分方程不能低于二阶，也就是说，它们必须至少包含 g_{ik} 对于坐标的二阶导数。假定场定律中没有出现高于二阶的导数，那么广义相对性原理在数学上就决定了场定律。这个方程组可以写成如下形式：

$$R_{ik}=0$$

R_{ik} 的变换方式和 g_{ik} 一样，也会形成一个对称张量。

只要将物体表示为场的奇点，这些微分方程就完全取代了牛顿的天体运动理论。换句话说，它们既包含运动定律，又包含力的定律，同时消除了"惯性系"。

物体以奇点形式出现，暗示物体本身不能由对称的 g_{ik} 场或"引力场"来解释。甚至连只存在正引力物体这个事实，也无法从这个理论中推导出来。显然，完备的相对论性场论必须基于更复杂的场，也就是对称张量场的一种推广。

在考察这种推广之前，有两点与引力理论有关的看法对于接下来的解释至关重要。

第一点看法是，广义相对性原理对理论的可能性施加了极为严格的限制。如果没有这条限制性的原理，几乎不可能有人找到引力方程，甚至用狭义相对性原理也找不到，即使知道必须用对称张量来描述场。除非采用广义相对性原理，否则无论积累多少事实也导不出这些方程。这就是为什么在我看来，若非从一开始就让基本概念符合广义相对性，任何更深入认识物理学基础的努力都注定没有希望。这种情况使我们很难用经验知识（无论多么全面）来寻找物理学的基本概念和关系，它迫使我们大量运用自由思辨，远超目前大多数物理学家所能接受的程度。我看不出有任何理由要假定广义相对性原理只对引力有启发意义，而物理学的其余部分可以基于狭义相对论来分开处理，并希望日后整个物理学可以被一致地纳入广义相对论的方案。我不认为这种态度有客观的合理性，尽管从历史上看是可以理解的。我们今天已知的引力效应比较小，但这绝非在基础理论研究中可以忽视广义相对性原理的决定性理由。换句话说，我不认为提出这样的问题是正当的：如果没有引力，物理学会是什么样子？

我们必须注意的第二点是，引力方程是对称张量 g_{ik} 的十个分量的十个微分方程。在非广义相对论的理论中，若方程的数目等于未知函数的数目，则系统通常不会被过度决定。这些解使得在通解中，有一定数目的三变量函数可以任意选取。在广义相对论的理论中，这不能被视作理所当然。坐标系的自由选取意味着，在一个解的十个函数（或场的分量）中，能通过适当选取坐标系而让四个函数有规定的值。换句话说，广义相对性原理意味着，由微分方程决定的函数数目不是10，而是10-4=6。对于这六个函数，只能假定有六个独立的微分方程。在引力场的十个微分方程中，应当只有六个是彼此独立的，其余四个必须通过四个关系（恒等式）与那六个相联系。在十个引力方程的左边 R_{ik} 当中，的确存在着四个恒等式——"毕安基恒等式"——保证了这十个方程的"相容性"。

当场变量的数目等于微分方程的数目时，如果方程可由变分原理得到，那么相容性总是可以保证的。引力方程的情况就是如此。

然而，十个微分方程不能完全由六个微分方程所取代。这个方程组的确被"过度决定"了，但由于这些恒等式的存在，这种过度决定并不会使它的相容性消失，也就是说，这些解不会受到严格限制。引力方程蕴含着物体的运动定律，这与这种（允许的）过度决定密切相关。

做了这番准备之后，不必深入数学细节就可以理解目前研究的本质了。问题在于建立关于总场的相对论性理论。解决它的最重要的线索是，对于纯引力场这种特殊情况，解已经存在了。因此，我们正在寻求的理论必定是引力场理论的推广。第一个问题是：什么是对称张量场的自然推广？

这个问题不能单独回答，而必须同另一个问题一起回答，那就是：要对这种场做怎样的推广，才能提供最自然的理论体系？目前讨论的理论所基于的回答是：对称张量场必须由一个非对称张量场来取代。这就意味着，场分量必须放弃 $g_{ik}=g_{ki}$ 的条件。在那种情况下，场就有十六个而不是十个独立分量了。

余下的任务是建立非对称张量场的相对论性微分方程。在尝试解决这个问题时，我们碰到了对称场所没有的困难。广义相对性原理并不足以完全确定场方程，这主要是因为，场的对称部分的变换定律并不包含反对称部分的分量，反之亦然。也许这就是以前几乎没有尝试过场的这种推广的原因。只有在这个理论的形式体系中总场起作用，而不是对称部分和反对称部分分别起作用，才能表明将场的这两部分结合起来是自然程序。

结果是，这个要求的确能以自然的方式得到满足。但即使是这个要求与广义相对性原理合起来，仍然不足以唯一地确定场方程。我们还记得，这个方程组必须满足另一个条件，即方程必须相容。前面提到，如果这些方程能由变分原理推导出来，这个条件就得到了满足。

这的确已经做到了，尽管不像对称场的情况那么自然。发现能以两种不同方式做到这一点，让人感到不安。这些变分原理提供了两个方程组，让我们记作 E_1 和 E_2，它们彼此不同（尽管相差甚微），各自都有不完美之处。结果，甚至连相容性条件也不足以唯一地确定这个方程组。

事实上，正是 E_1 和 E_2 这两个方程组的形式缺陷暗示了一条可能的出路。存在着第三个方程组 E_3，它没有 E_1 和 E_2 这两个方程组的形式缺陷。E_3 代表两者的结合，E_3 的每一个解也都是 E_1 和 E_2 的解。这暗示，E_3 也许就是我们一直在寻找的方程组。那么，为什么不假设 E_3 就是这个方程组呢？如果不做进一步的分析，这种做法并不妥当，因为 E_1 的相容性和 E_2 的相容性并不蕴涵较强的方程组 E_3 的相容性，E_3 的方程数目比场的分量多四个。

撇开相容性问题不谈，独立的考量表明，较强的方程组 E_3 是引力方程唯一真正自然的推广。

但 E_3 并不是一个相容的方程组，E_1 和 E_2 这两个方程组的相容性由足够数目的恒等式来保证，这意味着，每一个对明确的时间值满足这些方程的场都有一个连续的广延，代表四维空间中的一个解。然而，E_3 方程组却不能以同样方式扩展开。用经典力学的语言来说，在方程组 E_3 的情况下，"初始条件"不能自由选择。真正重要的是回答这样一个问题：方程组 E_3 的解是否必须和对物理理论的要求同广延呢？这个纯数学问题至今尚未解决。

怀疑论者会说："从逻辑的观点看，这个方程组也许是合理的。但这并不能证明它符合自然。"亲爱的怀疑论者，您是对的。唯有经验才能判定真理。但如果我们已经成功地提出一个有意义的严谨问题，我们就算有所成就了。无论已知的经验事实有多么丰富，证实或驳斥都不会容易。从方程中导出可与经验对应的结论需要艰苦的努力，也许还需要新的数学方法。

致意大利科学促进会的贺信 [1]

首先，衷心感谢你们邀请我参加"科学促进会"的会议。倘若健康允许，我很乐意接受这次邀请。在目前的情况下，我只能远隔重洋从家里发来一封简短的贺信。我这样做，并非幻想我有什么真知灼见，能够增进大家的见解。但我们生活在一个内外交困、纷乱不安的时代，它是如此缺乏明确目标，仅是表白信念或许就有意义，尽管和所有价值判断一样，这些信念无法通过逻辑演绎来证明。

这里立刻就出现了一个问题：追求真理，或者更谦虚地说，通过构造性的逻辑思想去理解这个可以认识的宇宙，是否应当作为我们工作的独立目标？抑或，追求真理是否应当从属于其他目标，比如从属于某个"实用的"目标？这个问题不能基于逻辑来决定。然而，只要此决定出自深挚而坚定的信念，就会对我们的思想和道德判断产生很大影响。那么就让我做一告白：对我自身而言，努力获得更深入的见识和理解是一些独立目标之一，倘若没有这些目标，有思想的人就不会秉持积极自觉的生活态度。

我们追求理解的本质就在于：一方面，它试图包含纷繁复

---

1. 致 1950 年在卢卡举办的意大利科学促进会第 42 届会议的贺信，以英文发表于联合国教科文组织的期刊《影响》（Impact, Autumn, 1950）。

杂的人类经验；另一方面，它又寻求基本假设的简单和经济。考虑到我们的科学知识还处于原始状态，认为这两个目标可以并存只是出于信念。倘若没有这种信念，我就不可能坚信知识的独立价值。

从事科学工作的人所秉持的这种类似宗教的态度，对其整个人格也会产生影响。对于科学人来说，除了积累的经验和逻辑思维的规则所提供的知识，原则上没有什么权威可以把自己的决定和说法宣称为"真理"。这便导致了悖谬的状况：科学家致力于研究客观事物，但从社会的观点来看，他却沦为极端的个人主义者，至少在原则上，他除了自己的判断什么也不信。几乎可以断言，思想上的个人主义与科学时代在历史上是同时出现的，而且至今形影不离。

也许有人会说，就像古典经济学中的"经济人"一样，这里描绘的"科学人"只不过是一种抽象，实际上并不存在于这个世界上。但在我看来，要不是古往今来有许多人已经非常接近这种理想，今天的科学就不可能出现并持续下去了。

当然，并不是每一个学会使用似乎是"科学的"工具和方法的人，都是我心目中的科学人。我仅指心中真正持有科学精神的人。

那么，今天的科学人作为社会成员的地位如何呢？显然，他非常自豪科学家的工作几乎完全淘汰了体力劳动，彻底改变了人类的经济生活。但另一方面，他又感到忧虑，因为科学研究成果已经落入盲目追求政治权力的人手里，从而对人类构成了威胁。他意识到，他的工作所造就的技术方法已经导致政治经济权力集中在少数人手中，他们渐渐完全支配了日益涣散的大众的生活。更糟糕的是，政治经济权力集中在少数人手中不仅使科学人产生经济依附，而且也威胁他的精神独立。在思想和精神上施加种种不当影响，会阻碍真正独立人格的发展。

因此，正如我们亲眼所见，科学人遭遇到一种真正悲惨的命运。他通过超乎寻常的努力，真心诚意地追求思想的清晰和内心的独立，结果却造出了被用来奴役他、又从内心毁灭他的工具。那些掌握着政治权力的人使他不得不噤若寒蝉。作为士兵，他不得不牺牲自己的生命和消灭别人的生命，尽管他确信这种牺牲是荒谬愚蠢的。他清楚地知道，普遍的毁灭不可避免，因为历史的发展已经使经济、政治和军事的全部权力都集中在国家手中。他也认识到，只有创建一种基于法律的超国家制度来永久消灭武力手段，人类才能获得拯救。但科学人却自甘堕落，居然把国家强加给他的奴役当作不可避免的命运接受下来，甚至俯首帖耳地帮助完善注定会毁灭全人类的工具。

难道科学家真的无法逃脱吗？他真的必须容忍和遭受所有这些侮辱吗？他以内心的自由和思想研究的独立所唤醒的时代，那个曾经使他有机会启迪同胞、丰富生命的时代，难道真的一去不复返了吗？把工作过分置于理智的基础上，岂不是忘记了他的责任和尊严吗？我的回答是：一个天生自由和严谨的人固然可以被消灭，但这样的人绝不可能被奴役，或者被用作盲目的工具。

如果今天的科学人能有时间和勇气，诚恳认真地思考自己的处境和面临的任务，并相应地采取行动，那么目前危险的国际局势就可望找到合理妥善的解决办法。

在哥白尼逝世 410 周年纪念会上的讲话 [1]

今天，我们怀着愉快和感激之情来纪念一个人，对于使西方从教权和学术统治的枷锁中解放出来，他的贡献也许比任何人都要大。

诚然，在古希腊时期就已经有一些学者相信，地球不是世界的自然中心。但这种对宇宙的理解在古代并未得到真正认可。亚里士多德和希腊天文学派继续坚持地心观念，几乎没有人提出过质疑。

要想令人信服地阐明日心观念的优越性，不仅要掌握在那个时代不易得到的天文学事实，还必须拥有罕见的思想独立性和直觉。哥白尼的这项伟大成就不仅铺平了通往近代天文学的道路，也使人类的宇宙观发生了重大变革。一旦认识到地球不是世界的中心，而只是一颗小小的行星，以人类为中心的幻觉也就站不住脚了。因此，哥白尼通过他的工作和伟大的人格教导人类要谦卑。

没有一个民族可以为他们中间出了这样一个人而骄傲。因为民族骄傲是一种非常狭隘的癖好，在哥白尼这样内心独立的人面前是毫无道理的。

---

1. 1953 年 12 月在纽约哥伦比亚大学纪念会上的讲话。

相对性和空间问题 [1]

　　牛顿物理学的典型特征是，除了物质，空间和时间也有独立的实际存在性，这是因为牛顿的运动定律中出现了加速度的概念。但是在这种理论中，加速度只可能指"相对于空间的加速度"。因此，要使牛顿运动定律中出现的加速度能被看成一个有意义的量，就必须把牛顿的空间看成"静止的"或至少是"非加速的"。对于同样进入加速度概念的时间而言，情况也是类似。牛顿本人以及当时最具批判性的人都感到，认为空间本身和空间的运动状态都具有物理实在性是令人不安的；但为使力学具有明确的意义，当时没有其他出路。

　　把物理实在性一般地归于空间尤其是空的空间，的确是一种过分的要求。自古以来的哲学家已经一再拒绝做这样的苛求。笛卡尔大体上是这样论证的：空间与广延本质上是同一的，但广延是与物体相联系的，因此没有物体就没有空间，亦即没有空的空间。这个论证的弱点主要在于：他认为广延概念起源于我们放置固体或使固体接触的经验，这一点固然是对的，但不能由此推

1.　选自《狭义与广义相对论浅说》（*Relativity, the Special and the General Theory: A Popular Exposition*.Translated by Robert W. Lawson. London: Methuen, 1954）修订版。

出，广延概念在不能形成广延概念的情况下就是不合理的。对概念的这样一种推广的合理性也可以通过它对于理解经验的价值来间接证明。因此，断言广延与物体相联系本身肯定是没有根据的。不过我们后面会看到，广义相对论迂回地确证了笛卡尔的看法。笛卡尔之所以能够得出他那非同寻常的看法，必定是由于感觉到，除非迫不得已，我们不应认为像空间这样无法"直接体验"[1]的东西具有实在性。

空间概念的心理起源或这一概念的必然性绝非我们通常认为的那样明显。古代几何学家处理的是思想对象（直线、点、面），而没有像解析几何后来所做的那样真正处理空间本身。不过经由某些原始经验，空间概念仍然容易被人想到。假定我们造了一个箱子。我们可以按照某种方式把物体排列在箱子里，将它装满。这种排列的可能性是箱子这个物体的属性，这是某种随箱子而给定的东西，是被箱子"包围的空间"。这个"被包围的空间"因不同的箱子而异，我们很自然地认为它在任何时候都不依赖于箱子里面是否有物体存在。当箱子里面没有物体时，箱子的空间似乎就是"空的"。

到目前为止，我们的空间概念是与箱子联系在一起的。然而，构成箱子空间的存放可能性并不依赖于箱壁的厚薄。难道不能把箱壁厚度缩减为零而又不使这个"空间"消失吗？这样一种极限过程当然是很自然的。于是我们的思想中就有了一个没有箱子的空间，一种自存的东西；虽然如果我们忘记这个概念的起源

---

1. 对于这一表述需要持一种怀疑态度。——作者注

的话，它会显得很不实在。我们看到，认为空间不依赖于物体而且可以没有物质而存在，这与笛卡尔是格格不入的。[1]（但这并没有妨碍他在其解析几何中把空间作为基本概念来处理。）当人们指出水银气压计中的真空时，肯定已经消除了最后一批笛卡尔主义者的疑虑。但不可否认，即使在这个原始阶段，空间概念或者被视为独立的实在之物的空间就已经不太令人满意了。

用何种方式能把物体置于空间（箱子）之中是三维欧几里得几何学的研究对象，后者的公理结构很容易使人忘记它所涉及的仍然是可以实现的情况。

如果空间概念是按照上述方式形成的，并且从"填满"箱子的经验推论下去，那么这个空间首先是一个有界的空间。但这种有界性似乎是无关紧要的，因为我们似乎总能用一个较大的箱子把较小的箱子包含进去。这样看来，空间又像是某种无界的东西。

这里我不准备讨论关于空间的三维性和"欧几里得性"的观念如何能够追溯到（较为原始的）经验，而是先从其他角度考察一下空间概念在物理思想发展过程中所起的作用。

当一个小箱子 s 在一个大箱子 S 空的空间内部处于相对静止时，s 的空的空间就是 S 的空的空间的一部分，把这两个空的空间包括进去的同一个"空间"属于这两个箱子。然而，当 s 相对于 S 运动时，这个概念就不那么简单了。那样一来，人们就倾向

---

1. 康德曾试图通过否认空间的客观性来消除这个困难，但这种努力几乎无法认真对待。由箱内空间所体现的存放可能性是客观的，正如箱子本身以及可放入箱子的物体是客观的一样。——作者注

于认为 s 总是包围着同一空间，不过是空间 S 的一个可变部分。这样就需要为每一个箱子分配其特殊的（被认为无界的）空间，并且假定这两个空间彼此做相对运动。

在这种复杂状况引起注意之前，空间就像是物体在其中游来游去的一种有界的介质（容器）。但现在必须认为，有无限多个空间彼此做相对运动。认为空间是一种不依赖于物质的客观存在，这种概念已经属于前科学思想，而认为存在着无限多个做相对运动的空间却并非如此。后一观念虽然在逻辑上是不可避免的，但在科学思想中远未起过重要作用。

那么，关于时间概念的心理起源又是什么情况呢？时间概念无疑是与"回忆"联系在一起的，而且也与感觉经验和对这些感觉经验的回忆之间的区分相联系。感觉经验与回忆（或纯粹的想象）之间的区分是否在心理上被我们直接把握到，这一点本身就是有疑问的。每一个人都有过这样一种体验，即怀疑某件事是真正通过感官经验到的，抑或仅仅是一个梦。这种区分的产生可能最初缘于创造秩序的心灵的一种活动。

"回忆"是与一个经验联系在一起的，此经验与"当下经验"相比是"较早的"。这是一种关于（被思想的）经验的概念排序原则，而实现这个原则的可能性就产生了主观的时间概念，即关于个人经验秩序的时间概念。

那么，时间概念是如何变得客观的呢？让我们思考一个例子，甲（"我"）有一个"打闪了"的经验，同时甲还体验到乙的这样一种行为，它将乙的行为与他本人的经验"打闪了"联系起来。这样甲就把"打闪了"的经验归于乙。甲会认为其他人也参与了"打闪了"的经验。现在,"打闪了"不再被理解成完全个人的经验,而是理解成其他人的经验(或者最终仅仅理解成一种"潜在经验")。这样就产生了这样一种理解:"打闪了"原本是作为"经验"进入意识的,现在也被理解成一个(客观的)"事件"了。当我们谈到"实在的外部世界"时,所指的就是所有事件的总和。

我们已经看到,我们感到必须为经验规定这样一种时间次序:如果 β 迟于 α,而 γ 又迟于 β,则 γ 也迟于 α("经验次序")。在这方面,我们已经与经验联系起来的"事件"的情况又如何呢?初看起来,似乎显然可以假定事件的时间次序是存在的,它与经验的时间次序是一致的。人们一般已经不自觉地作出了这个假定,直到产生怀疑为止。[1]

为使世界客观化,还需要有一种建设性的观念:事件不仅位于时间中,而且也位于空间中。

前面我们试图描述空间、时间和事件诸概念如何能在心理上与经验联系起来。从逻辑上说,这些概念都是人类理智的自由创造,是思维的工具,它们能把经验联系在一起,以便更好地看清楚这些经验。尝试认识这些基本概念的经验起源,应当表明我们实际上在多大程度上受这些概念的约束。这样我们就可以意识到我们的自由,在必要的情况下理智地运用这种自由总是一件困难的事情。

关于空间-时间-事件诸概念(我们将把它们简称为"类空"

---

1. 例如,通过声音获得的经验的时间次序与通过视觉获得的时间次序可以不一致,因此我们不能把事件的时间次序简单等同于经验的时间次序。——作者注

概念，以有别于心理学领域的概念）的心理起源，我们还要补充一些重要内容。我们曾用箱子和在箱内排列物体的例子把空间概念与经验联系起来。因此，这种概念形成已经预设了物体（如"箱子"）的概念。同样，在这方面人也起着物体的作用，要想形成客观时间概念就必须引入人。因此在我看来，物体概念的形成必须先于我们的时间空间概念。

与痛苦、目标和目的等心理学领域的概念一样，所有这些类空概念已经属于前科学思想。和一般自然科学思想一样，现在物理思想的特点是力求原则上只用"类空"概念来说明事物，努力用这些概念来表达一切具有定律形式的关系。物理学家试图把颜色和音调还原为振动，生理学家试图把思想和疼痛还原为神经过程。这样心理因素就从事物的因果联系中消除了，因此从不构成因果联系中的一个独立环节。目前"唯物主义"（在"物质"已经失去了作为基本概念的地位之后）无疑指的正是这种观点，即认为只用"类空"概念来把握一切关系在原则上是可能的。

为什么必须把自然科学思想的基本概念从柏拉图的奥林匹斯上拖下来，试图揭示它们的尘世来源呢？回答是，为了使这些概念从与之相联系的禁令中解放出来，从而在概念形成方面获得更大的自由。休谟和马赫最先提出这种批判性的思考，这是他们的不朽功绩。

科学将空间、时间和物体（尤其是重要的特殊情形"固体"）的概念从前科学思想中接过来加以修正和精确化。这方面的第一项重要成就是欧几里得几何学的发展。我们绝不能只看到欧几里得几何学的公理表述而看不到它的经验起源（固体的存放可能性）。特别是，空间的三维性和欧几里得特征都起源于经验（空间可以用结构相同的"立方体"完全填满）。

由于发现完全刚性的物体是不存在的，空间概念变得更加微妙了。一切物体都可以发生弹性形变，温度变化时体积会发生改变。因此不能脱离物理内容来表示形体（其可能的存放由欧几里得几何学来描述）。但由于物理学必须利用几何学来确立其概念，因此几何学的经验内容只有在整个物理学的框架中才能陈述和检验。

在这方面还必须考虑原子论及其对物质有限可分性的看法，因为亚原子广延的空间是无法量度的。原子论还迫使我们原则上不再认为可以静态地清晰确定固体的界面。严格说来，甚至在宏观领域也没有关于固体存放可能性的独立定律。

尽管如此，没有人想过要放弃空间概念。因为在极为有效的整个自然科学体系中，空间概念似乎是不可或缺的。在 19 世纪，只有马赫认真思考过消除空间概念，他试图用所有质点当前距离的总和的概念来代替它。（他这样做是为了获得对惯性的令人满意的理解。）

场

在牛顿力学中，空间和时间起着双重作用。首先，空间和时间是物理事件发生的框架，相对于此框架，事件由空间坐标和时间来描述。物质原则上被视为由"质点"所构成，质点的运动构成了物理事件。如果物质被看成连续的，我们只能在不愿或不能描述不连续结构的情况下暂时这样做。在这种情况下，物质的微小部分（体积元）可以像质点一样做类似的处理，至少在只涉及运动、而不涉及暂时不可能或者没有必要追溯到运动的那些事件（例如温度变化、化学过程）时是如此。空间和时间的第二个作用是作为"惯性系"。在所有可设想的参照系中，惯性系被认为具有优先性，因为惯性定律相对于惯性系是有效的。

这里重要的是，不依赖于经验主体而被设想的"物理实在"曾经被认为由两方面所构成，一方面是空间和时间，另一方面则是相对于空间和时间运动的持续存在的质点，至少原则上是如此。这种关于空间和时间独立存在的观念可以毫不掩饰地表达如下：如果物质消失了，余下的将只有空间和时间（作为物理事件的一种舞台）。

理论的发展克服了这种观点，这种发展最初似乎与空间时间问题毫不相干，那就是场的概念的出现以及它最终要求原则上取代粒子（质点）概念。在经典物理学的框架中，场的概念是在物质被看成连续体的情况下作为辅助概念出现的。例如在考察固体的热传导时，物体的状态是由物体每一点在每一个确定时刻的温度来描述的。在数学上这意味着将温度 T 表示为空间坐标与时间 t 的一个数学表达式（函数），即温度场。热传导定律被表示成一种局部关系（微分方程），其中包括热传导的所有特殊情况。这里，温度就是场的概念的一个简单例子。这样一个量（或量的复合体）是坐标和时间的函数。另一个例子是对流体运动的描述。在每一点上每一时刻都有一个速度，它由该速度相对于一个坐标系的轴的三个"分量"来作定量描述（矢量）。这里，每一个点的速度分量（场分量）也是坐标（x, y, z）和时间（t）的函数。

上面所提到的场的特性是它们只存在于有质之中；它们仅仅用来描述这种物质的状态。按照场概念的历史发展看来，没有物质的地方就不可能有场存在。但是，在19世纪的前25年里，人们证明，如果把光看作一种波动场——与弹性固件的机械振动场完全相似，那么光的干涉和运动现象就能够解释得极为清楚。因此人们就感到有必要引进一种在没有物质的情况下也能存在于"空的空间"中的场。

这一情况产生了一个自相矛盾的局面。因为，按照其起源，场概念似乎仅限于描述有质体内部的状态。由于人们确信每一种场都应看作此场概念只应限于描述有质体内部的状态这一点就显得更加确切了。因此人们感到不得不假定，甚至在一向被认为是一无所有的空间中也到处存在着某种形式的物质，这种物质称为"以太"。

将场概念从场必须有一个机械载体与之相联系的假定中解放出来，这在物理思想发展中是在心理方面最令人感兴趣的事件之一。19世纪下半叶，从法拉第和麦克斯韦的研究成果中越来越清楚地看到，用场描述电磁过程大大胜过了以质点的力学概念为基础的处理方法。由于在电动力学中引进场的概念，麦克斯韦成功地预言了电磁波的存在，由于电磁波与光波在传播速度方面是相等的，它们在本质上的同一性也是无可怀疑的了。因此，光学在原则上就成为电动力学的一部分，这个巨大成就的一个心理效果是，与经典物理学的机械唯物论体制相对立的场概念逐渐赢得了更大的独立性。

但是最初人们还是认为理所当然地必须把电磁场解释为以太的状态，并且极力设法把这种状态解释为机械性的状态。由于这种努力总是遭到失败，科学界才逐渐接受了放弃此种机械解释的主张。然而人们仍然确信电磁场必然是以太的状态，19世纪和20世纪之交，情况就是这样。

以太学说带来了一个问题：相对于有质体而言，以太的行为从力学观点看来是怎样的呢？以太参与物体的运动呢？还是以太各个部分彼此相对地保持静止状态呢？为了解决这个问题，人们曾经做了许多巧妙的实验，这方面应提到下列两个重要事实：由于地球周年运动而产生的恒星的"光行差"和"多普勒效应"——即恒星相对运动对其发射到地球上的光的频率上的影响（对已知的发射频率而言）。对于所有这些事实和实验的结果，除了迈克耳孙-莫雷实验以外，洛伦兹根据下述假定都作出了解释。这个假定就是以太不参与有质体的运动，以太各个部分相互之间完全没有相对运动。这样，以太看来好像就体现一个绝对静止的空间。但是洛伦兹的研究工作还取得了更多的成就。洛伦兹根据下述假定解释了当时所知道的在有质体内部发生的所有电磁和光学过程。这就是，有质物质对于电场的影响以及电场对于有质物质的影响完全是由于：物质的组成粒子带有电荷，而这些电荷也参与了粒子的运动，洛伦兹证明了，迈克耳孙-莫雷实验所得出的结果至少与以太处于静止状态的学说并不矛盾。

尽管有这些辉煌的成就，以太学说的这种光景仍然不能完全令人满意，其理由有如下述：经典力学（无可怀疑，经典力学在很高的近似程度上是成立的）告诉我们，一切惯性系或惯性"空间"对于自然律的表达方式都是等效的；亦即从一惯性系过渡到另一惯性系，自然律是不变的。电磁学和光学实验也以相当高的准确度告诉我们同样的事实。但是，电磁理论基础却告诉我们，必须优先选取一个特别的惯性系，这个特别的惯性系就是静止的光以太，电磁理论基础的这一种观点实在非常不能令人满意，难道不会有像经典力学那样去支持惯性系的等效性（狭义相对性原理）的修正理论吗？

狭义相对论回答了这个问题。狭义相对论从麦克斯韦—洛伦兹理论中采用了关于在真空中光速保持恒定的假定。为了使这个假定与惯性系的等效性（狭义相对性原理）相一致，必须放弃"同时性"的绝对特性的观念；此外，对于从一个惯性系过渡到另一个惯性系，必须引用时间和全向坐标的洛伦兹变换。狭义相对论的全部内容包括在下述假设中：自然定律对于洛伦兹变换是不变的。这个要求的重要实质在于它用一种确定的方式限定了所有的自然律。

狭义相对论对于空间问题的观点如何？首先我们必须注意不要认为实在世界的四维性是狭义相对论第一次提出的新看法。甚至早在经典物理学中，事件就由四个数来确定，即三个空间坐标和一个时间坐标。因此全部物理"事件"被认为是存在于一个四维连续流形中的。但是，根据经典力学，这个四维连续体客观地分割为一维的时间和三维的空间两部分，而只有三维空间才存在着同时的事件。一切惯性系都做了同样的分割。两个确定的事件相对于一个惯性系的同时性也就含有多个事件相对于一切惯性系的同时性。我们说经典力学的时间是绝对的就是这个意思。狭义相对论的法则与此不同。所有与一个选定的事件同时的诸事件就一个特定的惯性系而言确实是存在的，但是这不再能说成为与惯性系的选择无关的了的了。于是四维连续体不再能够客观地分割为两个部分，而是整个连续体包含了所有同时事件；所以"此刻"对于具有空间广延性的世界失去了它的客观意义。由于这一点，如果要表述客观关系的意义而不带有不必要的任意性的话，那么空间和时间必须看作是具有客观上不可分割性的一个四维连续体。

狭义相对论揭示了一切惯性系的物理等效性，因而也就证明了关于静止的以太的假设是不能成立的、因此必须放弃将电磁场看作物质载体的一种状态的观点。这样，场就成为物理描述中不能再加以分解的基本概念，正如在牛顿的理论中物质概念不能再加以分解一样。

到目前为止，我们一直把注意力放在探讨狭义相对论在哪一方面修改了空时概念，现在我们来看看狭义相对论从经典力学中吸取了哪些基本观念。在狭义相对论中，自然律也是仅在引用惯性系作为空时描述的基础时才是有效的。惯性原理和光速恒定原理只有对于一个惯性系才是有效的。场定律也是只有对于惯性系才能说是有意义和有效的。因此，如同在经典力学中一样，在狭义相对论中，空间也是表述物理实在的一个独立部分。如果我们设想把物质和场移走，那么惯性空间（或者说得更确切些，这个空间连同联系在一起的时间）依然存在。这个四维结构（闵可夫斯基空间）被看作是物质和场的载体。各惯性空间连同联系在一起的时间，只是由线性的洛伦兹变换联系在一起的一种特选的四维坐标系。由于在这个四维结构中不再存在着客观地代表"此刻"的部分，事物的发生和生成的概念并不是完全用不着了，而是更为复杂化了。因此，将物理实在看作一个四维存在，而不是像直到目前为止那样，将它看作一个三维存在的进化，似乎更加自然些。

狭义相对论的这个刚性四维空间，在某种程度上类似于洛伦兹的刚性三维以太，只不过它是四维的罢了。对于狭义相对论而言，下述陈述也是合适的：物理状态的描述假设了空间是原来就已经给定的，而且是独立存在的。因此，连狭义相对论也没有消除笛卡尔对"空虚空间"是独立存在的、或者竟然是先验性存在的这种见解所表示的怀疑。这里做初步讨论的真正目的，就是要说明广义相对论在多大的程度上解决了这些疑问。

广义相对论的空间概念

广义相对论的起因主要是力图对惯性质量和引力质量的同等性有所了解。我们从一个惯性系 S_1 来说起，这个惯性系的空间从物理的观点看来是空虚的。换句话说，在所考虑的这部分空间中，既没有物质（按照通常的意义），也没有场（按照狭义相对论的意义）。设有另一个参照系 S_2 相对于 S_1 做匀加速运动。这时候 S_2 就不是一个惯性系。对于 S_2 来说，每一个试验物体的运动都具有一个加速度，这个加速度与试验物体的物理性质和化学性质无关。因此，相对于 S_2，最少就第一级近似而言，就存在着一种与引力场无法区分的状态。因此，下述概念是与可观察的事实相符的：S_2 也可以相当于一个"惯性系"；不过相对于 S_2 又存在一个（均匀的）引力场（关于这个引力场的起源，这里不必去管它）。因此，当讨论的体系中包括引力场时，惯性系就失去了它本身的客观意义（假定这个"等效原理"可以推广到参照系的任何相对运动）。如果在这些基本观念的基础上能够建立起一个合理的理论，那么这个理论本身将满足惯性质量与引力质量相等的事实，而这个事实是已被经验所充分证实的。

从四维的观点来考虑，四个坐标的一种非线性变换对应于从 S_1 到 S_2 的过渡。这里产生了一个问题：哪一种非线性变换是可能的，或者说，洛伦兹变换是怎样推广的？下述考虑对于回答这个问题具有决定性的意义。

设早先的理论中的惯性系具有这个性质：坐标差由固定不移的"刚性"量杆测量，时间差由静止的钟测量。对第一个假定还须补充以另一个假定，即对于静止的量杆的相对展开和并接而言，欧几里得几何学关于"长度"的诸定理是成立的。这样，经过初步的考虑，就可以从狭义相对论的结果得出下述结论：对于相对于惯性系（S_1）做加速运动的参照系（S_2）而言，对坐标做此种直接的物理解释不再是可能的了，但是，如果情况是这个的话，坐标现在就只能表示"邻接"的级或秩，也就是只能表示空意愿维级，但一点也不能表示空意愿度规性质。这样我们就意识到从已有的变换推广到任意连续变换的可能性。[1]而这里就已具有广义相对性原理的含义："自然律对于任意连续的坐标变换必须是协变的。"这个要求（连带着自然律应具有最大可能的逻辑简单性的要求）远比狭义相对性原理更为有力地限制了一切自然律。

这一系列的观念主要是以场作为一个独立的要领为基础的。因为，对于 S_2 有效的情况被解释为一种引力场，而并不问其是否存在着产生这个引力场的质量。借助于这一系列的观念，还可以理解到为什么纯引力场定律比起一般的场（例如在有电磁场存在的时候）的定律来，它与广义相对论有更为直接的联系。也就是说，我们有充分的理由假定，"没有场"的闵可夫斯基空间表示自然律中可能有的一种特殊情况，事实上这是可以设想的最简单的特殊情况。就其度规性质而言，这样的空间的特性可由下述的方式表示：$dx_1^2 + dx_2^2 + dx_3^2$ 等于一个三维"类空"截面上无限接近的两点的空间间隔的实测值（用单位标准长度量度）的平方（毕达哥拉斯定律）；而 dx_4^2 是指用适当的计时标准量度测出的具有共同的 (x_1, x_2, x_3) 的两个事件的时间间隔。这一切只不过是意味着将一种客观的度规意义赋予下面这个量：

$$ds^2 = dx_1^2 + dx_2^2 + dx_3^2 - dx_4^2 \quad （1）$$

这点也不难借助于洛伦兹变换来予以证明。从数学的观点来看，这个事实对应于这个条件：ds^2 对于洛伦兹变换是不变的。

如果按照广义相对性原理的意义，令这个空间［参照方程（1）］作一任意连续的坐标变换，那么这个具有客观意义的量 ds

---

1. 这种不精确的表述方式在这里也许已经足够了。——作者注

在新的坐标系中即以下列关系式表示：

$$ds^2 = g_{ik}\,dx_i\,dx_k \qquad (1a)$$

此式的右边要对指标 i 和 k 从 11，12，……直到 44 的全部组合求和。这里诸 g_{ik} 项也并不是新坐标的任意函数，而是必须正好使形式（1a）经过四个坐标的连续的变换仍能还原为形式（1）的这样一类函数。为了使这一点成为可能，诸函数 g_{ik} 必须满足某些普遍协变条件方程，这些方程是在广义相对论建立半个多世纪以前由黎曼导出的（"黎曼条件"）。按照等效原理，当诸函数 g_{ik} 满足黎曼条件时，（1a）就以普遍协变形式描述了一种特殊的引力场。

由此推论，当黎曼条件被满足时，一般的纯引力场的定律即必然被满足；但这个定律必然比黎曼条件弱或限制得较少。这样，纯引力的场定律实际上即可完全确定。这个结果不想在这里详加论证。

现在我们已有可能来考察一下，对空间概念要做多么大的修改才能过渡到广义相对论去。按照经典力学以及按照狭义相对论，空间（空时）的存在不依赖于物质或场。为了能够描述充满空间并依赖于坐标的东西，必须首先设想空时或惯性系连同其度规性质是已经存在的，否则，对于"充满空间的东西"的描述就没有意义。[1] 而根据广义相对论，与依赖于坐标的"充满空间的东西"相对立的空间是不能脱离此种"充满空间的东西"而独立存在的。这样，我们知道，一个纯引力场是可以用

---

1. 如果考虑将充满空间的东西（比如场）移除，那么仍然会留下符合（1）的度规空间，它还将决定所引入的检验物体的惯性行为。——作者注

从解引力方程而得到的 g_{ik}（作为坐标的函数）来描述的。如果我们设想将引力场亦即诸函数 g_{ik} 除去，剩下的就不是（1）型的空间，而是绝对的一无所有，而且也不是"拓扑空间"，因为诸函数 g_{ik} 不仅描述场，而且同时也描述这个流形的拓扑和度规结构性质。由广义相对论的观点判断，（1）型的空间并不是一个没有场的空间，而是 g_{ik} 场的一种特殊情况，对于这种特殊情况，诸函数 g_{ik}——指对于所使用的坐标系而言（坐标系本身并无客观意义）——具有不领带于坐标的值。一无所有的空间，亦即没有场的空间，是不存在的。空时是不能独立存在的，只能作为场的结构性质而存在。

因此，笛卡尔认为一无所有的空间并不存在的见解与真理相去并不远。如果仅仅从有质物体来理解物理实在，那么上述观念看来的确是荒谬的。将场视为物理实在的表象的这种观念，再把广义相对性原理结合在一起，才能说明笛卡尔观念的真义所在；"没有场"的空间是不存在的。

广义引力论

根据以上所述，以广义相对论为基础的纯引力场论已不难获得，因为我们可以确信，"没有场"的闵可夫斯基空间的度规若与（1）一致，一定会满足场的普遍定律。而从这个特殊情况出发，加以推广，就能导出引力定律，并且在此推广过程中，实际上可以避免任意性。至于理论上进一步的发展，则广义相对性原理并没有十分明确地做出决定；在过去几十年中，人们曾经朝着各个不同方向进行探索。所有这些努力的共同点是将物理实在看成一个场，而且是作为由引力场推广出来的一个场，因而这个场的场定律是纯引力场定律的一种推广。经过长期探索之后，对于这一推广我认为我现在已经找到了最自然的形式，但是我还不能判明这个推广的定律能否经得起经验事实的考验。

在前面的一般论述中，场定律的个别形式问题还是次要的。目前的问题主要是这里所设想的这种场论究竟能否达到其本身的目标。也就是说，这样的场论能否用场来透彻地描述物理实在，包括四维空间在内。目前这一代的物理学家对这个问题倾向于作否定的回答。依照目前形式的量子论，这一代的物理学家认为，一个体系的状态是不能直接确定的，只能对从该体系中所能获得的测量结果给予统计学的陈述而作间接的确定。目前流行的看法是，只有物理实在的概念被这样削弱之后，才能体现已由实验证实了的自然界的二重性（粒子性和波性）。我认为，我们现有的实际知识还不能作出如此深远的理论否定；在相对论性场论的道路上，我们不应半途而废。

[全书完]

译后记

　　《思想与见解：爱因斯坦自选集》是英语世界流传最广且最具权威性的爱因斯坦通俗著作集，1954 年出版以来一直长销不衰，1982 年又出了新版。在爱因斯坦本人的监督和协助下，该书汇集了从他最初的职业生涯到去世前一年的文章精华，其内容涉及相对论、引力、时空以及宗教、人权、经济、政府、犹太人、核战争等方方面面，充分显示了爱因斯坦的人生态度、敏锐的洞察力和对人类命运的深挚关切。

　　翻译这本书是我多年以来的愿望。值得一提的是，许良英等先生编译的《爱因斯坦文集》的第一卷和第三卷主要就建立在《思想与见解》的基础上。除少数文章未翻译外，《思想与见解》的大多数文章均可见于其中，本书翻译时自然做了参考。不过《爱因斯坦文集》出版至今已近半个世纪，其中不少译文都还有改进的余地，而且部头太大，阅读起来远没有这本书方便。在这个意义上，翻译出版这本书也是有意义的。这里我要向许良英等诸位先生致以深深的谢意和敬意！没有他们的工作在先，我未必敢承接这项艰巨的任务。但尽管如此，翻译这本书还是付出了很多精力。爱因斯坦的文字隽永、简练，其微妙意趣实难用中文恰当表达。诚望各位读者不吝指正。

张卜天

2019 年 7 月 1 日

清华大学科学史系

作者 | 阿尔伯特・爱因斯坦 Albert Einstein 1879—1955

犹太裔理论物理学家

1879 年 3 月 14 日出生于德国乌尔姆市

1896—1900 年就读于苏黎世联邦理工学院

1901—1905 年就读于苏黎世大学，获博士学位

1905 年发表了关于光电效应、布朗运动、狭义相对论、质量和能量关系的 4 篇重要论文，提出了著名的质能等价公式 $E=mc^2$，这一年被后人称为"爱因斯坦奇迹年"

1915 年提出广义相对论

1922 年因"对理论物理学的贡献，特别是发现了光电效应的原理"获颁诺贝尔物理学奖

1955 年 4 月 18 日在美国新泽西州普林斯顿去世

爱因斯坦一生发表了三百多篇科学论文和一百五十多篇非科学作品，这些具有原创性的卓越的科学成就使得"爱因斯坦"成为"天才"的代名词

译者 | 张卜天

清华大学人文学院科学史系教授

1979 年出生于河南省
1995 年考入中国科技大学热科学与能源工程系
1996 年自主转至近代物理系
2000 年被美国得克萨斯大学奥斯汀分校物理系录取
2002—2008 年就读于北京大学科技哲学专业，师从吴国盛，获博士学位

张卜天精通科学史和哲学史翻译，已出版译作五十余部，包括《大问题：简明哲学导论》《物理学的进化》《几何原本》等，多部译作入选商务印书馆"汉译名著系列"

思想与见解：爱因斯坦自选集

作者 _ [美]阿尔伯特·爱因斯坦　　译者 _ 张卜天

产品经理 _ 曹曼 邵蕊蕊　　装帧设计 _ 朱镜霖 陆震　　产品总监 _ 曹曼

执行印制 _ 梁拥军　　出品人 _ 路金波

营销团队 _ 阮班欢 李佳 杨喆　　物料设计 _ 孙莹

果麦
www.guomai.cc

以 微 小 的 力 量 推 动 文 明

图书在版编目（CIP）数据

思想与见解：爱因斯坦自选集 / (美) 阿尔伯特·
爱因斯坦著；张卜天译. —— 昆明：云南人民出版社，
2022.5

ISBN 978-7-222-21028-8

Ⅰ.①思… Ⅱ.①阿… ②张… Ⅲ.①爱因斯坦(
Einstein, Albert 1879-1955) – 文集 Ⅳ.①Z471.2

中国版本图书馆CIP数据核字(2022)第059900号

责任编辑：刘　娟
责任校对：和晓玲
责任印制：马文杰
产品经理：曹　曼　邵蕊蕊
装帧设计：朱镜霖　陆　震

思想与见解：爱因斯坦自选集
SIXIANG YU JIANJIE: AIYINSITAN ZIXUAN JI
〔美〕阿尔伯特·爱因斯坦　著　张卜天　译

出版　　云南出版集团　云南人民出版社
发行　　云南人民出版社
社址　　昆明市环城西路609号
邮编　　650034
网址　　www.ynpph.com.cn
E-mail　ynrms@sina.com
开本　　880mm×1230mm　1/32
印张　　13.5
印数　　1—5,000
字数　　280千字
版次　　2022年5月第1版第1次印刷
印刷　　河北鹏润印刷有限公司
书号　　ISBN 978-7-222-21028-8
定价　　99.00元

如发现印装质量问题,影响阅读,请联系021-64386496调换。